中国社科
中国公共管理原创案例精选
（第一辑）

谢伟　孟澂◎编著

光明日报出版社

图书在版编目（CIP）数据

中国公共管理原创案例精选. 第一辑 / 谢炜，孟澍编著. -- 北京：光明日报出版社，2025.1. -- ISBN 978-7-5194-8453-8

Ⅰ. D63

中国国家版本馆 CIP 数据核字第 202593NN18 号

中国公共管理原创案例精选. 第一辑
ZHONGGUO GONGGONG GUANLI YUANCHUANG ANLI JINGXUAN. DIYIJI

编　　著：谢炜　孟澍	
责任编辑：杜春荣	责任校对：房　蓉　乔宇佳
封面设计：中联华文	责任印制：曹　净

出版发行：光明日报出版社

地　　址：北京市西城区永安路 106 号，100050

电　　话：010-63169890（咨询），010-63131930（邮购）

传　　真：010-63131930

网　　址：http：//book.gmw.cn

E – mail：gmrbcbs@gmw.cn

法律顾问：北京市兰台律师事务所龚柳方律师

印　　刷：三河市华东印刷有限公司

装　　订：三河市华东印刷有限公司

本书如有破损、缺页、装订错误，请与本社联系调换，电话：010-63131930

开　　本：170mm×240mm			
字　　数：256 千字		印　张：14	
版　　次：2025 年 1 月第 1 版		印　次：2025 年 1 月第 1 次印刷	
书　　号：ISBN 978-7-5194-8453-8			
定　　价：89.00 元			

版权所有　　翻印必究

序

"回归常识、回归本分、回归初心、回归梦想"是新时代赋予高等教育的基本使命。

公共管理作为一门具有很强专业性和实践性的学科，既是实证的，重视从经验中汲取知识，又是规范的，提倡研究应然问题，用以规范公共管理行为。公共管理学科侧重培养学生公共事务认知的形象思维能力、公共风险演化的逻辑思维能力、公共议题剖析的批判性思维能力、公共服务鼎新的创造性思维能力、公共问题解决的格局思维能力、全球公共危机应对的超限思维能力等。

立足"四个回归"，以学生核心能力的提升为目标，结合公共管理学科所具有的专业性和实践性特点，案例实践成为新时代公共管理学科重要的教学方法。

案例实践是以学生为中心，理论与实践相结合的教学模式，与传统讲授式教学不同，案例实践通过设计一系列特殊的教学运行机制，让学生自主参与整个实践过程，真切体验案例所描述的场景，并以当事人的角色认知、分析和解决问题，更加强调学生的主动性和参与性。

2018年以来，华东师范大学公共管理学科的案例实践改革稳步推进。其一，在公共管理学科的前置性相关教学安排中，特别关注学生基础知识的积累与研究方法的习得；其二，在10余门专业课程中，将前沿案例运用于契合的理论和知识模块；其三，首创"工坊育人"模式，通过"全周期、全过程、全参与、全指导"的卓越人才培养机制，每个工坊涵纳4~5名学生，运行周期通常为6个月，学生基于实地调研获取一手资料，并形成案例成果；其四，支持学生参加全国本科生公共管理案例大赛和中国研究生公共管理案例大赛等权威性专业赛事，以赛促学；其五，将师生合力完成的部分教学案例提交中国公共管理案例库评审和认定，完成专业化和标准化处理；其六，将入库的案例再反哺第一课堂教学，形成案例与实践的全链闭环。

得益于师生的通力合作，近年来华东师范大学"工坊团队"3 次入围中国研究生公共管理案例大赛 4 强并获得 2 项特等奖和 4 项一等奖，3 次获得全国求是杯本科生公共管理案例大赛冠军，1 次获得中国公共政策案例分析大赛冠军等。

在积累一定的基础后，我们萌生了将近年来指导的案例作品结集出版的想法。尽管这些案例正文在叙事和谋篇方面仍显稚嫩，案例分析在理论和框架方面仍欠深度，但依然反映了新一代公共管理学子对现实情境的所感、所想、所思、所问和所答。

此次《中国公共管理原创案例精选（第一辑）》共收录了 6 篇案例。其中，3 篇聚焦乡村发展，3 篇偏重城市治理。

感谢高恩新、王法硕、赵继娣、李悦、曲如杰、邱婕、王芳等老师的协力指导，感谢李剑、王诗乐、田旻珏、苏鑫佳、梅颖、阿丽娅·依不拉音、马靖、梁靖愉、余卉、洪莹、汪涵、赵烁、刘锦轩、程钟悦、吴月盈、刘钢、茹婷瑜、何庆丹、王文林、阮洋、倪小林、王晨、沈超、潘莹、唐玉佩、陈泠、潘凌悦子、慎洁、刘洋、沈琳、赵子豪、周晴云、许冉、金琛妮、孙怡、汤靓、唐凌志、王成伟、戚铭皓、倪帅华、夏翊鸣、方蔚、刘小虎、龚鹏赟、肖悦赫、唐烨鸣、王鳃祎、唐杭、徐奕涵、车灏颖、肖江林、袁兆阳、刘名扬、皮筱坤、于卓含、苏泽楷、李妍璐、孔文豪、王钰、金雪莉等同学对案例实践的倾力参与，大家共同合作方能形成较为丰硕的成果。

谢炜　孟溦
2024 年 8 月

目 录
CONTENTS

案例一　二十年的踟蹰行进：东星兴农合作社嵌入乡村治理之难 …… **1**
　　案例正文 ……………………………………………………………… 1
　　分析报告 ……………………………………………………………… 19

**案例二　把农民联结起来："资源—根植"视域下西部供销合作社组织
　　　　　功能重塑的 K 县故事** …………………………………… **43**
　　案例正文 ……………………………………………………………… 43
　　分析报告 ……………………………………………………………… 57

案例三　清理"猪队友"：世界级生态岛的养殖治理之困 ………… **74**
　　案例正文 ……………………………………………………………… 74
　　分析报告 ……………………………………………………………… 88

案例四　府际关系何以调适：对口支援"项目制"运作的"D 县故事"
　　　　　………………………………………………………………… **112**
　　案例正文 ……………………………………………………………… 112
　　分析报告 ……………………………………………………………… 127

案例五　嵌入社区的养老服务："乐龄照护之家"的创新与困局 …… **143**
　　案例正文 ……………………………………………………………… 143
　　分析报告 ……………………………………………………………… 153

1

案例六　城市治理的韧性与柔性：老城厢何以十年换新颜？ **160**
　　案例正文 160
　　分析报告 182

参考文献 **208**

案例一

二十年的踟蹰行进：东星兴农合作社嵌入乡村治理之难

案例正文

引言：一封基层给总理的来信

东星村地处华中平原，隶属于阜城市三合乡，该地气候温和，民风淳朴，钟灵毓秀。东星村由赵王、富民和孙庄3个行政村合并构成，全村共有31个自然庄，51个村民组，1520户居民，总人口达5967人，可耕地面积有7300亩（486.7公顷）。东星村早期以种植业、养殖业为主，目前以养猪、种生姜、办酒酿加工厂为主。

2000年，东星村村民因不堪过重的农业税负，加之有贪腐行为的公职人员强行毁房扒物，自发成立了农民协会（东星兴农合作社的前身）。村民们凑不齐路费而步行数日至阜城市政府门口集会，力图向上级政府反映真实情况，以缓解生活困顿的窘境。这一事件经多家中央级媒体报道引起了社会热议，成为全国农民发声的典型代表。

同年，在乡镇基层工作17载，亲眼见证农民生活不易的一位乡党委书记历经挣扎最终决定直面问题，给总理写去了一封"说真话"的信。

乡党委书记给总理的信中对农村农民工外流的"盲流"如洪水、农民税收负担如"泰山"、乡镇财政债台如"珠峰"、冗员干部如"牛毛"等现实问题做了深刻中肯的描绘。面对农民的大声疾呼，中央决策部署农村实施税费改革，从此乡村治理格局发生了根本性变化，作为源于农村社会的合作组织，农民合作社逐步成长为乡村治理的一个重要主体，推动着村治模式的不断改良。

东星兴农合作社是华中平原获批的第一家农民合作社，历经20载风雨变迁与转型，逐渐从一个松散的农民协会成长为产业多元、经济与服务并重的标杆性合作社。20年间，东星兴农合作社踟蹰行进，从早期的"定位偏差""身份缺失"到发展过程中的"内部治理乱象""产业发展困局"等，克服一系列"内忧外患"，一路走来并非坦途。不过，值得欣慰的是，东星兴农合作社当下已然深度嵌入乡村治理结构之中，作为乡村振兴战略落实过程中不可或缺的治理主体之一，在乡村治理中发挥着重要作用。

一、合作社的缘起：关系嵌入抱团取暖

2000年夏天，华中平原西北部一个寂寂无闻的行政村——东星村，刚刚迎回了村里的"高材生"杨光明。杨光明正在政法大学就读，毕业前的最后一个暑假返乡备考律师资格证。

这天晚上，杨光明正在灯下看书，忽然听见父亲杨大丰起身打开院门。随后跟随父亲一起进屋的还有村西头唐姓的4位：40岁出头的两兄弟唐传德、唐传浩，以及30多岁的唐国林、唐国富兄弟。见到杨光明后，唐传德如获救星："大侄子，我听说你是学法律的，有件事想让你评判评判。国林原来在乡里砖厂打坯，现在砖厂破产了，他回来兴办副业养猪，今天村主任陈才按照乡政府的安排来收生猪税，一头猪要收30元税，养3头猪就要交90元！并且说这不是自己吃的猪，是营业猪，到了杀猪时还要交屠宰税，一头猪再交30元！哪有这样的事！"

"不仅如此，今年向我家征收的'三提五统'，你看看！"唐国林从裤子的补丁口袋里掏出一张纸："公筹金5元，给乡里挖水井集资；公益金15元，补贴村里养老院；管理费10元，给村委会的。还有'五统'：计划生育统筹费，20元！优抚统筹费10元！民兵训练统筹费5元！道路建设统筹费10元！民办教育统筹费9元！"

东星村共有1520户人家，近6000人，可耕地面积7300亩，人均只有1亩地，农民每个人每年农业税、"三提五统"加起来就达到了三四百元，靠田间收入无法负担家庭生计，农民只能靠养殖、打工等贴补才能勉强维持生计。到了征收"三提五统"的时节，村民们与乡政府、村委发生的矛盾越来越多。"今天国林实在拿不出钱，村主任说过几天再来，不交钱就把猪牵走！光明，你帮我们写信，我们去上访！我前天听广播，中央规定征税不能超过年收入的5%，我们如果不打工一年只能挣几百元，所以最多只能收我们几十元！现在一年收我们几百元，还要扒房牵牛，这让人怎么生活啊！"唐传浩上过学，会算账。

杨光明的父亲也忍不住抱怨："去年我们家征购粮就被收走500斤，听说是乡里向县里虚报，说一亩地收了1000斤，其实一亩地收700斤就很难得了。我们种一亩地只留200斤给自己吃，幸好光明在外读书，不然大米都不够吃。"唐传德用求助的眼神看着杨光明："我们一年交145种费，光交费的压力就让我们无法维持生计！如果不是爹娘老了，我也出去打工了！光明，你帮帮我们吧，写封信让政府真正了解我们的穷日子！"

以法律为志业的杨光明知道乡亲们生活不易，却没有想到如此艰辛。应承下后，杨光明认为，有的村民不识字，有的村民告错部门，有的村民遭到报复，这样一盘散沙似的行动，无法引起重视，要拧成一股绳，理性、合法维权。于是在杨光明、唐国林的倡议下，2000年8月，300多人在签名本上摁下红手印，组建"农民协会"，维护自己的权利。

农民协会成立后，村民决定立即向阜城市政府反映相关情况。为了凑齐路费，有的村民拿出了存在鞋底里的两元钱，有的妇女拿出了本来用来买盐的1角钱，但只是杯水车薪。杨光明、唐国林和其他20位村民一起，步行数日抵达阜城，最终得以成功向市信访局局长和市委副秘书长反映情况。

一个星期后，东星村等来了市纪委和检察院的联合工作组。两个月后，村支书、村主任和文书3人因挪用贪污村集体财产7万多元，被移送司法机关处理。数年来被村委全部截留的农业补贴，由联合工作组的工作人员现场发还至农民手中。工作小组在村里张贴了"三提五统"的具体名目，告诉村民要"明明白白缴费"……

寒假再次返乡的杨光明看到农民负担逐渐减轻，听到村里长辈们对自己的道谢时，一种朴素的成就感油然而生。还有一个学期就要毕业了，工作后返乡的频率肯定要少很多，因为律师这个职业实在太过忙碌。对自己职业发展已做好规划的杨光明，趁着年关到村里四处走走，近距离感受乡土的气息。

然而，就是这随意的一走动，彻底改变了杨光明的人生轨迹。除夕的前一天，当他还处于村西头一位熟识的老人自杀带来的震惊中时，村东头另一位熟悉的老人自尽的消息也接踵传来。这两位70岁的老人行动不便，无法下地，无奈儿女均不管不顾，逢年过节孤苦伶仃，精神上缺乏慰藉，最终只能选择了结生命。备受震撼的杨光明突然意识到，农村的贫困不光是物质上的，还有来自心理和精神上的贫瘠。

那一夜，杨光明在稀稀拉拉的新年鞭炮声里，做了一个非常艰难的决定——万里他乡，灯火繁华，无须我的那一星光亮；吾乡吾土，生我养我，处处亟待建设和助力。他决定放弃城市的机会，留在乡村助力，丰富村民的精神生活，反哺这片他出生于斯成长于斯的土地。

二、发起人的反思：不能仅是弱者联合

如果说中央税费改革给东星村父老乡亲去掉了一道经济枷锁，那么东星村乡村文艺队则给乡亲们精神上打开了一扇天窗。2001年年底，杨光明大学毕业回村后，首任农民协会会长唐传德马上让贤，让村里飞出又飞回的"金凤凰"杨光明带领大家奔向光明。杨光明上任后力主组建文艺队。经过半年多时间精心筹备，东星村乡村文艺队正式成立。由此，村里的阡陌纵横、田间地头，不时传来载歌载舞、吹拉弹唱播扬四方的声响，交织着树林里、田野里欢闹的虫鸣鸟叫。看着这热闹景象，乡亲们脸上也泛起真挚的笑意。

2003年初秋的一天，晓色熹微。东星村乡村文艺队队长杨春丽早早起床，一番洗漱后便坐在镜子前梳妆打扮。今天上午文艺队要在村小广场给村民奉献一场文艺会演，这是文艺队每个月雷打不动的一次在全村乡亲面前的常规演出，过两天还有去邻村表演的任务。

一大早，杨光明踱步到小广场检查演出场景的布置情况，对每个月的演出，村里老人们观看积极性很高，他格外留心摆放着的那些塑料椅子的结实程度。随着东星村文艺工作的开展，农民协会在文艺队的基础上成立了老年协会，关爱年迈村民。老年协会成立后，又与文艺队合作开展了东星村"十佳儿媳"的评选比赛，倡导尊老爱幼、孝敬父母的良好风尚。这些举措在阜城农村引起了很大反响，得到那些一直担忧"老而无用""白吃米饭"的老人的交口称赞，东星村的风气也在逐渐变好。杨光明心里也乐观地评价，如果将过去的东星村比作一棵枯木，一片旱地，自己亲手参与创建的文艺队就是枯木久盼的暖春和旱地苦等的甘霖。

然而，2003年年底，杨光明乘大巴车进城办事。落座后，一扭头发现身后坐着的是乡村文艺队队长杨春丽的丈夫陈宝成。杨光明看到陈宝成神色不悦，简单寒暄过后就没再多说话。过了一会儿，陈宝成倒是主动开腔了——

"光明，春丽把村里文艺队办得热火朝天倒是为你挣了不少面子。村子里看似热闹了很多，可文艺队给各家各户带来了什么现实利益？自从春丽做了文艺队长，家里的大小事儿她都不怎么管了。在以前，她把家管好，我还能去外面打点零工挣点钱贴补一下家用，改善一下家里的生活。现在倒好，我除了家，哪儿也去不了，除了家务活，什么也干不了！要是只靠我家里这一亩三分地啊，眼看就要揭不开锅了！"

陈宝成的话一说完，车上的同村村民都议论纷纷，开始七嘴八舌地向杨光明表达自己的感同身受。大家都觉得杨光明组织文艺队只顾及了乡亲、乡村的面子，忽视了乡亲、乡村的里子，"唱歌跳舞是要的，但先把饭碗捧牢捧好更要紧！"

杨光明如鲠在喉，他突然意识到，这可能就是山雨欲来风满楼的征兆……果然，虽然农民协会的文艺活动一时开展得轰轰烈烈，但时间一长，村民觉得"整天唱歌跳舞，又没有经济效益"，于是参与的热情慢慢减弱了。在丈夫陈宝成的竭力反对下，杨春丽也辞掉了文艺队队长这个差事，回归灶台田间。其他队员们也因各种理由陆续离开。

脱离了经济支撑的农民协会恰似丧失了支点后的旋转陀螺。2004年春节一过，东星村不少青壮年劳动力陆陆续续地外出打工赚钱，村庄在经历一番短暂的"欢天喜地"后转瞬又陷入了死一般的寂静。这一切，杨光明全都看在了眼里。他渐渐从"文艺救村"里醒了过来。痛定思痛后，杨光明意识到：农民协会不能仅仅定义为"弱者的联合"，更应让村民们变富变强。不光百姓穿衣吃饭、奔好日子需要钱，就连村里维持老年协会、文艺队的运转也要相应费用。带领乡亲赚钱致富才是当务之急。唯有如此，方能拯救日渐空心洞敞的东星村，才能重塑村民对协会的信任。

杨光明和农民协会的成员敢想敢干。基于农民协会在东星村的号召力和影响力，很快地，东星农民经济合作社的框架初步搭建起来。村民们自愿认股加入，每户至少参与1股，每股股金100元，早期发展社员300余户，股金累计600余股。2004年国庆之后，为推动合作社的全面建设，杨光明与骨干们合力重组东星农民经济合作社、老年协会和妇女文艺队，成立了东星兴农合作社，此时社员已达到400余户。东星兴农合作社成立后开展了农业生产资料购销、有机农业经营、资金互助和文艺活动等，已然超越了一个经济组织或文化组织的定位。

经过前期发展，合作社的运行效果渐渐显现：一方面，合作社积极采购销售农业生产资料，降低农业生产资料价格，节省生产成本，提升农作物利润；另一方面，针对村民公共文化生活贫瘠的现状，合作社通过组织庙会、举办"十佳好媳妇""十佳好婆婆"评比活动，重新树立了村民对生活的信心。看着眼前的这一切，杨光明内心深处有一些欣慰，然而也仍有一些遗憾。他在思考推动合作社永续性发展时，绕不开一个基本的前提——"名不正，言不顺"的合作社该如何获得其合法身份的确认呢？

三、民政局的为难：制度嵌入有心乏力

阜城市民政局大楼里，张局长坐在办公桌前，望着东星兴农合作社的申请材料，眉头紧锁。这已经是杨光明第三次拿着申请登记注册"民办非企业单位"的材料来到民政局，前两次均被告知材料不齐全后劝回。这第三次他又锲而不舍地把材料递交上来了。

张局长有些拿捏不准农民合作社究竟是什么属性，国家层面亦没有颁布相关的合作社管理办法。按理说，合作社是农民自愿联合的互助性经济组织，不应登记在社会组织序列。但是东星兴农合作社情况有些特殊，杨光明介绍他们除了经济活动外还承担了很多文化服务，好像也符合国家对于"民办非企业单位"的界定——社会团体和其他社会力量以及公民个人利用非国有资产举办的，从事非营利性社会服务活动的社会组织。阜城从来没有碰到这样的事，张局长觉得谨慎为宜，紧急召集民政局的同志开专题会议。

李副局长带头发言："东星兴农合作社能不能登记注册成'民非'，要考虑的因素有很多，无论是大方向上的政治和法律层面，还是注册流程上的具体小问题，都需要注意。"社会福利和慈善事业促进科赵科长说："我了解过这家合作社的情况，它的社员已具一定规模，合作社也组织开展了很多文化活动、公益活动，在当地有良好的口碑，在条件许可的前提下我们可以适当支持合作社的发展。"

基层政权和社区建设科王科长提及，"材料显示，这家合作社除了开展文艺类、公益类的活动，还从事一些生产经营活动，比如，发展有机农业、开展资金互助，这些都带有营利色彩，不符合'民非'的性质"。党政办公室朱主任表态，"国家的政策还是倾向于鼓励合作社发展的，尤其在现在支持新农村建设的导向下，合作社的发展是很受重视的，这一点我们可以有所考虑"。

民间组织管理办公室陆副主任说："我看过这家合作社递交的申请材料，大部分材料他们基本补齐了，但是验资证明和业务主管单位的批准文件他们至今还是缺失的，所以按照规定我们没办法给它登记。"民间组织管理办公室郑主任略显严肃地补充："现在国家层面关于农民合作社的法律还没有出台，大家也都还处在观望状态，在没有法律依据的情况下，我也不赞同给予这家合作社法律上的认定。"

几天后，杨光明从民政局得到消息，东星兴农合作社申请注册再次碰壁。然而，"谁无暴风劲雨时，守得云开见月明"。2006年10月31日第十届全国人民代表大会常务委员会通过了《中华人民共和国农民专业合作社法》，赋予了农民专业合作社法人地位。这部法律的出台如划破黑暗的一束光，使杨光明看到了新的希望。

杨光明和骨干们转换了思路——不纠结于合作社的身份属性，当务之急是尽快为合作社取得合法化身份。他们反复核实《中华人民共和国农民专业合作社法》的规定，认真准备好登记申请书、盖章的设立大会纪要、章程、出资成员的出资清单等文件，并郑重向工商部门递交了申请。

申请材料递出之前，合作社按要求召开了由全体发起人参加的设立大会，讨论决定东星兴农合作社的组织架构以职权分配与业务划分为依据，由社员代表大会、理事会、监事会及8个业务部门构成。理事会主要负责合作社的日常管理与重大决策，而监事会则监督合作社财务及各项决议的执行。设立大会选举产生了理事长、理事和监事。杨光明全票当选合作社理事长，理事由杨大庆、唐国林、唐国富、昝国远等一批早期农民协会的骨干担任，监事委员为陈双柱。选举结束后，在确定合作社财务时出现一点波折。

陈大富是陈双柱推荐的人选，"财务的技术性要求高，需要一定技术和经验。大富不是协会的初创成员，但之前在区里从事过财务方面的工作，有技术和经验，能做好"。坐在杨光明身边的方建军小声反驳："陈大富不是因事被区里辞退回村的吗……"杨光明心里一紧，想问个究竟，方建军摆摆手："别人瞎说的瞎说的。"因为没有什么证据，且陈双柱推荐后大家都表态通过，最后理事会一致同意陈大富出任财务负责人。

2007年7月，东星兴农合作社成为华中平原首家获批的农民合作社，正式注册名称为"东星兴农农资专业合作社"（简称"东星兴农合作社"），成员出资总额为66800元，业务经营范围包括农资采购、信息咨询服务和农业技术培训等。在内部治理架构方面，合作社在社员代表大会、理事会与监事会下设有8个业务小组，依次是经营组、资金互助组、循环农业组、基建农业开发组、土地合作社、文艺队、爱心互助组和财务室等，分别负责合作社相应业务。

四、与村委的蜜月：成员兼任是好是坏

东星兴农合作社自法人资质获批以来，发展迈上了一个新的台阶。合作社在帮助乡亲们提高经济收入的同时，在村民中的人气和威望越来越高，合作社骨干们也士气大增。

2008年12月，东星村新一轮的村委会换届选举如期进行。东星村现任村委会主任刘某尽失民心，当年他用手段雇人为自己拉票，没想到上任之后却只会中饱私囊。政府给东星村拨了一笔农业开发补偿款,村民却对此毫不知情,直到有村民偶然从乡镇政府里看到补偿款分配名单,该款项居然都被该届村委会干部和他们的亲戚占据。为了防止刘某等在选举中再次投机,数位村民带头自告奋勇,在换届当天,全程护着票箱,形影不离。中途,拿票箱的人借上厕所之名离开,村民代表尾随其后,发现他们竟妄图将提前备好的写有刘某名字的选票投入"暗箱",幸而有村民代表的"寸步不离"和"严加防守"。

选举结果公布大快人心,以刘某为代表的村干部全部"下岗",而几位德高望重、口碑好的代表被推选为村委会成员。东星村合作社理事唐国林是多年的党员,年富力强且公道正派,高票当选村委会主任;杨大庆当选村委会委员;合作社理事长杨光明则凭借学历高、文笔流畅被选为村会计兼文书。合作社的成员兼任村委会7个岗位中的3个席位,占比42.9%。唐国林和杨大庆两人逐渐将工作重心转向了村委会,而杨光明作为合作社理事长,则两头兼顾。

自从唐国林、杨大庆、杨光明3人当选村委会成员后,东星村形成了村委会+合作社+农户的新型农村合作经济模式。一方面,唐国林、杨大庆积极发挥岗位优势,联络乡亲、集聚人脉,使得合作社名气大增,上任数月合作社的新增社员就达到80多户;另一方面,合作社的快速发展增加了农户的收入,也无形中提升了村委成员在群众中的威信。一时间,村委会和合作社形成了"双赢"局面。

比如,在拆除农村老旧危房的过程中,有村民因不愿拆掉旧宅或是补贴有分歧而与村干部发生冲突时,村委会委托合作社以斡旋者的身份前去社员家里调和,最后双方互信互让,顺利签下十几户村民的协议;在扶贫脱贫政策推行过程中,合作社积极配合政府扶贫人员,对村里的村民实际情况进行调查,公正合理地完成了贫困户的鉴定补贴等工作,同时运用自身产业力量,帮助贫困家庭共同实现产业脱贫,减轻了扶贫干部的工作压力;在文化建设方面,东星兴农合作社一直关注村民精神需求,和村委会一起承接了政府委托的各种关爱老人、留守儿童、妇女、残障人士等活动,发挥着农民与基层政权组织之间的"蓄水池"功能。

2010年,国际小母牛组织在华中平原寻找合作目标,希望支持农户的养殖产业发展,并且要求以农民互助组的形式申请资助。唐国林、杨大庆收到这个消息立刻通知了杨光明。杨光明认为这是合作社发展壮大的一个契机,于是将合作社按要求划分为15个互助小组,每组30多户村民,每个互助小组选举5个负责人组成了小组管理委员会,负责农村社区发展的具体事宜。管委会作为社区的发展主体,接受合作社的领导与支持。

唐国林、杨大庆也积极为合作社发声,和小母牛组织对接。他们多次拜访小母牛合作组织负责人,协助合作社准备申请材料。国际小母牛组织经过初期评估和讨论后,认为东星兴农合作社符合"小母牛"项目的要求。然而,就在启动项目的前夕,合作社接到资金资助方的电话,对方深表抱歉地告知合作取消了。反复沟通后,"小母牛"项目资助方解释由于公司经营战略变动,"小母牛"项目预算缩减,为保证投向其他更符合条件区域的救援资金,东星村等地的合作项目取消。当然还有一个原因在于,项目资助方认为受助组织的对接人员应该能够全职投入农民互助组的管理工作,然而根据项目团队中后期的考察,东星兴农合作社理事长承担了过多合作社以外的村务及行政事务,可能影响"小母牛"项目的推进成效。综合考量后,资助方决定取消项目资助。

小母牛合作事件后,合作社骨干们不得不反思,村委会成员兼任合作社理事究竟是好是坏?最后大家达成共识:两边兼顾往往会顾此失彼,身份重叠难免乱了边界。很快,杨光明率先主动辞任村会计与文书,而唐国林和杨大庆决定专心在村委会任职。大家商量好,具体事务,各自为政;在大事要事上,合作社与村委会合作责无旁贷!

五、骨干身陷囹圄:结构嵌入频现乱象

与国际小母牛组织的合作宣告失败后,思路活络的理事长杨光明将合作对象转向科研院所和高校,请专业人士协助开发具有东星村特色的农产品。经过多位专家的实地察看和把脉,东星兴农合作社定位发展有机农业,与农业科研团队共同发起"东星有机生姜"种植项目,村民们亲切地唤它"美好姜来",项目的顺利推进使得村落里到处洋溢着欣欣向荣的气氛。

转眼到了2011年农历新年,因合作社的销售收入直线上升,社民们都领到了一笔不菲的分红,更令人欣喜的是,除去必要的开支和社员们的分红,合作社的账上也开始有盈余了。理事们都很欣慰:虽然只有五万多元,但对摸着石头过河的合作社来说是一个巨大的飞跃!因为年前领到超出预期的分红,又听闻合作社开始有盈余了,过完年,社员们的干劲儿更足了,一些年前在外打工的年轻人也决定留在家乡加入合作社。

社员们的腰包逐渐充实后,变化最大的还要属合作社财务陈大富。春节过后,不管是自己还是与人往来,陈大富抽的烟从原来的杂牌变成了中高档香烟，进出不再骑那辆破自行车，而乘崭新的摩托车，家里的房子也改造翻新。

5月的一天，杨光明进城办事，经过一家饭店时，隔着玻璃窗看到陈大富正在和邻村几个不务正业的村民同桌吃饭，桌上大鱼大肉样样俱全，桌边还放着两瓶高档酒。陈大富见到杨光明后，连忙跑出来邀请入席，杨光明以有事要忙为由婉言拒绝。在回村的路上，杨光明忆起方建军曾有意无意多次向他提起陈大富大手大脚的事情，越想越不对劲。陈氏家族虽然是村里的大姓，但陈大富家并不富裕，就算加上他们一家三口在合作社的股份分红和陈大富每个月六七百元的收入，只能说比以前手头宽裕些，但也经不起这么开销挥霍。

隐约有些担心的杨光明刚回到办公室坐下不久，饲料厂的李厂长气呼呼地闯进来："光明啊，你们合作社怎么可以这样呢？货款一拖再拖，从年前拖到年后，你看大半年又要过去了，去年的货款都还没交齐。我们饲料厂也是小本经营啊，经不起这么折腾。今天要是收不齐货款，我就不走了！"

杨光明赶忙让人把合作社财务负责人陈大富叫了回来。陈大富把事先编排好的理由"资金正在银行转账途中"搬出来搪塞李厂长，还装模作样地拿出了转账凭证让李厂长瞅一眼就匆匆放进自己口袋，将信将疑的李厂长这才同意离开。李厂长走后，面对杨光明的质问，陈大富哀求认错："是我鬼迷心窍，去年认识了邻村几个兄弟，他们带我去玩牌，刚开始小赢了几把，想着可以靠玩牌多赚些钱，就把合作社账上那笔饲料厂的货款先'借'了出来，想等玩牌赚了大钱，再还进去。没料到越玩越输，越输越想翻本，不但饲料厂的货款没有拿回来，还把自己的积蓄也都搭进去了。"

闻讯赶来的合作社监事陈双柱气得捶胸顿足，当着大家的面狠狠数落了陈大富一顿。随后陈双柱向杨光明求情："光明啊，大富是我的侄儿，照理我不该为他说话。不过你也和大富一起长大，他的为人你是知道的，从小忠厚老实，这次受那些坏人的影响，犯了糊涂，你就看在从小一起长大的分上原谅他吧。合作社才刚见起色，这事传出去有损合作社声誉。不如饲料厂的货款大家先帮忙垫垫，然后从大富每个月的工资里扣除。"

转眼大半年过去，陈大富终于把饲料厂的货款还清了，举止言行也收敛了很多。一天，村委会主任唐国林找到杨光明："现在国家开展'村村通公路'建设项目，前几天乡镇领导开会说如果公路建好了，我们村与外界的交通就更顺畅了，对合作社的经济发展有很大的好处。但是道路建设费用除了国家财政补贴一部分外，村里也要出一点。你知道的，村里没什么钱，现在合作社发展得这么好，能不能出点力？费用也不多，只要2万元。除了钱，乡镇政府建议村里推选一个人做道路建设的监理。不知陈大富能否胜任，他会算账，还擅交际，听说之前还做过泥瓦匠。"

一年多后，东星村的公路焕然一新，前来与合作社洽谈业务的企业更多了。公路上一辆辆货车满载东星村的有机农产品送往全国各地，合作社社员忙碌而充实，大家憧憬着未来的美好生活……

然而好景不长，东星村新建的公路某天突然出现了大面积塌陷，两辆货车发生了侧翻，幸好没有发生伤亡，货车司机找到村里要求赔偿。大家赶到现场，看到两辆货车的货物东倒西歪地侧翻在道路两旁，而道路中央陷下去很大一个坑。看到此情此景，杨光明心生疑惑：这公路才建好，而且最近下雨并不频繁，怎么两辆车开过就塌了呢？路政管理局的工作人员到现场查验后，认为这是"路基下部天然承载力不足引起的沉陷"，通俗地说就是建设质量不达标造成的后果。路基填料的含水量和压实度是公路施工时的重中之重，但是很明显这段塌陷公路是用不符合标准的材料建造的，路基压实不足。

一个月后，公路另一侧也出现了坍塌沉陷。村里和合作社疲于应对公路施工带来的后遗症，村民也怨声载道。不久，检察院的车开进了东星村，陈大富因涉嫌工程建设项目贪腐案而被带走。原来陈大富为了填补之前挥霍亏空捅的窟窿，与建造公路的施工队合谋使用劣质的砂石泥土材料，贪污了1万多元工程款，而这个施工队在其他工程上劣迹败露，连带着把东星村的问题也暴露了出来。

证据确凿之下，陈大富被判了3年有期徒刑。看着自己的亲侄子进了监狱，陈双柱感觉脸上无光无法在合作社做监理，便主动提出退出。杨光明心里很不是滋味，合作社经济好不容易有了起色，结果人心却不稳，财务贪污被抓，监事主动退出，还有两个理事常年在外。看来合作社要发展，不能光靠传统的长辈权威、宗族权威代替规范的管理，更不能靠信任代替监督，一定要建立有干劲、有能力的团队，形成良性的内部治理机制，消除那些可以燎原的隐患。

六、社员参与决策：议事规则水土不服

"陈大富事件"之后，东星兴农合作社召开社员大会进行换届选举。有了前车之鉴，社员们都认认真真推选踏实可靠的成员。很早就察觉出陈大富有问题的方建军被推选为监事，陈永贵、唐国民、唐向东、陈大年和杨云天被选为理事，杨光明连任理事长。

在财务人选方面，东星村的外来媳妇王霞一直想为村里做点事情，她勤快能干，高中学历，做过出纳，为人也比较热情。她穿着一身红外套上台，毫不怯场："各位乡亲要是信得过我，这个财务就交给我来做！我嫁给东星村，肯定得帮着大家，完全按照财务规章制度来做。我如果做不好，都无法为我家孩子做榜样！"

一群年轻骨干的加入为东星兴农合作社的发展注入了"新鲜血液"，大家期待合作社既能帮助乡亲们发展生产，提高经济水平，又能通过举办各式各样的活动，丰富乡亲们的精神文化生活。"陈大富事件"让年轻骨干们深刻认识到，保障乡亲们对村中大小事的知情权、参与权、监督权，对实现乡村民主至关重要。一个基本的途径就是社员大会民主表决，让每个人都有发言机会，让村民真正用好自己的权利，表达自己的需求。

"这么多年来，野蛮争论、一言堂现象就没有停止过，每次开会七大姑、八大姨就扯到天涯海角了。有些人发言唠唠叨叨，没完没了，有时候意见不一，拍桌子砸板凳发脾气。上次的社员大会开了等于没开，明明讨论跳广场舞的时间，孙大娘、赵大叔他们又扯到要买篮球架，就这一个事讨论了一个小时都没有结果。"唐向东叹气道。"我认为还是需要制定规则，无规矩不成方圆，有了规则开会现场就不会那么乱糟糟了。"陈大年应和着。出过门见过世面的王霞灵机一动："我嫁进来之前在广州的一个公益组织做过出纳，当时有个厉害人物教大家怎么开会，还确立了议事规则，我觉得我们可以借鉴一下。"

合作社的年轻人有着初生牛犊不怕虎的勇气，很快就和Y博士取得联系。东星兴农合作社有解决现实棘手问题的需要，而Y博士有推广议事规则"下乡"的需要。双方"不谋而合"，都期待用这个"洋药方"来解决中国农村的"土问题"。Y博士很快抵达东星村。当Y博士提出"主持人在主持期间不得发表意见"时，乡亲们纷纷表示不可思议。议事规则培训的重点是让乡亲们大胆直言，让他们意识到主持人的意见不一定是对的，主持人应该是中立的。作为年轻人本应该更容易接受新鲜事物，可是连合作社年轻骨干们都无法想象作为主持人如何在会议当中不表态。

随后Y博士引入了动议六要素：时间、地点、任务、行动、资源、结果。为了让乡亲们更好地了解六大要素，项目组以击鼓传花的形式打开局面。花传到了谁的手上，谁就提出来一个动议。花传到了李大爷的手中，他大声说道："合作社的环境卫生要搞好！"这时有不少乡亲发出嘘声："这算什么，谁不知道呀。"花传到了李大哥的手里，李大哥侃侃而谈："要我说，搞环境卫生是个大话题，我们得明确谁负责扫地，怎么清理垃圾，还要做好时间安排，这才能算个好点子。"通过游戏把原本可能沉闷的话题变得轻松有趣。几位乡亲发挥才智，利用歌曲的旋律将议事规则串联了起来，并通过村民的口传心授，将议事规则普及开来：

> 有口难言，主持中立；要算本事，得是动议；举手发言，一事一议；面对主持，免得生气；定时定次，提高效率；立马打断，不许跑题；主持叫停，得要服气；正反轮流，皆大欢喜；首先表态，再说道理；就事论事，不能攻击；话都说完，才能决议；正反算数，弃权没戏；多数通过，平局没过；萝卜青菜，开会顺利。

两个月之后，东星兴农合作社面临一场议事规则的真正"大考"：合作社社员大会要讨论国家农发项目资金的使用问题。会议上，由唐向东担任主持人，社员们充分讨论。孙大爷首先提出动议："要在孙庄修一条规格为4米宽的桥，2个月内修完，钱是国家农发项目的钱，具体修建要找李庄的小李工程队。"李大妈随后提出附议。然后有人小声地嘀咕："为什么在你们孙庄修，为什么不能在我们赵庄修？"又有人小声说道："找小李工程队还不是因为小李是你女婿。"会议桌上大家都在窃窃私语。这个时候赵大爷大声说："我反对老孙，为什么就要在他们家门口修，难不成是因为你孙子腿上残疾要方便你们家，公款私用，凭什么！"王大妈说道："为什么一定要修桥，修桥有什么用呀，应该让合作社拿着钱带着我们去种城里人喜欢的有机蔬菜，我就知道隔壁两个村和一个来自上海的农户合作，赚了不少钱呀！"孙大爷听到赵大爷不仅反对自己的意见，还敢说自己孙子的缺陷就急红了眼，大拍桌子要和老赵干架，其他乡亲赶紧拉开孙大爷和赵大爷。主持人提醒乡亲们发表意见不能对对方进行人身攻击，不能说反对某个人，更不能东拉西扯，现在谈论的是修不修桥，不能又扯到种有机蔬菜上去。

最后，因大家对国家农发项目使用资金存在较大分歧，只能择日再议。王霞有些难过地说："本想着外来的'洋药方'能够治治'土问题'，但是在重大事项的讨论中，乡亲们还是没法好好讨论。"慢慢地，合作社骨干们都想通了：本来能够让乡亲们自行决定国家补助款的用途是一件好事，然而乡亲们无法突破自我利益的思想桎梏，议事规则反倒成了使乡亲们心生嫌隙的"罪魁祸首"。不过培训也确实让乡亲们有了更强烈的权利意识和规则意识，大家愿意尝试和配合学习新东西，这本身就是进步。

七、村民用脚投票：利益嵌入却失民心

2013年夏末，暮色渐浓。东星兴农合作社骨干社员会议正在合作社大院举行。经历过换届选举和议事规则的改革，合作社的内部治理机制越来越健全，但合作社的经济发展却有些停滞不前。

合作社理事陈大年感叹道："虽然现在合作社发展比村里种田种地收入高一些，但是比不上外出打工，泥水匠一天净利润就有150呢。我看最近村里年轻人越来越少了，社员大会的出席率也越来越低了。"唐国民附和："合作社一定要有几个能赚钱的项目，只有让大家口袋紧实了，村民的日子过得更好了，合作社才能走得长远。"杨光明点点头："大家说得有道理，有机小黄姜种植已经无法支撑合作社的发展了，大家回去都想想看有什么可以拓展的项目。"

不久后，东星兴农合作社形成了一套"精准定位，产业有链"的方案：摆脱农村只做种植业的固有思维，聚焦东星村有传统优势的"酿酒"与"养猪"两个项目。东星村建村历史悠久，村里存下来很多手艺，酿酒就是其中的一门。村里有几位老人精于酿酒，酿出的酒甘甜纯正。王霞带领合作社社员虚心向村子里的唐大伯一家讨教酿酒的古法，花了半年多的时间终于学成出师。在进行市场调查之后，2014年年初合作社创办了股份制酒厂，酿造纯粮食酒，特别设计了具有东星特色的酒瓶与包装盒，并取名"东星大曲"。自出产开始，"东星大曲"的市场知晓度和口碑一路上升，价格从最早的每瓶20~30元提高至每瓶100~200元。依托粮食酒的上好质量与合作社承接各种活动的资源，"东星大曲"得到了较好的市场推广，取得了不错的营销成绩。创业第一年，粮食酒产量达8吨，次年就实现了合作社分红。

另一边，合作社理事杨云天也在紧锣密鼓地张罗集体养殖的事情，他请来上海农业养殖公司的经理，经过对东星村的环境考察后，双方选定了养殖的猪品种。合作社请几个做泥瓦匠的社员迅速把4个养猪棚搭建起来，随后立即引进了200多头猪，由合作社挑选有养猪经验的大伯负责猪的日常照料。

自2014年起，东星兴农合作社社员通过入股资金互助、酿酒、养殖等不同业务，获得了不错的收益。合作社根据盈利情况及社员持股份额进行的年度分红也越来越高。骨干们看到外面打工的妇女愿意回来学酿酒做手工，越来越多年轻人也加入合作社的队伍当中，感到由衷的高兴。然而社员满意了，一些村里的乡亲却有意见了。

由于建设时间仓促，合作社的养猪场比较简陋，饮水设施和投喂设施都没有建设完全。养猪场毗邻东星村的主河,河边水草茂密,有时候养猪的大伯分批把 200 多头猪直接赶到河边喝水,搅得下游的人没法洗衣服洗菜。有时候为了让几头黑毛猪多走动,减少脂肪含量,干脆进行散养,河边上猪粪到处可见。

暮春时节,村里的几位大嫂一起进了合作社大门,有人提着菜篮子,有人提着一桶衣服,脸上都带着怒气:"光明啊,你们这合作社平常咋搞的,看看现在这条河还能用吗?从你们养猪开始,这条河水就脏得发黑,你让我们怎么去洗衣服洗菜?我们之前就跟村主任说你们这样做不行,村主任碍于情面没管你们。你们也是孩子的爹娘,这条河是孩子们平时最爱去玩耍的地方,现在这条河脏得没有孩子敢去!你们养猪我们不管,但你们也得照顾村子里其他人。不能自己社员得利,却损害其他人的利益啊!"

杨光明、方建军、唐向东和杨云天等一起来到养殖场,一不小心就踩了一脚猪粪。杨云天慢吞吞地解释:"没办法,刚开始办养猪场时资金不够,建场得花钱,请人得花钱,为了节省成本才这样。一套排污处理设备十万多,我们是真一下子拿不出来呀!"杨光明赶紧跟财务王霞合计了一下账目,发现合作社的流动资金确实不足,一时陷入僵局。但养殖场目前是合作社最大的盈利来源,不能轻易关停,可污染问题又该如何解决?合作社的骨干团队召开了一次紧急会议,大家一边通过社员自发认筹资金的方式改善养猪场的环境,一边派两位社员到上海农业养殖公司学习最新的养殖技术。扩大生产后,合作社又建了一个生态养猪场,依托技术手段与环保理念,建造了干净卫生、维护简单的发酵床养猪场,通过发酵床保温保湿,形成了一个利于猪生长的适宜环境,同时配套了完整的垃圾处理设施,减少污染。

春去秋来,转眼到了 2016 年。合作社的养猪场技术升级、规模扩大,销路越来越好,村里的河畔也渐渐恢复了水草悠悠的景象,村民的抱怨声也渐渐消失了。有一天杨光明在河畔散步时,碰到一个打工返乡办证的年轻人,杨光明问其为什么不在本地发展,毕竟家里二百平方米的三层楼房不住,到外面打工住在几平方米的出租屋不划算。年轻人回答,虽然家里有几层的楼房,但农村的生活太无聊,除了打麻将、看电视,没有娱乐,而城里却有很多好玩的项目,热闹丰富。这次交谈触动了合作社的骨干,大家觉得现在农村的日子比以前好了很多,但精神上依旧匮乏。意识到这一问题后,东星兴农合作社将发展战略从"精准定位,产业有链"调整为"产业有链,文化有根"。

合作社社员首先以合作社驻地为空间依托,开辟了村民文化活动的公共空间。院子东面接连北面建造两层楼房数十间，作为办公、活动场所之用。活动场所分为：展示中心，供参观考察、举办夏令营、体验农家生活的游客使用；艺术家部落，邀请自由音乐创作者、泥塑艺术家、彩绘艺术家等前来分享交流；教育中心，开展本村孩子的学前教育，以户外实践教学为主要特色；等等。

公共空间落成之后，合作社设计了各式各样的村民文化娱乐项目，按照季节顺序，以每个季节村民的生产、生活特点为背景开展活动。"春"即在春天的时候举办"大地民谣音乐节"，除了村民外，也邀请音乐人和乐队前来演出。每年有上千人观摩演出，年轻人非常喜欢这个活动。"夏"是合作社在夏天举办"东星好声音"，鼓励村民们大胆一展歌喉。起初合作社还担心村民们害羞可能没人报名，结果招募令一发出，报名现场就十分火爆，远超预期。"秋"指办丰年庆，庆祝农业和其他产业的收成。"冬"指合作社每年冬天举办"舞林大会"即广场舞大赛。农村的妇女们很少有参加公共生活的机会，广场舞提供了社会交往的渠道与途径。

渐渐地，村子里的非社员村民也越来越爱来合作社的公共空间。老人家说："家里生活太苦闷，老伴双目失明要人照顾，大儿子分家出去单过，小儿子外出打工出了事故，瘫痪在床20多年。我75岁了，真的太累了。想不开的时候，我就到这儿来，看看唱歌跳舞，大家说说话，心里舒坦一点。"妇女们觉得："在农村，男人可以出去喝酒聚餐，我们很少有机会参加外出活动，天天围着灶台转，被封闭了。广场舞让我们走出家门，走到村庄的广场中心，跳起来的时候，原来的不愉快啊、怨气啊、仇恨啊都消散掉了，带着一身愉快回家。"

八、村委会的惆怅：合作社壮大不听话

东星村村委会办公室旁边有一块平坦的室外水泥场地，村民习惯性把它称为"东星小广场"。这块场地一直由村委会管理，在村内有项目或召集村民开会时使用，而在其他时候，合作社也常常申请借用。东星兴农合作社随着规模的壮大，各类活动渐渐增多，场地不足问题频现。尤其是每年"舞林大会"举办前一个月的时间，"小广场"几乎成了各支队伍的专属练习用地，有时还会出现队伍太多难以协调的问题，让合作社骨干们头疼不已。

在合作社内部会议上，理事方建军提议："现在合作社有一些积累，是否可以合作社出资为村民修建一个专用文化活动场地？"这一想法得到理事们的一致认可，这样既能解决长久以来的场地之争，又能赢得村民对合作社的信

任。社员大会初步通过动议后，在合作社和村委会的共同召集下，村委成员、合作社理事和村民代表聚在一起，正式召开了关于修建东星村文化广场的协商会。

协商会上，关于修建文化广场的提议得到了全体人员的同意，但对于广场的建设和管理主体问题却没有达成共识。合作社一致认为文化广场应该是"合作社独立出资兴建，自行制定财务预算和施工，后期由合作社管理"。但村委会希望"合作社出资，村委会负责场地建设和后续管理"。双方争执不下，第一次协商会无果而终。

协商会结束恰逢东星村"舞林大会"活动的筹备启动，场地使用矛盾重重让村委会和合作社再次坐下来商议。第二次协调会上，村委会成员明确提出，村委虽然资金不足无法提供经济支持，但负责村里公共事务和公益事业却是村委会分内之事。况且建设广场的土地由村委负责协调，所以运营管理理应交由村委负责，当然会优先安排合作社的活动。对此，合作社理事们表示反对，认为权责不对等，合作社和社员不能接受不公平条件。第二次协商会上，合作社与村委会仍各执一词，互不相让，大家最终不欢而散。最后，兴建文化广场的事情只能暂时搁置下来，合作社与村委会之间也开始渐生嫌隙。之后合作社组织的几场大型活动，村委会也不再像往日那样主动提供帮助。

场地限制变成合作社开展活动的一大障碍，合作社理事们多次尝试寻找其他解决方案均无果，大家的怨气也在悄然滋生。在合作社一次内部会议上，谈及修建文化广场这个话题时，有理事愤愤不平地说："村委马上换届了，我们合作社社员这么多，干脆选合作社自己人当村主任，这问题不就解决了吗。"随意的一句牢骚之言，却化作谣言慢慢扩散——"合作社强制要求，全体成员在村委会主任选举时必须投票给理事长，否则当年就不给予社员分红。"为了防止事态扩大，带来不必要的麻烦，合作社骨干们紧急辟谣，在各种场合说明解释谣言无中生有，不可相信。然而，一些乡亲将信将疑，部分村委成员也认为此事并不完全是空穴来风。一些平日对村委有所不满的村民甚至出言不逊："反正还有两个月就要选举了，干脆就投给合作社。"无形之中，村委会干部感到村民之间似乎形成了裂痕和派系。村委会主任很无奈：我们是为村民服务的，照这样下去以后村里的各项工作还怎么顺利地开展？

还有一周东星村"舞林大会"就要正式举行了。按照惯例，为了在晚会上营造更好的现场舞台效果，合作社须向上级部门申请临时用电，而这需要村委会的协助。然而，这一次村委会却认为场地可能存在安全隐患，直接拒绝了合作社的请求。眼看"舞林大会"召开在即,用电问题还未落实,合作社骨干很是苦恼。所幸,电力部门在大会前一天终于完成了用电审批,但由于时间仓促无法及时布置,最终现场舞台效果大打折扣。

"舞林大会"结束后,合作社骨干们闲聊时,随口吐槽村委会不愿协助申请用电的事宜,不料又被加工成为"村委会玩忽职守,故意阻挠乡村文化活动的正常开展",并且一传十、十传百,就连乡镇政府的领导也找村委会主任过问缘由。村委会主任百口难辩,异常苦恼:合作社确实让村民的经济收入有了很大的改善,但越来越壮大的合作社却越发不听话,有时不支持村委的工作,偶然还可能消解村委的权威,这该如何是好?

尾声:放眼全国,80%的农民合作社空壳运作

岁月如梭,又一个春节翩然而至。舞台上新一届的"东星好声音"酣战淋漓,喜笑颜开的村民将场地围得水泄不通。一个围观的年轻人不由自主地感叹道:"以前像我这样在外地打工的人都特别自卑,因为这里经济不好,到外面讨生活,很怕被人看不起。可现在看到家乡的变化,突然有了自信,好像被唤起了某种信心。"

站在年轻人身后的杨光明隐隐约约听到了这几句话,备受触动,百感交集。他的眼前似乎浮现出了东星兴农合作社20年来发展轨迹的一幕幕场景:意气风发的大学生毅然回村;带着父老乡亲咬牙抹泪抱团取暖去阜城告状;千辛万苦组建农民协会,又遭受村民冷遇;三次申请注册"民非"无奈被拒,最终成为华中平原第一家注册的农民合作社;内部治理频现乱象,而议事规则又水土不服;经济发展却带来环境污染问题;与村委会度过蜜月期后,不期然又陷入决策的纷争……感慨万分的杨光明不禁思考:合作社究竟该如何定位,经济发展和公共服务该如何权衡,合作社在乡村振兴中应发挥什么样的作用?

杨光明的疑问恰恰代表了我国百万农民合作社的发展之惑。截至2019年年底,全国农民专业合作社注册数量达到217万,覆盖农户比例进一步扩大,占全国农户总数比例达到48.5%。虽然近几年我国农民合作社发展迅猛,在组织化帮扶小农户的生产发展、助推脱贫攻坚、推动乡村建设等方面功不可没,但部分合作社名不副实,沦为"空壳社"的乱象也逐渐曝光。农业农村部的一项调查显示,我国80%以上的农民合作社都属于空壳合作社。很多合作社登记之后就没有开展过任何业务或活动,有的在实地调查中已不见踪影。

作为农业农村领域数量最大的农民自组织,合作社的发展面临良莠不齐、

分布不均的严峻现状。2018年《中共中央 国务院关于实施乡村振兴战略的意见》明确指出：乡村振兴，产业兴旺是重点，治理有效是基础。① 农民合作社正是发展农业适度规模经营、推动农民脱贫、实现乡村"善治"的有效载体。合作社的发展一方面加速了乡村社会利益结构与利益关系的分化与重组，另一方面也意味着村庄利益主体的多元化和参与村庄治理主体的增多。完善乡村治理体系正是"国家治理体系和治理能力现代化"这一全面深化改革目标落到基层的题中应有之义。

东星兴农合作社20年发展演变的历程揭示，作为村治模式改良的一个新型因子，农民合作社正集聚着经济资源与权威性基础，在多主体治理的政治社会发展中渐变式地改变着乡村社会的治理生态。合作社应如何参与乡村治理？合作社该如何协调与村两委的关系？二者可能产生冲突的症结何在？合作社发展究竟路在何方？这些都是需要进一步研究探讨的话题。

分析报告

一、案例回顾

本案例追踪研究了华中平原第一家农民合作社——东星兴农合作社20年的成长演变历程。在乡村政治结构、经济结构与社会结构经历重构的当下，农民合作社的发展为村域"生态系统"注入了新的动能，成为嵌入乡村治理结构的重要一极。

2000年，东星村率先成立"农民协会"理性维权，解决了基层乱收费、乱摊派问题。在村民不断外出务工、村庄逐渐萧条的背景下，"农民协会"因势利导转换角色，于2004年成立东星兴农合作社，开展农业生产资料购销、有机农业经营活动，带动乡村致富。2007年《中华人民共和国农民专业合作社法》颁布后，东星兴农合作社正式登记注册为华中平原第一家合作社。然而，随着合作社的业务范围不断拓展，多重问题接踵而至：合作社与村两委之间成员互相兼任，虽帮助合作社开拓业务却影响了合作社的专业性程度；合作社经济发展却内部治理结构不畅，骨干身陷囹圄；引入了"罗伯特议事规则"却"水土不服"；发展养殖业却造成村庄环境污染，引发村民不满……

---

① 中共中央 国务院关于实施乡村振兴战略的意见［EB/OL］.中国政府网，2018-02-04.

面对重重困境,东星兴农合作社明确定位,逐步形成"产业有链,文化有根"的发展导向,通过种植小黄姜、生态养殖、创办酒厂等为社员创造经济利益,同时开辟乡村文化活动公共空间,获得村民的赞誉和支持。

东星兴农合作社的规模在20年间不断扩大,成为东星村村域治理的重要主体之一。然而,当合作社运营效益良好,牵头提供多样化的公共服务,并将社员基数不断扩充时,其影响力会天然地助力合作社拓展职能边界,与村级两委形成治权重合,引发农村治理秩序失衡。从2000年到2020年,东星兴农合作社嵌入乡村治理结构中的20载风雨历程,亦可看作中国传统村庄变迁、转型与发展的典型缩影。

下文将对东星兴农合作社参与乡村治理的功能定位、嵌入动因与现状、发展面临的困境及其优化路径进行阐释和分析。

二、案例的理论基础与分析框架

回溯案例发展脉络不难看出,东星兴农合作社逐步嵌入乡村治理深层结构的风雨20载,也是东星村从农民抱团维权到各方利益主体走向合作治理的发展演进过程。作为村治模式改良的一个新型因子,东星兴农合作社正集聚着经济资源与权威性基础,在多主体治理的政治社会发展模式中渐进式地改变着乡村社会的治理生态。

(一)合作治理理论及其适用性

20世纪80年代,合作治理理论作为一种解决跨界公共事务的治理范式在西方国家兴起。[1] 随着政府与市场主体、社会主体之间建立起广泛的协作关系,越来越多的组织及部门通过合作来实现公共产品与服务的供给,合作治理趋势日益凸显。[2] 合作治理理论以多主体合作为根本,排除了政府中心主义取向,是多种治理主体如政府、企业、社会团体等在平等、主动、自愿的原则下共同参与社会公共事务的治理方式。[3] 合作治理也是介于政府治理和自主治理之间的复合型治理模式,其基本特征是不同治理主体基于同一目标为解

---

[1] 胡厚翠,顾丽梅.合作治理研究的文献解读[J].中共福建省委党校学报,2017(2):67-73.

[2] MCGUIRE M. Collaborative Public Management: Assessing What We Know and How We Know it [J]. Public Administration Review, 2006, 66 (1): 33-43.

[3] 张康之.论参与治理、社会自治与合作治理[J].行政论坛,2008(6):1-6.

决共同事务而对各方治理性资源进行的交换和共享。① 合作治理的基本理念是打破公共权力垄断，实现治理主体多元化、平等化的多中心合作共治。"多主体参与"和"平等协商"是合作治理的两个核心属性，只有多主体广泛参与社会公共事务，且在平等、主动、自愿的原则下表达利益和沟通协商，充分发挥各自职能，使各方利益得以兼顾整合，合作治理才有可能取得成功。

在乡村这个特殊的环境中，完全依靠政府单一的控制命令或完全借助村民自治力量都难以有效达成治理目标。"多元主体共治"的合作治理模式作为一种有效的手段和方式，有助于弥补上述两种方式的不足，成为乡村治理的现实必然。合作治理理念下的乡村多元主体共治意味着：（1）乡村基层党组织、村民自治组织、乡村各类社会经济组织以及村社成员个体等构成参与治理的"社会权力主体"；（2）这些主体充分发挥各自作用，依靠彼此间的信任开展平等的沟通协商和良性互动，形成互助互补、合作制约的多元治理结构，共同致力于乡村公共问题和公共事务，以实现共同发展。②

中央一号文件曾强调农民合作社是"创新农村社会管理的有效载体"，而东星兴农合作社在乡村合作治理局面的形成和发展中正是一个"重要依托"：合作社在村域中引导村民自治，积极参与村级民主管理、促进村级民主决策和民主监督机制的健全，如引入"罗伯特议事规则"保障民主表决的有效性，引领村民对村委选举过程进行监督等；合作社有机整合政府资源与村级自治资源，促进有效协同以增加民众收益，如调和老旧危房拆除冲突、积极申请"小母牛"项目、支持国家"村村通公路"建设项目等；合作社推动村级公共事务有效落实，增加村民幸福感，如助推扶贫脱贫政策实施、承接政府委托的各种关爱活动、积极开展精神文化活动等。

---

① 敬乂嘉. 从购买服务到合作治理：政社合作的形态与发展 [J]. 中国行政管理，2014 (7)：54-59.
② 蔡长昆. 合作治理研究述评 [J]. 公共管理与政策评论，2017，6 (1)：85-96.

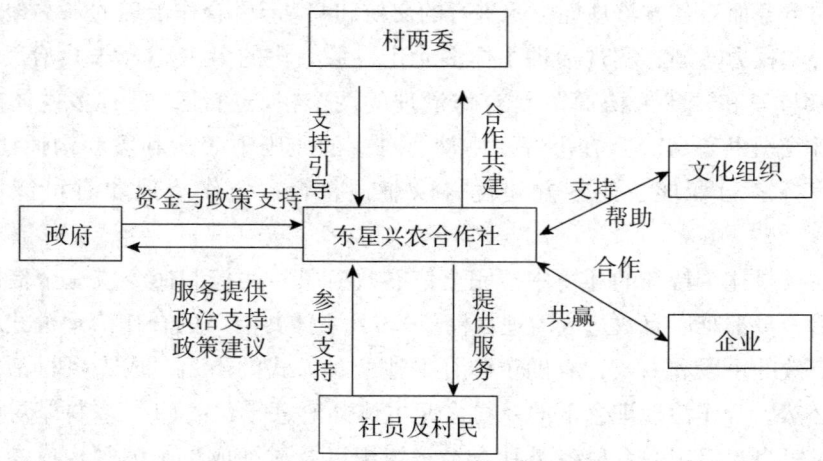

图 1-1 东星兴农合作社在乡村合作治理模式中的角色

（二）社会嵌入理论及其适用性

社会嵌入理论由英国经济学家波兰尼（Polanyi）构建，他首次提出"嵌入"概念并将其导入经济理论分析，使之成为新经济社会学研究中的核心理论，社会嵌入理论强调经济活动是一个制度化的社会过程。[①] 不同领域的专家学者基于经济行为受社会结构和社会关系影响这一观点，对社会嵌入形式进行了不同划分。格兰诺维特（Granovetter）等将其划分为结构嵌入和关系嵌入[②]；迪马吉奥（Dimaggio）等将其划分为文化嵌入、政治嵌入、认知嵌入和结构嵌入等[③]。也有学者依据进入主导体制的结构将其划分为边缘性嵌入和核心性嵌入，依据嵌入主导体制的深度将其划分为浅层嵌入和深层嵌入，按照发挥功能的机制的不同将其划分为依附性嵌入和自主性嵌入等[④]。社会嵌入理论的核心观点是，经济行为不是行动者原子化的孤立行为，而是受到了各种经济以及众多非经济因素如政治、社会等的影响和制约。作为一种经济现象和组织行为，农民合作社只有嵌入乡村的社会、政治、经济等网络之中，方

---

① 蒋剑勇. 基于社会嵌入视角的农村地区农民创业机理研究 [D]. 杭州：浙江大学，2014.
② GRANOVETTER M. The Sociological and Economic Approaches to Labor Market Analysis: A Social Structural View [M] //FARKAS G, ENGLAND P. Indnstries, Firms, and Jobs: Sociological and Economic Approaches. New York: Springer, 1988: 187-216.
③ 蒋剑勇. 基于社会嵌入视角的农村地区农民创业机理研究 [D]. 杭州：浙江大学，2014.
④ 王思斌. 中国社会工作的嵌入性发展 [J]. 社会科学战线，2011（2）：206-222.

能汲取发展所需资源并发挥其应有功能，推动农村合作治理局面的形成和持续发展。

从资源依赖的视角来看，组织的生存和发展依赖于外部环境提供的必要资源。政府一方面以立法的形式给予合作社合法地位，另一方面又通过政策及规定扶持、引导农民专业合作社的发展。因此，东星兴农合作社只有设法嵌入政府资源网络，才能为合法性资源和资金、政策资源等合作社发展所需的资源争取足额的"引资"。同时，村委会作为乡村治理秩序的权威主体，是农民合作社嵌入村域网络必须协同好的重要力量。东星兴农合作社需借助村委的政治影响力、行政动员能力和资源配置能力来发展自身并参与乡村治理。而村委会也需借助合作社的经济能力和平台以便更好开展各项村务工作。

此外，由于历史背景因素的影响，村民的自主意识较为淡薄，缺乏参与精神，以农村合作社为代表的村社组织有助于唤起农民的民主价值观念和行使权利的参与意识。与"村两委"相比较而言，合作社更能迎合村民对于切身和公共利益的追求与偏好，更能符合和反映村民的利益诉求，更加易于发挥农民的主体地位。合作社组织嵌入乡村治理，有助于农民摆脱"单打独斗"的局面，改变农民在市场谈判和交易中的弱势地位，已有助于将分散于农民的"个体利益"通过制度化渠道整合成为"团体利益"，推动农民表达利益诉求、维护自身权益、参与政治生活以及提供合理化建议，提升农民在乡村治理结构中的地位和影响力。

总体而言，作为社会整合组织，东星兴农合作社嵌入乡村治理结构之中，有助于自身获得村民信任、社员支持等社会资本及各类发展所需资源，形成与村委的良性协同，同时也能提升农民在乡村经济、政治、文化等公共事务领域的参与程度。只有如此，多元主体协商共治的乡村合作治理局面才具备了实现的条件。

（三）案例的分析框架

乡村合作治理离不开多主体间积极、平等、自愿的互动协商。然而，农民的参与性权利难以保障、民主和自治意识淡薄、村委治理权威消解、政府治理资源碎片化、民主沟通机制缺失，以及各治理主体间缺乏足够信任等诸多现实困境都使得合作治理面临重重阻力。

对东星兴农合作社而言，同时嵌入国家治理体系与农村经济文化生活，才能满足农村社会的发展需求，才能获得农民认可与支持，并有利于扩展村庄社会参与网络，培育农民的现代公民意识，也可以监督国家权力的运行。通过村社融合增强农村公共权力，重建农村合法性权威，对形成农村有效的合作治理局面具有重要作用。通过梳理案例可以发现，作为在村域层面建构多元治理主体合作共治局面的一个重要机制，东星兴农合作社在乡村治理结构中的嵌入表现，主要包含"利益嵌入""关系嵌入""结构嵌入""制度嵌入""秩序嵌入"5个方面。通过对调研结果进行分析，我们提出东星兴农合作社嵌入乡村治理的五维机理框架（如图1-2）。这一框架中，农民合作社通过结构嵌入形成良性的内部治理机制，在此前提下，借助"制度嵌入"与"秩序嵌入"两种手段与政府以及村委会形成协同共治，着力于实现"利益嵌入"与"关系嵌入"，从而整合农民利益，促进农民参与。这是农民合作社在乡村治理结构中的良性嵌入机理，也是东星兴农合作社20年风雨兼程中所孜孜探寻的发展路径和目标方向。

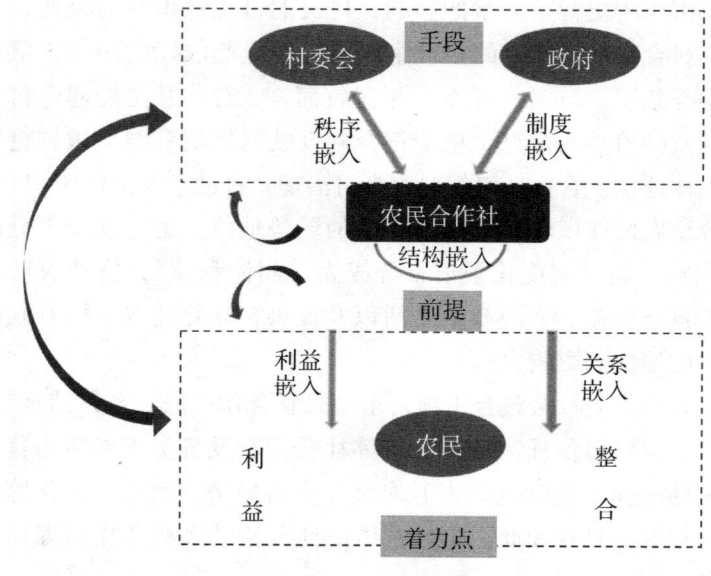

图1-2　五维机理框架

1. 利益嵌入

分散的小农势单力薄，在生产经营的各个环节都无法满足市场发展的要求，无法应对现代农业产业化的挑战。农民合作社能将分散的农民集聚起来，将农村的生产资源整合起来，形成规模效应和产业化的统一，实现降本增效。通过促进农业生产经济效益的增加，帮助合作社社员增强经济获得感，同时带动全村整体经济水平的提升，此为农民合作社的"利益嵌入"。东星兴农合作社开展种植小黄姜、生态养殖、创办酒厂、发展特色民宿等经济建设活动，通过"精准定位，产业有链"带动合作社社员和全体村民增收的努力，即为利益嵌入的典型表现。

2. 关系嵌入

农民合作社将分散于农民的"个体利益"通过制度化渠道整合成为"团体利益",帮助农民维护自身权益。同时,凭借自身经济优势参与公共服务供给,以各类文化活动为抓手,促进善治精神的形成,回应并满足村民对公共服务与精神文化生活的需求,取得村民情感认同,积累社会资本,此为农民合作社的"关系嵌入"。东星兴农合作社从早期抱团取暖开展维权活动到基于"文化有根"的发展理念,开辟村民文化活动公共空间,建成"社区中心、艺术中心、教育中心、生态中心"的努力,即为关系嵌入的典型表现。

3. 结构嵌入

农民合作社依法构建契合乡村环境、鼓励农民发声的组织结构,形成良性的内部治理机制,集中表现在制定合作社规章制度、明晰职责分工与组织架构、规范议事规则等方面,内嵌于村域治理网络之中,拓展村庄社会参与网络,培育村民的现代公民意识,此为农民合作社的"结构嵌入"。东星兴农合作社优化内部治理结构,促进治理组织规范化,引入"罗伯特议事规则",培育村民的参与、民主和自治意识,为村民提供意愿表达渠道的努力,即为结构嵌入的典型表现。

4. 制度嵌入

农民合作社积极嵌入国家体系或政府关系的资源网络之中,获得国家和政府的政治合法性、行政合法性等认同,获取农民信任以提升自身号召力,并持续获得其发展所需的各种资源,此为农民合作社的"制度嵌入"。东星兴农合作社从早期申请注册"民办非企业单位"到后来申请并获批"农民专业合作社",承接和利用国家农发项目资金等资源开展乡村建设的努力,即为制度嵌入的典型表现。

5. 秩序嵌入

农民合作社适度参与村级公共事务,充分发挥农民与基层政权组织之间的"桥梁"功能,与村委形成互补、制约的合作关系,相互借力产生协同效应,通过"利益整合"和"良性互动"来重构公共权力的合法性权威,从而推动村庄治理的现代化进程,此为农民合作社的"秩序嵌入"。东星兴农合作社助力村委拆除农村老旧危房、配合政府扶贫人员推行扶贫脱贫政策,以及与村委共同承接政府委托的各类关爱项目等,即为秩序嵌入的典型表现。

三、农民合作社嵌入乡村治理的动因与成效

农民合作社的兴起与发展,将新的治理主体融入乡村社会治理结构中,完善了乡村治理秩序并重塑了乡村治理格局。而东星兴农合作社20年的发展之路恰好可以透视农民合作社嵌入乡村治理的内在机理。

(一) 案例问卷统计和深度访谈的基本情况

案例团队多次探访东星兴农合作社,对合作社负责人、合作社骨干成员与社员、当地村民、东星村村委会成员以及当地政府人员进行了深度访谈,访谈人数为21人,访谈语音转文字共计149930字。同时,通过一对一形式,对社员和非社员村民共计发放调查问卷150份,其中有效回收140份,问卷回收率达93.33%。针对合作社社员共发放问卷60份,回收有效问卷54份,有效回收率为90.00%;针对非社员共发放问卷90份,回收有效问卷86份,有效回收率为95.56%。

问卷调查对象基本信息见表1-1:

表1-1 调查对象基本信息

变量	指标	社员		非社员	
		有效频率	有效百分比	有效频率	有效百分比
性别	男	24	44.44%	38	44.19%
	女	30	55.56%	48	55.81%
年龄	40岁及以下	5	9.26%	30	34.88%
	41~55岁	17	31.48%	34	39.53%
	56~65岁	19	35.19%	12	13.95%
	66岁及以上	13	24.07%	10	11.63%
政治面貌	中共党员	9	16.67%	15	17.44%
	民主党派	0	0	0	0
	群众	45	83.33%	71	82.56%
	共青团员	0	0	0	0
受教育程度	大专及以上	3	5.56%	20	23.26%
	高中或中专	5	9.26%	24	27.91%
	初中	21	38.89%	42	48.84%
	小学及以下	25	46.30%	0	0

续表

变量	指标	社员		非社员	
		有效频率	有效百分比	有效频率	有效百分比
加入合作社时长	1~5年	23	42.59%	—	—
	5~10年	8	14.81%	—	—
	10年以上	23	42.59%	—	—

（二）东星兴农合作社嵌入乡村治理的动因

东星兴农合作社嵌入乡村治理的动因分为外因与内因两个方面。外因方面：农村人口外流严重，农村公共服务供给不足，急需一个组织整合分散的农民利益，建立乡村新秩序。市场经济背景下，面对风险与竞争压力，农民需要联合以维护自身权益。内因方面：农民的物质、文化需求逐渐增长，开始寻求更好的经济发展机会与更丰富的公共文化生活等。农民合作社为了自身发展，也在寻求嵌入乡村治理的途径。此外，部分具有乡村建设情怀的乡村精英亦在其中起到推动作用。

1. 农村人口外流与治理无序的双重压力

城乡经济发展不平衡的现实导致乡村人口大量外流，空心化态势严重，村民自治组织乏力，乡村基层治理呈现低效状态。面对空心化、治理无序等尴尬局面，留守农民的利益急需一个组织来整合，以构建乡村治理新秩序。农民合作社的出现，满足了村民生产生活的需要，弥补了政府服务的缺位，农民对合作社提供更好服务的迫切期望成为合作社嵌入乡村治理的内在动力。问卷调查发现，农民期望从合作社获得经济利益、农业生产销售便利等相关方面的需求都比较强烈。关于农民加入合作社的原因，有46.15%的人觉得能够从合作社获得利润返还和股金分红，25%的人想要获得稳定的农产品销售渠道和更高的销售价格。

2. 规模效应对市场风险的有效防范

农民合作社集聚群体力量，形成规模效应，有效防范市场风险的能力是其立足乡村的先天优势。在市场经济背景下，农民个体力量单薄、资源有限、信息闭塞，无法应对瞬息万变的市场环境，但是农民合作社却可以将原本分散的农民"组织起来"，成为农民参与市场竞争的有效载体，通过统购统销等方式帮助农民提高市场地位，规避市场风险。农民合作社的出现使得农村市场、农村社会场域的建构能力不断提升，帮助农民谋求更多外部资源，获取来自企业、政府各方面的支持，从而帮助农民摆脱"单打独斗"的局面。

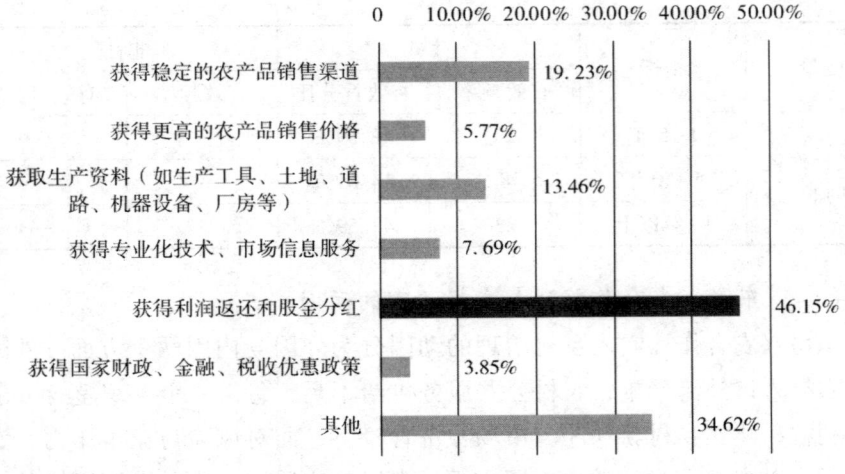

图 1-3　农民加入合作社的原因

3. 政府引导与乡村精英的积极回应

政府对农民合作社的引导与支持以及乡村精英的积极回应为农民合作社发展壮大提供良好基础。政府在明确合作社的合法化身份、完善合作社的组织架构、带动市场需求与合作社精准对接等方面积极推动，使得合作社在参与村庄治理中能够表现出更加主动、积极的姿态。政府引导为农民合作社的萌发与成长提供了外部环境，而一批抱有奉献家乡与乡土情怀的乡村精英具有强烈的乡村治理参与意识以及回馈家乡的情结。他们在经济、知识、动员能力等方面有相对优势，有助于推动乡村事务的顺利开展，一定程度上也能对体制内村政权力进行监督制约，能够获得村民的认可和信任，推动农民合作社嵌入乡村治理的进程。

4. 经济发展对公共服务供给的反哺

农民合作社以经济发展反哺乡村是对乡村公共服务供需矛盾的积极回应。随着农村经济的发展，农村公共服务需求的快速增长与供给短缺之间的矛盾越发突出。以经济发展为基础和主导，兼具公共服务供给职能，丰富村民精神生活，是东星兴农合作社一直坚守的初心。合作社的经济建设取得一定成果后，其提供乡村公共服务的基础逐步坚实，资源调配能力增强。而作为贴近村民生活的自主组织，合作社能够更为准确地把握村民对于公共服务的真实诉求，进一步提高了公共服务供给与需求的对接精准度，从而为嵌入乡村治理结构提供坚实的社会资本。问卷调查显示，52.25%的村民认为，合作社比村委会提供了更好的经济帮扶；46.85%的村民认为，合作社比村委会提供

了更好的乡村文化建设。（见图 1-4）

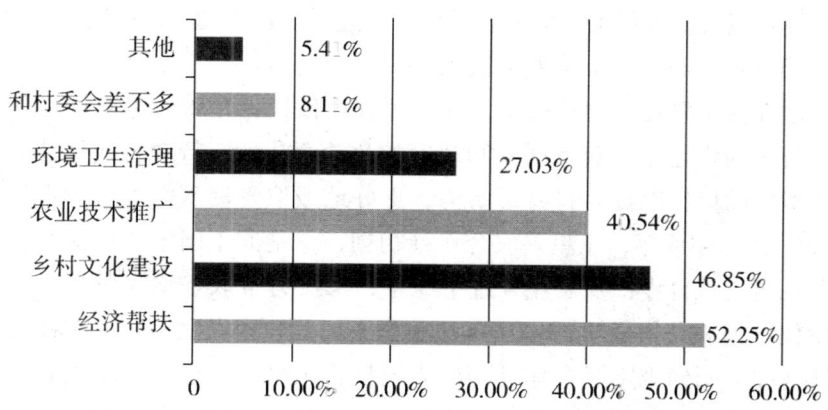

图 1-4　村民认为合作社比村委提供的更好的公共服务项目情况

5. 农民合作意识和参与能力同步增强

农民合作意识与参与能力的不断增强也是农民合作社嵌入乡村治理的重要推动力。随着农村社会发展和农民市场观念的提高，农民之间开始开展更多的互助合作，农民的合作意识也在逐步增强。而随着基层民主自治进程的推进与市场经济改革的深入，农民民主意识也在不断提高，其对个人及家庭权利的需求亦更加强烈，激发了农民的民主要求和自治诉求，促使村民寻求各种途径参与公共事务，而农民合作社恰恰是其中一个重要渠道。村民的民主意识在不断增强。反映村民民主诉求、协助村民参与乡村治理正是农民合作社逐步嵌入乡村治理的重要推动力。

（三）东星兴农合作社嵌入乡村治理的历程

回溯案例可以发现，东星兴农合作社的发展历程就是一个不断嵌入乡村社会生活环境与国家治理体系的过程。由农民自发组织形成的东星兴农合作社不断累积社会资本、汲取发展所需资源，推动乡村治理结构的转型发展。

1. 累积社会资本，实现秩序嵌入

2000 年，东星村村民不堪沉重的农业税负，加之有贪腐行为的公职人员强行毁房扒物，自发成立了农民协会（东星兴农合作社的前身）。农民协会的成立，不仅是东星村村民真正齐心聚力的标志，也是东星兴农合作社嵌入乡村治理的雏形、实现秩序嵌入的开端。在农民税负得到松绑，合法利益得到补偿之后，东星兴农合作社转而在乡村文化建设方面继续发力，老年协会、妇女文艺队相继成立并持续壮大，满足了村民的精神文化生活需求。东星兴农合作社逐渐开始关注经济建设，由此逐渐获得村民认同，初步积累了社会资本。这也为后续秩序嵌入的进一步实现奠定了良好的基础,推动东星兴农合作社逐步成长为乡村治理的重要主体,促进村治模式的不断改良。

2. 合法身份确认,完成制度嵌入

在增强内生发展动力的同时,东星兴农合作社也在积极寻求嵌入国家和政府的资源网络之中,获得国家和政府的政治合法性、行政合法性认同,获取农民群体的信任以提升自身号召力,更好地汲取发展所需的各类资源,获得持续发展。2004 年,东星兴农合作社初创,但是囿于国家法律法规尚未出台相关规定,且合作社发展业务过于庞杂,虽极力争取登记注册为"民办非企业单位"但未获得成功。2007 年《中华人民共和国农民专业合作社法》的颁布从法律上明确规定了合作社的法人属性,东星兴农合作社也正式申请登记成立农民专业合作社,通过"制度嵌入"获得合法性身份认可,由此,东星兴农合作社逐步扩大其在乡村的影响力和覆盖人群,提升了村民对合作社的规范认同感,合作社也能够以独立的法人身份进行业务拓展。

在"制度嵌入"的保障下,东星兴农合作社可以不断拓展经济业务,以法人身份获取国家农发项目等助力乡村建设,促成了合作社与村委合作并行的良好态势。与此同时,东星兴农合作社也在积极寻求嵌入乡村治理深层结构,积极参与村级民主管理,推动村级民主监督机制的完善。通过助力老旧危房拆除、扶贫脱贫政策推行,以及政府关爱项目承接等,形成合作共治的良性政社伙伴关系。在这个阶段,合作社扩充了乡村影响力,通过建构民主沟通机制开始推动乡村新型治理局面的形成和发展。

3. 回归经济发展,利益嵌入优位

在意识到文艺活动无法真正"救村"、合作社存在定位偏差、村民经济获得感不足使合作社渐失民心等问题后,合作社开始转变重心,以提升村民经济收入为首要发展方向。早期东星兴农合作社通过开展农业生产资料购销、有机农业经营和资金互动等经济建设活动,整合分散的小农资源并将其规模化,促进合作社社员农业生产经济效益的增加。2010 年,东星兴农合作社进一步回归经济发展,探索新的业务路径,引进"有机生姜"项目,联合社员进行规模种植,使得合作社销售收入直线上升,大家都有了一笔不菲的分红。

在以经济活动为主要支柱,文化活动协同发展的模式下,东星兴农合作社矫正定位、优化功能,丰富了村民的"资"与"艺",村民信任度持续增强。通过"精准定位,产业有链"的发展战略与"生态养殖"等农业生产项目,进一步优化东星兴农合作社在东星村治理结构中"利益嵌入"的功能,使合作社社员与全体村民共同获利,带动了全村的经济发展。

4. 增强内生动力,规范结构嵌入

良好的合作治理态势建立在合作社自身的经济发展基础上,然而2011年"陈大富贪污事件"严重损害了合作社的经济基础,引发合作社内部骨干的深度反思,内部治理结构的不健全引起重视。首先,合作社的骨干团队以农民协会骨干为主,缺乏新生力量。同时由于宗亲关系的影响,互相之间迁就,难以形成制约,缺乏监督反省。其次,合作社监事与财务的亲属关系影响了合作社的内部自省自纠机制发挥作用,必须加强对财务的监督,同时发挥监事机制作用。最后,外部监督机制的缺失也令合作社十分警醒,广大社员的参与和监督也是促进合作社健康发展的内生动力。

2012年,东星兴农合作社对内部治理结构进行了优化重组,换届选举引入了年轻血液,同时设置了双重监事体制,解决贪腐等内部乱象。同时通过引入"罗伯特议事规则"对村民社员进行培训,提升村民的民主参与意识和能力。虽然受制于乡村文化,议事规则这一"洋药方"颇有些"水土不服",但通过"结构嵌入"促进了组织的规范化建设,东星兴农合作社在进一步增强内生发展动力的同时,也通过培育农民的现代公民意识进一步拓展了村庄社会参与网络。

5. 推进合作治理,优化关系嵌入

东星兴农合作社通过结构嵌入实现内部治理的有序化,提升了内在发展动力,又通过利益嵌入,不断提升社员经济获得感,从而扩展合作社影响力。当合作社意识到只发展经济无法满足村民需求,并且有可能产生矛盾之际,东星兴农合作社迅速调整发展方向,积极与村两委进行合作,投入东兴村农民经济和文化建设中,凭借自身的经济优势参与乡村公共事务,通过满足村民的精神和利益需求、构建农村新型的关系网络、形成乡村建设导向等行为带动农民参与,与村两委共同推进合作治理。

随着经济水平的日益提高,村民信任与支持不断扩大,东星兴农合作社的资源调配能力与乡村影响力也在增强。合作社变"产业有链"为"产业有链,文化有根",建设公共文化空间,支持乡村文化活动,开辟公共活动空间,大力推进"春夏秋冬"四季文娱活动,吸引了村民的广泛参与,合作社的经济、文化建设项目成效更为显著,发展开始步入稳定上升期,也得到村民的广泛支持,乡村合作治理生态得以不断优化。

(四)东星兴农合作社嵌入乡村治理的成效

20年踟蹰行进,东星兴农合作社以"农民协会"开端,积累信任资本;以经济利益嵌入,扩大社员基础;以合法化身份赢得村委支持;以文化活动深度嵌入乡村治理生态，成效显著。

1. 增加农民经济获得，扩大合作社的社员基础

东星兴农合作社不断开拓经济项目，开展农资购销、有机农业经营、资金互助和文艺活动等，从"美好姜来"到"东星大曲"的探索，从养殖到种植的跨步，东星兴农合作社不仅发展本地"酿酒"和"养猪"等传统优势农业项目，也结合新兴发展方向，开发生态养殖项目，实现经济与社会服务的双重优化。"产业有链，文化有根"引领东星兴农合作社的社员基础日益扩大，持续扩容，东星兴农合作社也从最初的 400 余户村民参与逐步扩展到超 700 户 3000 余村民参与，合作社的规模不断扩大，村民获得感不断提升。东星兴农合作社嵌入乡村治理实践高效整合了全村的生产资源，乡村经济治理成功实现了降本增效，乡村经济发展形成了规模效应和产业化的高度统一，全村整体经济水平呈现稳步提升、持续向好的良好势头。访谈过程中发现，当地农户对该合作社赞不绝口，问卷调查结果亦印证了该农民合作社的带农增收效应。

对当地非社员农民的问卷调查结果显示，78.80%的农民均指出农民合作社在一定程度上帮助其提高了收入水平。

当地农民入社后，处于中间收入段（800～3500 元）的社员比例有所提升，进一步调查得出，32.69%的社员在入社后收入有所提升。

另外，问卷调查结果亦显示，加入该合作社前，种植收入和劳务收入是构成农民的经济来源的两大支柱；入社后，农民收入来源结构更加多元，合作社业务收入成为农民新的主要收入来源。

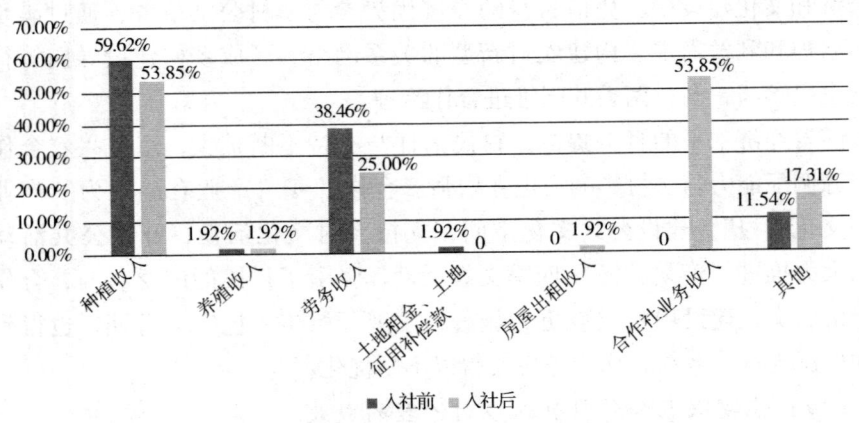

图 1-5　入社前后农民收入来源

2. 累积农村社会资本，激发农民公共参与意愿

东星兴农合作社肇始于"农民协会"。早期农民协会积极为减轻村民农业税负等合法诉求广泛发声，最终得到了中央和地方政府的高度重视和全国主流媒体的广泛关注。农村税费改革也使得乡村治理格局发生了根本性变化，农民合作社逐步成长为乡村治理的重要主体。合作社通过提供农业技术培训拉开了农民组织化的序幕，之后通过增设其他各类培训服务、发展有机农业、开展文化活动等方式扩大自身的社员基础，在生态种植等业务发展成熟后，该合作社还协助当地垃圾清理等公共事务，带动村民有序参与，形成较为强大的群众基础。访谈中发现，社员对合作社有较高的信任度，并表示在合作社的带动下大部分村民已经形成了一定的参与意识。

农业税负问题得到根本解决后，东星兴农合作社带领村民先后成立老年协会、妇女文艺队，这些文化团体的日益壮大，极大提升了乡村精神文化建设水平，拓宽了村民的公共服务参与途径，丰富了村民的日常文化生活，刺激了农民参与公共服务和文化活动的意愿。

3. 关注弱势群体需求，缓解农村空心化的弊病

东星村"空心化"主要由于农村生产水平低下、资源要素活力欠缺、农村基础设施薄弱且与城市有较大差距等，农村大量青壮年劳动力流出，农村人口在年龄结构上呈现不合理的分布态势。在大量青壮年劳动力外流的情况下，东星村不可避免地出现了经济发展乏力、农村社会问题频发等弊端。由于青壮年劳动力的缺失，村中留守的大量老、弱、病、幼、妇等弱势群体缺乏照顾与陪伴，问题频发。其中弱势群体的精神健康问题尤为严重，因精神诉求长期不受关注、不被重视、不得回应，弱势群体精神上无所依靠、生活中缺乏念想，从而引发生理上的疾病。

在发现村民们尤其是村中留守的弱势群体心理和精神上极度"贫瘠"后，合作社开始了对弱势群体的"解救"工作。针对老年人群终日在家孤寂的问题，合作社组建了老年协会，让老人们都能走出家门彼此交流谈心；针对村中文艺活动少、妇女存在感弱等问题，合作社创建文艺队，通过文艺演出、"好媳妇""好婆婆"评选等多样化的活动形式让村中的妇女们"忙"起来，也为村子带来更多的欢声笑语；针对弱势群体的健康问题，合作社定期举行健康体检，确保这一群体的身体疾病得到预防和较早的治疗……合作社通过文化活动这一抓手，关注村中弱势群体多方面的诉求，使其需求得以满足，精神上得以摆脱"枷锁"，从而促使社会问题得到消减，缓解了农村空心化的弊病。

4. 协同村委合作治理，提升公共服务供给治理

在乡村治理方面，东星兴农合作社与村两委形成了良好的协作态势：村两委支持合作社经济发展，帮助合作社引进新项目新资源；合作社积极参与村两委的乡村建设项目，如承担"村村通"工程等公共服务建设。同时，东星兴农合作社主动参与乡村基础建设，与村委会保持了良好协作关系。比如，在扶贫脱贫政策推行过程中，合作社积极配合政府扶贫人员，对村里的村民实际情况进行调查，公正合理地完成了贫困户的鉴定补贴等工作，同时运用自身产业力量，帮助贫困家庭共同发展产业脱贫，减轻了扶贫干部的工作压力。

同样，在文化建设方面，东星兴农合作社一直关注村民精神需求，积极增加公共服务供给，提升乡村公共服务水平。合作社和村委会一起承接了政府委托的各种关爱老人、留守儿童、妇女、残障人士等活动，发挥着农民与基层政权组织之间的"蓄水池"功能。合作社开辟公共文化空间，设置展示中心、艺术家部落、教育中心等供全村村民开展活动，开展"春夏秋冬"四季文娱活动，提升了东星村的公共文化建设水平。

合作社与村两委在互动和交流中磨合，通过协商将本来模糊不清的功能界限划分明晰：关于乡村整体发展的工作由村委会负责，如乡村道路、水利等公共基础设施建设以及乡村公共事务管理等；合作社则主要选派社内经验丰富的农民或专业人员开展与种植养殖相关的服务性工作。双方在乡村治理方面携手合作，取长补短，极大提升了公共服务的供给质量。访谈中，村委会相关人员对该合作社的工作表示了肯定，合作社也表示会持续保持与村委会的良性互动。在对当地村民的问卷调查中，有38.00%的村民同意"该合作社协助村委会解决了一些棘手的问题"。

四、农民合作社嵌入乡村治理的困境表征与原因

（一）东星兴农合作社嵌入乡村治理的困境表征

尽管东星兴农合作社在嵌入乡村治理中取得了一定的成效，但合作社在嵌入乡村治理过程中仍面临众多阻碍。一方面，合作社面临着政府扶持资源有限、经济发展困难重重、公共服务供给失灵的状况，嵌入基础较为薄弱；另一方面，合作社内部治理结构不健全，且与村两委的职能边界存在重合情况，在嵌入乡村治理过程中，容易出现脱嵌状况，合作治理成效不显著。

1. 合作边界拓展，与村两委治权重合

村委会作为乡村治理秩序的权威主体，是农民合作社在嵌入村域网络的过程中必须应对的一股强力。在秩序嵌入路径下，农民合作社酝酿了一种智慧，即通过明确自身定位，与村委会展开对话，进行民主协商，在契合村委会治理秩序的方向下与其开展合作治理，使用"巧劲儿"将村委会这股强力扭转为自身嵌入乡村治理的推动力，促成良好的村社协作共治模式。

虽然东星兴农合作社运营效益良好，也牵头提供了多样化的公共服务，但在影响力不断增强的同时，无形之中也会导致其对职能边界的逾越，形成与村两委的治权重合。由此容易导致合作社与村两委的矛盾纠纷，引发农村治理秩序失衡。文化广场修建时村两委与合作社围绕所有权产生冲突，"舞林大会"中合作社无法从村两委获得足够支持，以及随之而来的各种谣言，在消解村两委权威的同时，给乡村有序治理的推进埋下了隐患。我们回收的问卷显示，50.00%的社员以及超过35%的非社员都感觉到合作社与村两委产生过矛盾，其中超过10%的合作社社员认为合作社与村两委关系非常不好。

2. 制度吸纳不足，政府扶持资源有限

为推动乡村振兴，处在资源链顶端的中央政府持续不断地为乡村输送政策助力，但在地方政府扶持政策落实的过程中会存在一些消减，而这对农民合作社而言恰恰是一种嵌入的"空隙"。农民合作社可以通过积极配合当地政府，有限度地协助落实国家扶持政策，从而"顺理成章"地成为政府在村域的"左膀右臂"，整体性地延伸至乡村结构内。

为了更好地推动农民合作社的发展，国家鼓励有实力的企业参与农民合作社的建设，以此助推相关产业和地方经济的发展。然而现实中，东星兴农合作社在与外部企业合作，落实国家扶持资源的过程中仍存在不少问题。如在国家财政补贴基础上开展的"村村通公路"项目建设中，合作社财务人员陈大富与公路施工队勾结贪污，使用劣质材料险酿严重祸端。另一方面，在承接扶持政策的过程中，合作社也出现因机制不足而失去扶持机会的情况，如"小母牛"项目很大程度上就是因为合作社的治理能力不受认可而最终没有获得支持。

3. 社会资本消解，经济获得难以保证

在利益嵌入路径下，农民合作社通过经济功能的发挥撬动农村产业的发展，在为社员增收的同时将经济效益辐射至其他农民，提升农民的经济获得感。东星兴农合作社为农民自愿联合、民主管理的互助性经济组织。受合作社当前发展层次较低、产业链完整度欠缺、产业化单一等因素影响，农民合作社经济功能的发挥仅能支持社员及合作社自身的发展，尚无法做到辐射全村并反哺全体村民。此外，社员收入与外出打工收入相比仍有一定差距，导致部分社员及社外村民经济获得感不足，对合作社失去信心。

调研发现，尽管东星兴农合作社明确"产业有链，文化有根"的发展战略，但产业的"链"仍主要集中在种植与传统手工艺上，形式较为单一，帮扶村庄经济的能力较弱。

4. 参与掣肘凸显，公共服务供给失灵

尽管经济的发展带来农村社会结构的变动，造成宗族影响力下降、传统村规民约的约束力下降等，但乡土社会依然是熟人与乡情社会，以血缘、亲缘维系社会关系，这是农民合作社生存和发展的基本背景。农民合作社在发展中，离不开与社会关系的互动，需要嵌入传统宗族、血缘、地域等关系编织的社会关系网络之中，才能更好地生存、壮大。

关系嵌入路径下，农民合作社凭借自身的经济优势参与乡村公共事务，满足村民的精神需求、密切村民的人际关系、构建农村新型关系网络，形成乡村建设导向的行为来吸附与带动农民参与，为合作社累积社会资本。然而我们在调研中发现，虽然东星兴农合作社已在努力带动社员参与公共事务，尝试提供多元公共服务和丰富的精神文化活动，但总体上仍存在不足，尤其对于非社员村民的回馈还较为欠缺，尚未与农村整体建设形成良好的互动关系。

5. 治理结构不畅，组织发展内卷化

调研中，我们发现东星兴农合作社与很多农民合作社一样，也存在由少数政治精英把持的情况。在合作社刚成立时，由村里宗族势力较强的陈姓、唐姓、杨姓担任合作社的骨干成员，凭借宗族权威、长辈权威控制着合作社的运营，其他普通社员除有退社权外，对合作社的管理毫无话语权。经过理事、监事的换届选举后，东星兴农合作社试图引入"罗伯特议事规则"以期提升社员的知情权、参与权、监督权，但终因该议事规则在东星村的水土不服而未能发挥作用，东星兴农合作社的大小事务基本还是由骨干成员说了算。

精英独大的合作社已丧失了农民合作社以"普通农户的结合"为原则的宗旨。从收集到的问卷数据来看，超过60%的社员认为其意见与投票对合作社决策一般重要或重要程度较低，近四成社员对合作社的经营状况并不了解，这说明合作社社员实际上并没有真正参与到合作社建设中来。在这种情况下，合作社排斥了广大村民的参与，与合作社民管、民有、民受益的原则背道而驰，导致合作社出现结构异化困境，有碍农民合作社的长期和稳定发展。

(二) 东星兴农合作社嵌入乡村治理困境的原因

从以上分析结果可以看出，东星兴农合作社在嵌入乡村治理结构的过程中面临着嵌入经济基础薄弱、嵌入过程中出现失序状态的困境。追根溯源，可从外部的合作社与村两委、政府关系，合作社内部的治理结构及发展定位矛盾，乡村村民公共参与途径及意识等维度进行分析。

1. 合作社与村两委合作治理动力缺失

村两委与合作社内部合作动力不显著。村两委作为具有合法性地位的基层治理主体，在乡村治理过程中具有主导作用。税费改革后，村两委经济发展能力弱化，农民合作社在经济发展方面作用逐渐突出。作为新增的利益主体，东星兴农合作社的发展打破了东星村内部的治理权力平衡体系，对村两委的权威形成了挑战。东星兴农合作社在发展过程中需要不断拓展自身的权利体系，参与乡村社会公共事务治理，这不可避免地会在经济、社会等各个层面冲击到村两委的垄断性权利，因此不易得到村两委的认可和支持。而乡村资源有限，双方就权威性资源和配置性资源展开角逐，存在着明显的利益分化，也导致双方难以形成合作共治格局。

合作社与村两委合作共治的外部推动力欠缺，对合作社参与乡村治理的重要性及必要性引导缺乏政策性支撑依据。合作社虽有与村两委合作的需求，但村两委没有充足的动力与合作社形成良好的协作格局。当乡土社会中无人动员建立一个科学合理的协作治理模式，造成村两委和合作社职能重合时，会引发乡村治理秩序波动。

2. 政策支持不足与监管不到位并存

当前各级部门和政府出台了一系列支持合作社发展的政策优惠措施，优化了合作社发展环境，但在支持政策的落实中，政策落实不到位与监管不到位的现状并存。调查发现，44.23%的村民认为合作社的外部支持不足。

登记注册方面，合作社虽然是在工商行政管理部门登记注册，但是业务主管单位为各级农村工作委员会，存在双重管理问题。政府出于政绩考量，对合作社审批有严格规范，但在合作社管理方面存在"重组建、轻质量、轻监管"的问题，业务主管部门尚未完善监管的常态化机制建设。资金监管方面，政府对合作社扶持资金的后续管理与使用效果评估明显不足，使得部分人员钻了国家政策优惠的空子，套取国家利益。在政策执行和落实方面，缺乏统筹协调机制，相关支持政策效果弱化。问卷结果显示，43.66%的村民认为合作社发展还依赖政府相关政策的大力扶持，反映出政策落地执行效果不佳。

3. 合作社治理结构和资源不够健全

合作社没有制定明确的规章制度，缺乏内部控制。一方面，合作社仅建立了相应的组织架构，但是除了资金互助组有明确的操作规范和细则外，其他项目小组均没有形成以文字形式出现的制度规范，导致人员工作随意性较大，工作职责不明确。同时，合作社内部监督机制缺失，名义上由监事会以及合作社社员代表大会对合作社的日常工作进行监督，然而实际上监事名不副实，理事会成员不但拥有决策权，同时充当执行者和监督者，内外部监督缺失。

我们的调查发现，仍有 34.7% 的社员认为其意见与投票对合作社决策没有实质效果，可见社员大会有名无实，其民主管理的职能发挥欠佳，而普通社员对合作社运作信息账目公开等工作的满意度较低，合作社的信息透明度较低。这也导致普通社员难以发挥监督作用，出现"陈大富事件"。

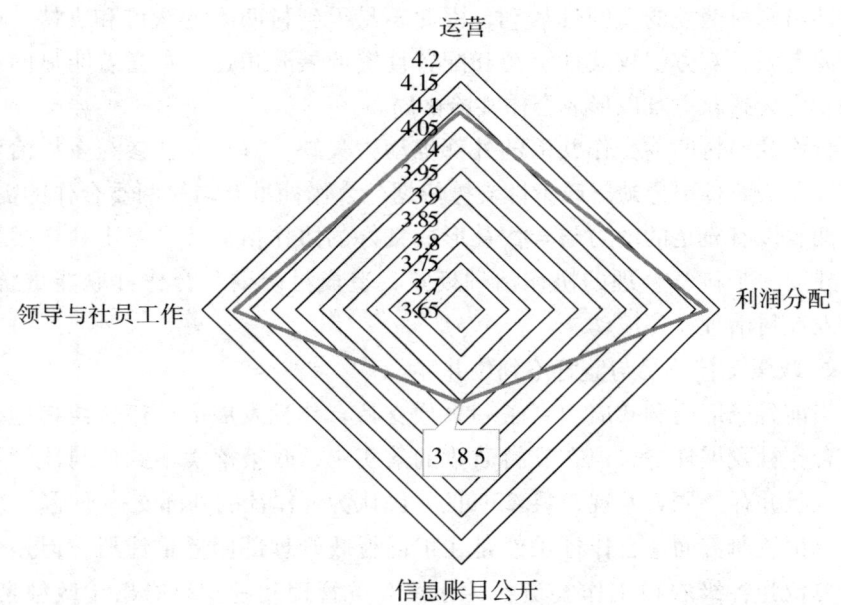

图 1-6　社员对合作社各方面管理的满意度

4. 组织的应然与实然属性存在差异

2007 年《中华人民共和国农民专业合作社法》将合作社框定为"互助性经济组织"，强调在注重发展经济的同时致力于乡村建设。东星兴农合作社在发展过程中，自身定位不够清晰，本应该成为经济发展与小农互助的合作组织，但是在发展过程中却错位运营。因为其源于"农民协会"，东星兴农合作社早期专注于农村精神文化项目,欠缺经济发展意识。依赖早期发展路径,使得已经形成的固定运作方式很难改变,从而出现了定位不清、偏废其一的状况,这导致合作社在一定程度上出现了过多注重文化活动而忽视经济发展的问题。我们的调查发现,不少村民认为,合作社在生产经营活动中的作用并未显现。

东星兴农合作社本应定义为经济组织,但其目前从事的文化建设活动,如举办广场舞大赛、东星村音乐节、爱老敬老节等都是公益活动。东星兴农合作社的经济法人地位与其目前大力从事的公益文化活动存在冲突。

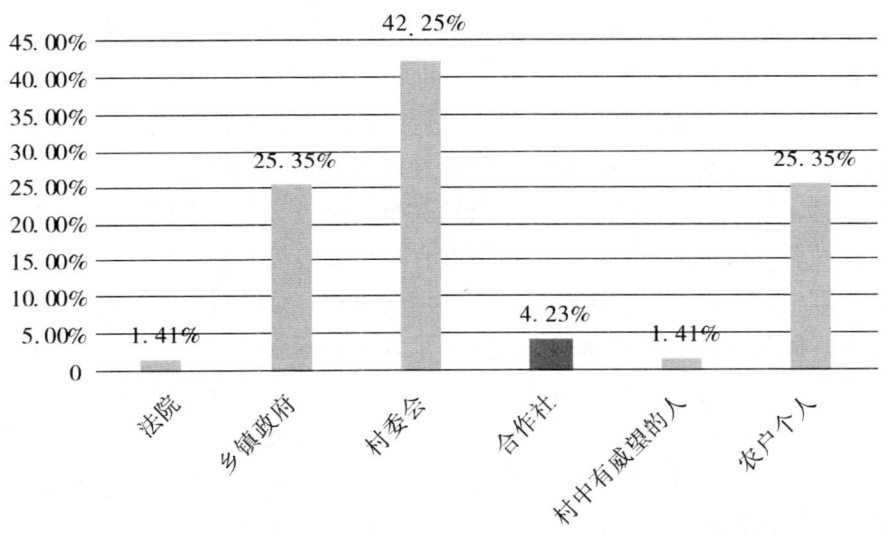

图1-7 村民认为在生产经营中发挥重要作用的主体比例

5. 农民参与公共事务途径较为匮乏

囿于乡村的经济发展水平和乡村治理能力有限性困境,村民参与乡村公共事务的途径十分匮乏。首先,随着农村经济体制改革和集体化生产方式的解体,乡村缺乏自发组织形成的公共活动,乡村凝聚力载体逐渐丧失。同时乡村社会公共活动空间不足,村两委组织能力存在局限性,村委选举就变成了乡村当中唯一的公共参与方式。其次,由于乡村自组织如农民合作社等法制不健全、社会支持度不高、公共事务行政性强等,其为乡村社会提供公共产品和公共服务的功能逐渐削弱。最后,受到传统小农意识的影响,在村民日常交往和生活中"公德"并未取代"私德",村民的公共事务参与意识较低。村庄公共街道的卫生情况、乡村的整体社会扶持情况都不容乐观。

调查结果显示,46.48%的村民表示含村委选举、村民大会在内的公共事务途径都未曾知晓过；只有32.39%的村民表示知晓村委选举，15.49%的村民表示知晓村民大会。而对于环境治理、助残养老、计划生育、村规民约、调解纠纷等传统乡村公共事务途径村民的知晓度均低于7.04%。这充分表明当前东星村参与公共事务的途径匮乏，而农民的参与意识也比较薄弱。

五、优化农民合作社嵌入乡村治理的路径

（一）构建良性互动机制，实现乡村合作治理

市场主体的多元化和农民利益需求的多样化决定了发展中的乡村治理已不再是某个单一主体和部门能够解决好的问题，构建村基层党组织、村民自治组织以及农民合作社等经济组织协作的多元主体良性互动机制，各司其职，共同实现协商民主是现实所趋。第一，村两委应充分认识到农民合作社在乡村治理中的重要性，统筹农村和合作社发展的总体路径规划。对其建设予以明确支持，帮助其解决实际困难，资源共享，推进合作社经济发展，提升合作社公共服务供给能力。第二，村两委合理调整自身角色定位，充分发挥在乡村治理中的核心地位。积极与合作社沟通协作，弥补村两委经济功能弱化的不足，促进乡村发展更加有序，进一步提升村两委的凝聚力和向心力。第三，合作社实现功能拓展，积极参与乡村治理建设，提升乡村服务意识。合作社要主动对接村两委，依托村两委资源，夯实发展基础，不仅为乡村建设提供必要的经济支持，还要注重社会公益事业发展进步，提升对公共事务的支持能力与运作能力。第四，合作社与村两委建立协调合作机制，逐渐形成职能清晰、相互监督的格局。将农民合作社引入农村社会治理，实现村庄融合治理，营造多元共治局面，这有利于弥补村两委治理模式的不足，巩固村两委合法性权威地位，同时整合农村内部资源，提升合作社自身发展能力，提升乡村治理整体水平，重构农村社会秩序。

（二）给予政策支持保障，提升制度嵌入成效

《中华人民共和国农民专业合作社法》明确规定社会各部门要对合作社的发展给予扶持和帮助。然而我们的调研显示：51.92%的农户认为合作社发展在政策方面支持不足。资金扶持、税收减免等措施无法使农民专业合作社真正嵌入乡村治理，农民合作社在嵌入乡村治理中需要得到政府的认可与支持，并提供相应的制度保障。首先，政府建立适当的沟通机制，把直接帮助转换成间接引导，规范政府与合作社之间的关系，明确合作社的职能定位，清晰界定合作社与村两委在乡村治理生态中的界限与边界。提供政策支持与引导，

促使村两委和合作社形成合作治理的有效动力，提升乡村治理成效。其次，要不断规范健全合作社相关法律法规，加强对农民专业合作社的管理体系建设，不断提升合作社的政府管控水平，减少空壳社，规范合作社运营。最后，加强各项政策的有效落实，完善合作社监管体系，通过定期随机抽访，实时监督合作社运营，发现存在问题与不规范行为，及时给予指导，令其整改。

（三）激发参与内在动力，保障公共服务质量

乡村公共服务供给的丰富化和高质量是实现城乡公共服务均等化和乡村振兴、全面建成小康社会的重要保障。改善政府单中心体制的公共服务供给模式下，乡村公共服务供需矛盾、总量不足、效率低下的现状，必须建构政府、市场、企业、农民专业合作社等社会组织协同的多元化供给体系。农民合作社应明确自身定位，强化合作社自身能力建设，提升公共服务有效供给，增强其参与乡村治理的功能嵌入性。作为乡村建设的重要载体，合作社应坚持农民受益的原则，完善运行机制，适度参与公共服务和乡村治理，与村两委、其他社会组织等形成合作，共同实现乡村公共服务供给，提高农民的获得感和幸福感。匹配自身经济能力发展，平衡经济建设与公共服务供给，与政府、其他社会组织协同，形成多主体供给体系。增强其自身参与公共服务供给的内在动力，深入了解农民需求，丰富公共产品和公共服务供给内容；加强教育培训，提高农民的素质，培养乡村人才；释放组织自主性空间，充分激活内部活力。

（四）完善内部治理结构，增强经济造血实力

完善的内部治理结构是农民合作社良性运作的前提，自我造血能力的提升是合作社发展的关键。可以从以下五个层面对合作社治理结构予以优化，"内外兼修"增强其经济造血功能。第一，优化合作社组织架构。对发展规模较大的农民合作社而言，完备的权力机构、执行机构、监督机构是必不可少的，且应在此基础上清楚界定不同机构的职责分工与成员权力。第二，明晰合作社产权结构。在合作社成员异质性增强的趋势下，改革传统产权模糊的利益分配机制势在必行。一方面，规范返利程序与比例，定期核算向农户返还的可分配盈余；另一方面，对不同决策事项实行不同投票制度，确保发声权落实到每个社员个人，避免出现前文所述"精英俘获"的情况。第三，健全监督保障机制。制定详细规范的监督办法与流程，通过制度化的途径予以明确。关注对合作社管理层的权力约束，通过前期的结构设计形成不同机构间的互相制衡。在决策监督上，通过利益导控扩大社员参与，避免合作社沦为核心成员个人逐利的工具。第四，利用乡村特色打造经济"血源"。合作社

可尝试利用所在乡村资源禀赋，创新经营业务。如充分发挥当地旅游特色开展"旅游+合作社+民宿""旅游+合作社+特色农产品"等业务。第五，积极开拓外部市场。外部的资源与机会同样是合作社造血的营养源，合作社可密切关注农村投资形势，结合合作社自身优势寻找可资利用的资源，对接合作社货源，以拓宽产品销路。

（五）培育农村社会资本，优化基层治理生态

优化农民合作社嵌入乡村治理结构的路径，一个很重要的途径就是培育广泛的农村社会资本，即争取更多的村民支持，扩大社员基础。农村社会资本的构成包含两个层面，一是村民的情感认同，二是村民的认知认同。在情感认同上，合作社或因维护村民权利而成立，或因村中长者精英号召成立，又或者因共同的经济利益目标联合成立，每个农民合作社都或多或少有一段与村民联结的历史，宣扬这些朴素的历史，塑造合作社的历史形象，以唤起村民内心的记忆与共同愿望，是合作社获得农民情感认同、培育农村社会资本的重要一步。而认知认同指的是农民对于合作社所展现出来的经济发展能力、乡村文化服务与维护村民利益等方面的感知认同情况。因此，培育广泛的农村社会资本很大一方面要依靠内因推动，只有搞好合作社的各项发展，才能提升农民认知认同的程度。这是一个循环影响的过程，实现好合作社各项发展，培育广泛的农村社会资本，扩大社员基础，嵌入更深层次的乡村治理过程，获得更多的资源，最终又反馈为合作社更好地发展以及累积更广泛的农村社会资本。

案例二

把农民联结起来:"资源—根植"视域下西部供销合作社组织功能重塑的 K 县故事

案例正文

引言:供销合作社为何"不下乡、不进村、不为农"?

坚持农业农村优先发展,实施乡村振兴战略,是党中央基于破解农业农村发展短板所做出的重大战略安排。作为"为农服务"的综合性合作组织,供销合作社既是农业社会化服务的重要主体,也是农民专业合作的联结载体,更是实现乡村振兴的关键力量。供销合作社,曾是全国农产品、农资和农村日用品的核心经营者,后来随着民营经济蓬勃发展,供销社逐渐淡出历史舞台。目前在党和国家政策扶持下,供销社成为助力乡村振兴的重要力量。

有着千年历史的 K 县是中华民族远古文明发祥地之一,兼有深厚人文特色和秀美自然风光。K 县位于西北地区,地势南高北低,呈阶梯状下降,全区属温带大陆性干旱、半干旱气候,山地面积占总面积的 70% 以上,交通极其不便,K 县供销社作为该县人民最主要的生活物资来源,长期以来扮演着极其重要的农村物资流通角色。

镜头一:依托农村"风生水起"

1950 年,中华全国合作社工作者第一届代表会议通过了《中华人民共和国合作社法(草案)》,成立了全国合作社的中央领导机构——中华全国合作社联合总社,负责统一领导和管理全国的供销、生产、渔业、手工业、消费、信用合作社。这标志着全国性供销社系统正式成立。K 县供销社正是在这一时期成立,依托农村经济而风生水起、蓬勃发展。

镜头二:购销农资"呼风唤雨"

随后,国家陆续对粮食、油料、棉花实行"统购统销",供销社有"统购统销"的专营权,供销社几乎掌握了农村商品流通的命脉。K县供销社每天人山人海,拿着粮票、肉票、电视机票等着抢购的人们经常摩肩接踵,有时甚至为了争夺稀有物资而大打出手。这一时期的供销社称得上"呼风唤雨",几乎掌握了农村经济运行的命脉,成为城乡物资流通的主要平台。由于拥有健全的组织机构、强大的服务能力,此时的供销社收获了良好的品牌形象。

镜头三:依赖扶持"风雨飘摇"

伴随着改革开放的推进,个体经济与市场经济悄然兴盛,供销社原来的垄断经营地位逐渐被打破,以乡镇企业为代表的市场经济开始大举进入农村,原本人山人海的K县供销社变得门可罗雀。依托品种更多、样式更丰富、服务态度好、价格更优惠、供应更充足等优势,乡镇企业对K县供销社实现了全面挤压。

供销社开始经历"风雨飘摇"的动荡发展。这一阶段,供销社"三次撤销,三次重启",除了定位,供销社经营困难导致的种种历史问题渐渐暴露,如历史欠账过多、工资发放困难、国有资产被变卖及流失等困境,这些问题让供销社陷入生存危机。

镜头四:倒逼改革"风声鹤唳"

面对巨量亏损,国家开始推动供销社市场化改革,1999年1月国务院发布《关于解决当前供销合作社几个突出问题的通知》(国发〔1999〕5号),提出"一个坚持、三个转换"总体思路,即坚持把供销合作社真正办成农民的合作经济组织这一根本目标不动摇;转换基层供销合作社体制,转换社有企业机制,转换联合社职能。自此,供销合作社的工作目标转向了扭亏增盈。

在自主经营、自负盈亏的中央号召下,K县供销社逐渐抓住改革时机,不断改进和完善运行机制,提高竞争优势,不断在竞争中收复失地,经营情况逐渐好转,并实现了扭亏为盈的目标。

一、举棋不定:功能模糊吸纳农民乏力

(一)忆往昔黄金岁月,农户入股超七成

2013年1月末,西北的风带着阵阵凉意,K县供销社内却忙得热火朝天。自1953年K县供销社建立至今已有60年光景。新年伊始,社里都在紧锣密鼓地筹备撰写K县供销社60年社志。会议室里,K县供销社副主任MZ在向编写负责人讲述供销社的过往。M主任提到,20世纪六七十年代,供销社是广大农村地区最重要的经济组织,那时的供销社"覆盖面广"且"含金量

高"。

所谓"覆盖面广",体现在当时K县供销社基层单位遍布全区各镇,其涵盖的业务也十分丰富。那时候供销社入股农民数量大幅提升,供销社与农民的利益联结进一步加强。同时,K县供销社基层组织迅猛增长,2万余名员工遍布全县各镇,提升了供销社为农业农村农民服务的实力。不仅如此,那时K县供销社涵盖的业务也很广泛,大到县里的种植业、养殖业、采购农资农具,小到每年春节燃放的烟花爆竹都要经过县里的供销社。早年的供销社可以说为了服务"三农",真正做到了星罗棋布、包罗万象。

至于"含金量高",则是说当时的供销社职工在社会上是体面的职业。一方面,供销社职工有编制、工资高,而且在货品流通时可以第一时间掌握信息,具有极大的便利性;另一方面,供销社拥有附属学校,职工子女教育问题也不用发愁,是个名副其实的"金饭碗"。截至1989年年底,K县供销合作社的入股农民达24.75万户,占当时农户总数的78.6%,职工有2300人。

编撰人员听完M主任的讲述,对供销社的"黄金时期"充满感慨,但他心中明白,自改制后,供销社已经在走下坡路了,早已不复当时的"光辉岁月"。K县地处山区,交通不便,供销社下属企业没有物流渠道将生产的产品送出省外,加之市场化后同行业竞争,供销社已是苦不堪言。

(二)农委牵头招投标,农技水平有差距

临近初夏,K县农委准备牵头召开农业招投标项目启动会。MZ向社里骨干传达了K县2014年牧草良种采购项目招投标试点的会议精神。

会议上MZ提出,供销社肩负着社里众多职工、社员的家庭,但现在的供销社业务紧缩,正面临着巨大的压力,这次招投标必须彰显实力,竭尽所能拿下招投标。

MZ回去查阅了"牧草良种"相关资料,了解到这是省种业研究院重点研究的耐旱、耐风沙性比较突出的沙生牧草品种,不过培育该品种对种植水平要求较高,科技投入量大,对竞标单位人力物力要求都高。这些年供销社从事的都是一些采购、代销方面的工作,类似这种技术活,还是第一次尝试。MZ很是忐忑,但仍按照招标要求撰写了竞标书。

半个月后,招投标大会如期举办。MZ作为供销社代表参加会议,竞标的还有一家民营企业Q省牧草良种繁殖场和一家国外M育种公司。现场评委包括发改委副主任、科委副主任、农委副主任、农业院校专家、农业科技中心主任等。

专家讨论的环节,农业科技中心主任看过供销社提交的标书后指出,供销社的方案写的是"手工种植",但现在科技进步了,新育种如果没有设备跟上的话,效率低下,无法种植。5年前供销社的竞标势头还不错,一些产供销项目交给供销社来做,农委放心村民也满意。但这几年每况愈下,总是应付交差,归根结底是因为供销社能干的也就是些简单的项目了。

农委副主任也认为,几年前农委还有供销社承接任务,队伍老化还没现在这么严重。现在观念落后,技术保守。Q省牧草良种繁殖场想法不错,设备先进,报价也低;M育种公司有很多专利和经验,科技含量高,但是价格较高。

此次招投标项目的失利,几乎让整个供销社失去了信心。不出意外,在之后的若干次重要竞标中,K县供销合作社均以失败告终。MZ清楚,屋漏偏逢连夜雨,社里接不到项目,社员们因为长期分不到红利,有了退社的想法。如果稳不住的话,可就麻烦大了!

(三)合作社经营困难,国资委力解欠账

2013年12月,本该喜迎新年的K县供销社办公楼却愁云惨淡,几近瘫痪。还未从竞标失败的打击中恢复,K县供销社就又陷入了入不敷出的困局。看着K县供销社资产管理科送来的年度财会报表,想到两天后县农业农村局即将召开的年度工作总结会议,MZ陷入了沉思。

在过去一年中,受市场环境变化、自身服务能力等多重因素影响,K县供销社的营业收入呈现明显下滑的趋势,整体经营收入较上年同期减少4.7%。在支出方面,农产品原材料价格的上升、人工成本及运营管理费用的上涨导致供销社成本支出增加。在盈利方面,K县供销社有限的为农服务水平未能满足农民日益多样化的需求,难以应对激烈的市场竞争,农户流失严重,农资销售、农产品收购等主营业务均受到不同程度的冲击。目前,为维持正常运营,K县供销社不得不依靠资产出租等非主营业务收入来弥补亏损。但受经营不善的影响,部分固定资产存在闲置或贬值风险,整体盈利状况令人担忧。

两天后,K县农业农村年度工作总结会议在K县办公大楼302会议室召开。会议强调,供销社的性质是以农民社员为主体的合作经济组织,是农民专业合作的带动力量,核心靶向是为农业、农村、农民服务。"供销社要着力发挥农业社会化服务的骨干力量,现在资产出租却成了主营业务,这不是舍本求末吗?"

面对K县农业农村局副局长的质疑,MZ赶紧表态,表明社里不是不愿意为"三农"出力,而是现在面临着更为棘手的资金问题,养活员工都成困难,更别说开展工作了。原来,迫于生计的 K 县供销社在 11 月底进行了大规模清退,但是拖欠的工资却迟迟难以下发。截至当月,供销社拖欠的工资共 146.82 万元,买断工龄涉及 286 个员工,费用共计 567.14 万元。大批分流的老员工带着包袱卷、铺盖卷直接搬进驻守在县供销社办公楼里,甚至还用破坏设备等手段宣泄失去工作的愤怒和焦躁,催促工资下发。

会议结束后,农业农村局副局长让 MZ 带着整理好的相关资料去拜访县国资局局长。县国资局局长指明,对于历史包袱过重、现实压力过大的问题,只能从现有资产中寻求变现的方式。要在短期内交易 700 多万元,供销社就必须下定决心让出优质资产。

MZ 紧急联系国资局、财政局和商业局,尽快形成了资产变现可行性方案,提交区委常务会议审定。2014 年 1 月,K 县最高的地标建筑——供销社泰和大厦以 804 万元的价格被出售。随后,被拖欠的工资得以发放,286 名被买断工龄人员的补偿费用到位,供销社恢复正常运作。

二、愁云惨淡:经营不善反哺农民有限

(一) 基层社臃肿庞杂,六个乡镇合一体

2014 年初春时节,草长莺飞。拖欠工资问题虽然得到了解决,但是 K 县供销社的工作士气却有跌无涨。卖楼可以解燃眉之急,但会不会也是竭泽而渔? 长期来看,倘若要让供销社更好发挥为农服务的职能,就必须激发其农业生产供销的业务活力,扭转年年亏损的局面,推动 K 县农民增收致富。

反观如今社内的情况,人事科苦恼于干部思维僵化,不愿意接受新观念,培训难以开展;业务科的同事在为化肥、棉花等重要农资商品和主要农产品难以应对市场竞争,烦琐复杂的程序反应迟钝,无法及时捕捉市场信息与商业机会而忧虑;资产管理科忙得不可开交,一方面急于解决社有资产日常评估处置管理存在的漏洞,另一方面烦闷于庞杂的机构无法消减高昂的人力与管理成本。

3 月的一天,综合办的同志一脸欣喜地冲进 M 主任的办公室,递过一份文件——《K 县供销合作社"一县一社"改革试点方案》。

"一县一社"改革试点方案提出,为优化组织结构,提高运行效率,促进供销社更加有效地发挥为农服务的职能,将 K 县六家乡镇供销社合并为一家,乡镇供销社的资产收归县供销社统一管理,县供销社的资产收归国资委管理。按照文件精神,乡镇供销社的人事权将交由县供销社负责,县供销社的人事管理由对应级别的政府机关负责。一方面，人事管理关系的设置能保证供销社完成政府委托职能，继续为农服务；另一方面，从"管企业"转向"管资产"，既打击了"靠着资产混日子"的不良心态，又能规范社有资产管理，激发基层社自主经营的活力。

然而乡镇供销社工作的推进并不顺利。多数乡镇供销社负责人对"一县一社"改革方案表现出消极态度，担忧资产与人事权的移交会损害基层的积极性与能动性，为本就困难的经营雪上加霜。

反复研读政策的MZ胸有成竹："大家的担心很正常，但在方案出台时其实已经充分考虑到基层社的诉求。县社将对资产进行规模化经营，降低成本且完善运行模式，同时县社在人员招聘方面将更加注重规范、科学、高效，多渠道优化人力资源结构。这次改革也是为了转变管理模式，尽快改变年年亏损的局面才能更快更好地回归为农民服务的本源。"

经过两个月的不懈努力，"一县一社"改革试点方案措施全部落地，初步实现上下贯通与整体协调的运作模式，K县供销系统的整合能力、运筹能力和发展能力进一步增强。

（二）小腐大贪数额巨，社员利益被损害

2014年5月，刚刚结束乡镇供销社合并工作的K县供销社还没顾上喘息，一场腐败风波又席卷而来。

接群众举报，K县供销社社属企业宁丰农业发展有限公司领导存在贪腐行为，举报者同时提供了实质性证据。农户种植从宁丰公司购买的"德尔红88"胡萝卜种子后，先后出现大面积红苗、死苗的现象。接到举报后，K县纪委迅速向K县供销社派驻纪检监察组，K县供销社成立调查组进行核实。

调查组来到涉事村域。村民们有苦难言，身为供销社社员，却被供销社给"坑"了。十几年来，村民们一直通过供销社的渠道购置种子、化肥等农资农具。但是近几年买到的化肥品质一年比一年差，为了保证产量，村民不得不重新购买化肥。直到这次从宁丰公司买来的种子出现大面积歉收绝收，村民们实在没办法才联合起来实名举报。

来到绝收的农田边，地表裂缝间满是枯黄的残根和断茎，原本这个时节田地里应是一片丰收的景象，现在却充满了凋零和落寞的气息。一旁的村道上，农户向调查组摊开种子的包装袋，上面还印有K县供销社的标志"K县种业提升工程"字样。没想到K县供销社原本大力推行的助农项目，最后却成了"害农项目"！

调查组通过线索，找到宁丰公司"德尔红88"的供货商。供货商交代其在未经授权和委托的情况下，谎称自己为"德尔红88"胡萝卜种子的中国区总代理，通过宁丰公司重新包装，加价销售伪劣种子。

知情人向工作组反映，宁丰公司财物管理极度混乱，内控制度不健全，审批手续不完备。工作组调查发现，2006年，K县供销社出资成立的宁丰公司被时任公司总经理违规注册为私人企业。宁丰公司2008年成立的种业专业合作社，再次被注册为私人企业，一直靠宁丰公司资金扶持，只有支出没有进账，公司经营几乎处于瘫痪状态，因此与违法商贩沆瀣一气，销售假冒伪劣产品铤而走险。经过调查组彻查走访，宁丰公司违规注册、侵吞社有资产、销售伪劣种子等问题——浮出水面。

调查结束后，相关人员被移送司法机关处理。经查证，已退休两年多的宁丰公司前总经理在职期间利用职务便利，以非法谋取经济利益为目的，提供假冒正品包装材料，有严重贪腐情节，总计非法获益385.04万元，造成K县农户直接经济损失122.8万元。

事后，K县供销社召开了警示教育大会。此事一出，K县农民对于供销社的信任更是一落千丈，让K县供销社本就惨淡的经营状况雪上加霜。

（三）出租资产填亏空，难拆难建难维修

宁丰公司东窗事发后，K县供销社与农户之间的信任关系严重受损。为填补亏空，K县供销社着手盘活"一县一社"改革后接手的基层社资产。然而，2014年10月起，MZ陆续收到反馈，大量基层社资产被K县住建局鉴定为危房，必须空置起来加固或者拆除重建。

按照危房拆除的申请流程，MZ分别向县住建局和土地规划局递交了相关材料，但迟迟未有下文。MZ前往县住建局，接待的工作人员表示拆除危房有难度，不能贸然开具《危房拆除紧急避险决定书》。

K县供销社从住建局碰壁后，想转道从土地规划局找到突破口。但由于供销社历史上经历了"三次撤销，三次重启"的反复，极其复杂的产权关系让规划许可的审批十分困难。

既然难拆难建，K县供销社决定把有限的资源投在不需要进行整栋拆除只需加固修缮的C级危房上。但在初步核算之后，供销社又犯了难：维修的成本远远大于租金收入，供销社根本负担不起这笔费用。

一个月后，供销社得知房管局设立了危房修缮专项资金，可供国资系统产业申请使用。借助这笔资金，通过公开招标、整体承包、租金补贴的形式，吸引个人和企业投资建盖、长期租赁、自主经营，K县供销社的固定资产这块"烫手山芋"总算有了着落，财政窟窿也终于补上了。之后，K县供销社对资产出租的重视程度与日俱增，在 2015 年的工作计划中，资产出租部分占了大头。

K 县供销社的负责人隐隐觉得不安，照这个势头发展下去，K 县供销社恐怕会距离农民越来越远了。

三、几近瘫痪：信任缺失引致农民退场

（一）背离农户需求，合作平台异常冷清

2015 年，全国供销合作社第六次代表大会在京召开。会议精神很快伴随着春风的号角吹至省里，K 县供销社 M 主任喜忧参半：喜的是党中央、国务院肯定了供销合作社作为促进农村经济社会发展的重要力量，出台相关政策支持其继续围绕服务"三农"壮大实力；忧的是如今 K 县供销社经营状况不容乐观，由于缺乏技术支撑并逐渐背离农户需求等原因，现实中合作平台冷清异常。

供销社，这个曾经作为连接农民与市场桥梁的重要机构，一度帮助农民出售农产品，购买农资或生活用品，提供相关资源及渠道等，是当时农民们买卖农资、交流信息的重要场所。每到农忙时节，供销社里人头攒动，热闹非凡。现如今，其仍然坚守着传统的经营模式和服务理念，坐等农户上门，且未对农户的多元需求展开持续跟踪，因而造成农户信任的流失与社会资本的消减。

K 县供销社门店货架上的农资产品积满灰尘，无人问津。原本应该繁忙的农资购销季节，供销社里却空无一人。村级供销社站点更是惨淡，许多站点已经转行成了棋牌室或其他娱乐场所，农民们在这里打牌消遣，而不再进行农资交易。

2015 年年底，K 县供销社销售总额创历史新低，业务量急剧下滑，经营状况日益恶化，农资、农副产品、日用消费品、再生资源四大主营业务销售总额比去年同期降低 15 个百分点。越来越多的社员想要退出与供销社的合作。

关键时刻，K 县政府委托发展和改革委员会排摸全县供销社现状及挑战。发改委调研后，深知问题的严重性："与农户建立紧密的联系"已成为历史，要打破困境，K 县供销社必须重新审视自身定位和服务，深入了解农户的需求，提供符合市场需求的产品和服务，才能重新赢得农户的信任。

（二）背离合规要求，招商引资打擦边球

K 县供销社在陷入信任困境的同时，一些不合规现象也逐渐浮出水面。

为挽救颓势，一些市县的供销社开始尝试招商引资，希望通过引入外部资金重振发展。

然而，在招商引资的过程中，一些供销社干部往往以高额的回报为诱饵，吸引投资者入驻，却忽视了合规性和风险性。这不仅给供销社带来了更大的风险，也损害了农民们的利益。

2016年，在大规模的审计中，K县供销社的问题被彻底暴露出来。审计结果显示，供销社在招商引资过程中存在严重的违规现象。

审计报告中显示：一些基层供销社在招商引资过程中，为了吸引投资者，往往会承诺一些超出合规范围的条件。这些条件可能包括违规的税收优惠、土地使用权的违规转让等。如K县供销社负责人为了引进一家大型农资生产企业，承诺为其提供违规的税收优惠和土地使用权。双方签订了一份秘密协议，规定企业在享受优惠政策的同时，必须保证一定的投资规模和产量。然而，这份协议并未经过相关部门的审批和备案，存在严重风险。

违规招商引资事件被举报曝光后，涉事人员被严厉处分，供销社被责令立即整改。K县供销社负责人深知，这起事件只是供销社背离合规要求的一个缩影。在长期不规范管理过程中，类似的问题普遍存在。违规行为不仅破坏了供销社的形象，也损害了供销社与社员、农户之间的信任关系。

（三）背离建设初心，社员退股名不副实

K县供销社是农民入股办起来的合作经济组织，当时的原则是入股自愿、退股自由。然而，后续发展中，K县供销社在管理规范性和效益性方面的弊端不断显现，存在无法满足农户需求、招商引资未能守法等问题，引发了社员的不满，大范围社员提出了退社申请。

听到社员的诉求，M主任很是着急。随着综合改革的深化，K县供销社短板越发明显，最直接的表现就是供销社提供的产品无法满足农民的多元需求，供销社面临销售额和资金收入减少的困境。为满足组织的正常运作，K县供销社进行了资产改制和业务委托的改革，但依然面临着人员的成本负担。

正因如此，K县供销社只好参与市县的招商引资，毕竟社里实在没有额外的资金来支付工资和社员分红。尽管初心是好的，手段上却没法消除社员对"变卖社有资产"的误会，社员担心自己的利益受损。

为了缓和矛盾，M主任在退股大会上耐心地解释了供销社"集体所有制"的性质和"为农服务"的目标。本质上来说，供销社就是由农户出资组建而成，服务城乡发展、服务"三农"的组织。假如社员都退社，那么供销社跟一般的商业组织没有区别，它也不是"一切生产生活资料归集体所有"的合作经济组织了，这与国家强调和坚持的供销社改革目标背道而驰。

考虑到 K 县供销社联结的出资人都是农户，如果社员股金血本无归的话，会影响基层的稳定。为此，M 主任迅速组织班子成员，规划并安排了后期 K 县供销社的股金和股息结算工作，取信于农民才能让供销社的集体所有制性质不改变。

四、痛定思痛：重塑组织定位农民返场

（一）商委助力基层社，打通最后一公里

2018 年 3 月，K 县供销社 M 主任带领团队在安里镇合作社实地考察时，接到了富农公司的紧急求助，他们面临着春耕运力不足和物资运送不到的困境。

在村里，一位合作社的社员也指出了同样的问题："物流配送服务还无法到村里，村民们必须去镇上才能寄取快递。这不仅给村民的日常生活带来了不便，还阻碍了农产品在市场上的销售，对种植产业发展也有不利的影响。"

M 主任认识到，随着业务量的不断增长，物资供应过程中的农村物流网点显得捉襟见肘。对供销社及其下属企业而言，物流网点是维系与农民联结的重要桥梁。当前亟须解决的问题是，如何确保物资能够高效精准地送达农村地区的每一户人家，并且能够将特产的农作物运送出来在市场上销售。

为了解决物流网点的问题，M 主任前往县政府大楼拜访县商委主任并详细介绍了关于改造物流网点的构想。县商委主任表示了认同，特别强调构建基层服务网络在促进农产品上行"最初一公里"和农民生活、生产资料下行"最后一公里"畅通无阻方面的重要性。同时，商委主任还细致地向 M 主任了解了 K 县供销社目前所拥有的技术和基础设施状况，以便提供支持。

经过县商委、财政局和国资委等部门的审议，改造物流网点的方案被肯定和推进，并进入实施阶段。然而，改造物流服务网点的过程并非一帆风顺——基层人员业务实践不熟练，技术操作能力不足，以及对工作量增加的不满等，都给改造过程带来了挑战。

尽管困难重重，但供销社的管理人员还是抓住机会，汲取他县经验。历时 3 个月，K 县供销社成功改造了 152 个服务站，平均月完成的上下行物流量达到 3.2 万件，农民的物流满意度高达 96%。

（二）集体资产强监管，合作功能被理顺

2020 年，国家进一步提出深化供销合作社综合改革的任务，加强合作社

的服务功能，提高市场化运作效率。同时，为确保资产的安全和保值增值，强调对供销合作社集体资产"强监管"，K县对全县集体资产进行自上而下的检查，发现存在诸多掣肘问题，主要集中在集体资产管理体制不健全、资产账目不清晰、利益分配不公等。

供销合作社是集体资产监管的重要对象，基于上级要求，K县供销社优化了集体资产的管理办法、审批程序和监管措施，确保集体资产的安全、完整、有效使用，同时定期对账目进行审计和核查。为确保更有效联结农户，在监管要求下，K县供销社不断完善公平、透明、合规的利益分配机制，确保集体资产的收益能够合理、公正地分配给所有成员。

内部机制理顺后，外部联结功能更需有效发挥。K县金沙村村民长期以来面临农产品销售难、价格不稳定的问题，深化改革后，供销社助力村里引进了一家农业龙头企业，对农产品实行统一采购、统一销售，不仅有效地解决了农民销售难的问题，同时也为企业提供了稳定优质的农产品供应来源，带动了当地经济的发展。

农民、合作社、企业和供销社之间的联结关系被理顺后，资源共享、优势互补、风险共担的效果迅速呈现，不仅提高了农民农业生产的效率和收益，也促进了集体资产的合理利用和效益最大化，更有助于推动农村经济发展和农民增收致富。

（三）跨域性业务拓展，农民收益获提升

2020年10月，K县供销社和东部沿海A市C区供销社的负责人进行了深度交流，双方明确了跨域性业务上的合作事宜及目标。此次东西部交流合作的会议，为扩大特色农产品的受众面，提高其知名度，消解农作物的过剩产能，带动农民增收致富提供了契机。

根据国务院对口帮扶消费产品目录，K县一共有17个农产品入选，这意味着这17个农产品不仅能够参与到各地对口帮扶的活动中，而且能进入A市C区的消费协作专馆参与展销活动。

C区消费协作专馆的负责人表示，最早在2016年的时候，A市就要求建设一个农产品的流通体系，但一直没有建成实际的展厅。2019年提出了"消费帮扶"的理念，后来市、区也要求供销社推进这部分工作，因此C区的消费协作专馆2019年由财政投入建设，2020年正式运营。

消费协作专馆承载着助农惠农、服务农民、繁荣农村的使命。2020年11月，A市C区供销社作为活动主办方，通过C区消费协作专馆，汇聚了K县供销社的助农产品，通过线上线下，集展示、销售、配送于一体，为帮扶产

品开拓市场，助力广大农户增收，破解农副产品滞销的难题。

K县供销社以实际行动助力乡村振兴，依托东西部消费协作平台，为广大农户带来实实在在的好处，极大地拓展了K县农产品的销售途径。

五、回归本源：矫治功能悬浮农民压场

（一）领办农民合作社，实现三社大融合

K县马铃薯在农产品展销会上一炮而红，跨域订单如雪花般涌来。供销社M主任欣喜的同时也感到一些担忧：如何在来年顺利完成这些跨省订单，确保产品的品质和数量呢？

传统的采购助销模式虽然在一定程度上能够满足市场需求，但随着订单量的不断增加，其弊端也日益显现。一方面，大量采购难以保证马铃薯的品质和口感，无法满足消费者对高品质农产品的需求；另一方面，数量上也存在不小的缺口，供给量始终跟不上订单量。面对这一挑战，K县供销社决定牵头成立沃土马铃薯良种专业合作社，引导农户种植标准化马铃薯。

为确保产品质量，2023年1月，K县供销社与甘肃省农科院马铃薯研究所合作，引进了"陇薯14号"。作为农科院研究所研究的新品种，"陇薯14号"一方面具有较强的抗旱性，适合K县的地域环境；另一方面对照原有的"陇薯3号"，其产量增幅达17.93%，能够更好地满足订购需求。这一举措无疑为K县马铃薯产业的发展注入了强大的动力。

然而，此时农民专业合作社的经营却面临着多重困境。其一，入社农户分散经营导致难以规模化、集约化生产，无形中增加了生产成本；其二，入社农户中有一部分为困难群体，他们没有充足的资金购买所需的农资农具；其三，农民合作社缺乏农机设备，无法为农户提供专业服务。

针对分散经营的问题，M主任邀请省农业专家深入村镇考察，选取了适合种植马铃薯的土地。在各村干部的协调下，通过土地流转、邀请入社等方式，成功建立了14个种植基地。这些基地采用机械化、自动化等新型生产技术，不仅降低了生产成本，还提高了种植效率。

面对庞大的资金缺口，M主任意识到仅凭K县供销社一己之力，无法帮助沃土马铃薯良种专业合作社渡过难关。

供销社找到K县农村信用合作社T主任，希望获得资金支持。T主任了解情况后，一方面为困难农户开辟绿色通道，提供贷款让农户购置种子和化肥等农资农具；另一方面，信用社为农民合作社提供担保服务，帮助其在农

商银行贷款购置了专业设备。此举不仅降低了贷款风险，还提高了贷款额度，缓解了沃土马铃薯良种专业合作社的困境。

通过理顺合作机制，K县供销合作社、县农村信用合作社和沃土马铃薯良种专业合作社有效整合了农业资源，提高了生产效率，实现了"三社"融合发展。2023年5月，14个合作基地陆续进行播种，承载着众人希望的"陇薯14号"种子被一颗颗撒在基地的土地中，逐渐抽芽长大……

（二）物流网点广覆盖，布设农村集配站

2023年8月，阳光炙烤着大地，14个种植基地的农户还在田垄间忙碌着。马铃薯长势喜人，不仅数量达标，质量也远超预期。

然而如何将这些马铃薯运出去，却让M主任犯了难。还有一个多月时间就要收获了，但物流公司的合作事宜却迟迟未能确定。大型物流公司虽然在县里有站点，但从基地到站点之间却需要依赖本地的小型物流公司配送。

这一状况带来了两大问题：一方面，从种植基地到顾客手中需要经过两家物流公司，这意味着需要支付两份运输费用，无疑增加了运输成本；另一方面，由于小型物流公司运力有限，难以满足种植基地大量的运输需求，会影响马铃薯的及时送达。

为了有效节约成本并提高运输效率，M主任决定邀请几家大型物流公司召开座谈会，共同商讨解决方案。座谈会上，各物流公司负责人都提出了自己的想法。

ZT快递负责人表示："在村里建设集配站需要投入大量的资金用于土地购置、站点建设、设备采购以及人员配备。但这些地区的物流需求相对较低，物流量较小，投资回报率不高。"

HLL快递负责人认为："我们公司核心业务是长途运输和大型货物的配送，对于村里的短途运输和小件货物配送可能并不擅长。在这些地区建设集配站可能降低公司的整体运营效率，影响核心业务的开展。"

YD快递负责人担忧："村里的物流市场相对较为分散，而且缺乏统一的管理和规范。在这些地区建设集配站会面临较高的运营风险和管理难度，与企业发展理念不太一致。"

针对物流公司提出的问题，K县供销合作社决定把乡镇的闲置资产利用起来，探索推进由供销社牵头建立供方、需方和第三方物流企业之外的"互联网+第四方物流"供销集配中心。

随即，供销社组织K县电子商务有限公司整合本地区农特产品、日用消费品、农资、物流快递等企业仓储配送资源，将原先分散的商品流、物流合二为一，初步建立起区域内智能物流网络仓配体系；同时把大型快递公司合并规划出县、乡、村三级物流运输配送体系，以县城为中心规划出 3 条物流配送线路，建设了 66 个快递配送站点，实现了县、乡、村配送网点线路全覆盖。

2023 年 9 月，K 县马铃薯被有条不紊地运往外省。农村集配站的布设，不仅打通了"农产品进城"和"工业品下乡"的"最后一公里"，而且有效解决了县级供销合作社没有经营主业、乡镇基层社没有业务导入、村级综合服务社各自为战的系列问题。

（三）提质协同村两委，项目运作显成效

为了更好地开展农业服务与振兴农村产业，K 县供销社下沉到各个村域，与村两委合作，盘活集体资产，寻求优势产业项目。

K 县按照"支部引领、村社联建"的发展理念，将村党支部的政治引领、集体经济的抱团发展、村民群众的能动作用等要素有机融合，通过规模化流转、转变土地经营模式等方式，建立村集体与农民群众的利益共同体。K 县供销社提供技术支持和资源服务，帮助村域实现"农民增富、集体增收、农业增效"，并借助村两委的行政力量，加强与农户、农民合作社的深度联结。

2024 年 1 月，K 县召开新时代供销体系会议。会上展示了 K 县供销社取得的阶段性成果，包括建成县级消费帮扶农产品销售展示配送中心，挂牌成立供销社农副产品电商中心，依托 29 个乡级农产品流通网点、110 个村级电商网点，充分发挥国家电子商务进农村综合示范县项目优势等。

回顾过往，K 县供销社作为我国西部地区供销社的典型代表，在不同的发展阶段，其组织定位、功能属性、资源禀赋、改革重心等均有差异，然而不管外部环境如何变化，其"为农服务"的底色却始终不变。

六、乡村振兴背景下供销合作社如何回归"务农、为农、兴农"

春风辞旧岁，彩笔绘新图。2024 年新年的第一个工作日，K 县供销社 M 主任早早来到办公室。办公桌上摆放着的《K 县供销合作社志（1953—2023）》，俨然还带着油墨香气。

回顾供销社的改革历程，联结并服务农民始终是其核心组织定位：起初，供销社紧密依托农村，农民踊跃入场，入股供销社人数大幅增长，甚至占到当时区镇农民总数七成以上；随后，供销社历因经营不善反哺农民有限，农民频频退场，合作平台变得异常冷清，几近瘫痪；进而，供销社痛定思痛重塑组织定位，合作功能被理顺，农民主动返场……

"石以砥焉，化钝为利。"① K 县供销合作社组织定位重塑的历程，正是我国综合改革以来广大供销合作社回归服务农村的真实缩影。从农民的踊跃入场，到频频退场，再到主动返场，正是我国供销组织联结农民的真实写照。截至 2023 年 12 月，我国共有县级以上供销合作社 2789 个，基层社 3.2 万个，基本实现涉农乡镇全覆盖。案例团队所进行的实证调查显示，K 县供销合作社作为我国基层供销组织定位重塑的代表性样本，其面临的资金资源、人才资源、技术资源、组织资源、环境资源等问题并非专属。

作为公共管理硕士，我们不禁思考：供销合作社过去十年的组织功能经历了哪些变化，乡村振兴背景下供销合作社联结农民的途径有哪些，如何进一步优化"为农服务"路径而非陷入"不下乡、不进村、不为农"的泥潭，更好回归"务农、为农、兴农"呢？这些都是需要进一步厘清的问题。

分析报告

一、案例回顾

K 县位于西北地区，兼有深厚人文特色和秀美自然风光，是中华民族远古文明发祥地之一。成立于 1953 年 3 月的 K 县供销社，是该县人民最主要的生活物资来源，曾经扮演着极其重要的农村物资流通角色。然而，伴随着改革开放的推进，K 县供销社逐渐变得"风雨飘摇"：起初，供销社紧密依托农村，农民踊跃入场，入股人数大幅增长；随后，供销社历因经营不善反哺农民有限，农民频频退场，合作平台几近瘫痪；进而，供销社痛定思痛重塑组织定位，合作功能被理顺，农民主动返场……数次变革中，联结并服务农民始终是 K 县供销社的核心组织定位。

整体而言，近十年来，K 县供销社主动适应新形势和农民新需求，重塑组织定位和功能，"务农、为农、兴农"的服务体系正加快形成：对基层供销服务点的升级，打通了村域物流体系的"最后一公里"；对跨域性业务的拓展，提升了广大农民的实际收益；对集体资产的强化管理，确保了联合经济组织的合作功能得以理顺；领办农民合作社，实现了"三社融合"；与村两委

---

① 李新艳，张红晓. 刘禹锡精神内涵分析 [J]. 中原文学，2024（10）：30-32.

加强协同配合,推动了项目运作凸显成效。

K县供销合作社组织定位重塑的历程,正是我国综合改革以来广大供销合作社回归服务农村的真实缩影;从农民的踊跃入场,到频频退场,再到主动返场,正是我国供销组织联结农民的真实写照。K县供销合作社作为我国基层供销组织定位重塑的代表性样本,其面临的资金资源、人才资源、技术资源、组织资源、环境资源等问题并非专属。案例对K县供销社艰难改革之路进行了全景式梳理,同时采用根植性理论和资源依赖理论构建了整合分析框架,在此基础上对案例呈现的逻辑脉络、现实困境与优化路径等进行了深入阐释。

二、案例的理论基础与分析框架

(一) 资源依赖理论及其适用性

资源依赖理论作为组织理论的重要分支,在20世纪70年代被广泛运用于组织关系的研究。菲佛(Pfeffer)和萨兰基克(Salancik)在《组织的外部控制:对组织资源依赖的分析》中提出了四个重要假设:(1)生存是组织最关注的事情;(2)组织不能够完全自给自足,需要通过获取环境中的资源维持生存;(3)组织必须与所依赖环境中的要素发生互动;(4)组织的生存建立在控制与其他组织关系的能力的基础之上。① 由此可见,为了获得环境中的关键性资源,组织必须和环境内控制着这些资源的组织产生互动,从而产生了资源依赖性。

资源依赖理论认为,为了生存和发展,组织不得不从外部环境中获取关键性资源:(1)基础资源,如场地、资金和人力等;(2)信息资源,如制度、法规、项目来源等;(3)合法性资源,即社会和政治方面的支持。② 在本案例中,K县供销社的改革既有赖于社有资产改建提供的场地和资金支持,也有赖于"一区一社""综合改革"等政策的出台,更有赖于公共卫生危机背景下K县政府和上级供销组织的支持。

从资源依赖的视角看,K县供销社的改革一直依赖于外部提供的必要资源。区国资委一方面通过完善改革方案为供销社发展提供空间,另一方面又

---

① STERN R N, PFEFFER J, SALANCIK G R. The External Control of Organizations: A Resource Dependence Perspective [M]. New York: Harper and Row, 1978.
② 马迎贤. 资源依赖理论的发展和贡献评析 [J]. 甘肃社会科学, 2005 (1): 116-119, 130.

通过提供资金、政策引导供销社转型升级。区农委作为为农服务的权威代表，是供销社业务发展必须协同好的重要力量。而区商委的介入，则让供销社顺利完成了基层社升级改造，为供销社进一步做好为农服务提供了重要载体。整体而言，K县供销社的发展，离不开K县国资委、农委、商委等各类主体提供的资源，同时，K县供销社的转型升级也为当地乡村振兴提供了有利条件，实现了各方合作共赢。

（二）根植性理论及其适用性

根植性一词源于经济社会学，指经济行为深深嵌入社会关系之中[①]。新经济社会学的代表格兰诺维特在《经济行为与社会结构：嵌入问题》中将"根植性"解释为经济行为对特定区域环境关系[②]的依赖。[③] 依据学者们的研究，可以将产业的根植性划分为：（1）认知根植性；（2）组织根植性；（3）社会根植性；（4）制度根植性；（5）地理根植性。[④] 在本案例中，K县供销社的改革本质上是传统经济合作组织融入时代发展和地域特色。改革由内生的根植引发，对根植要素的梳理有助于甄选改革路径。

立足根植性的视角，K县供销社的改革与区域整体发展密切相关。K县供销社反思自身定位，进行"一区一社"改革，赢得了生存空间；通过基层网点重建，K县供销社密切了与农民的互动；依靠综合改革项目和区政府的资金、政策支持，K县供销社完成了领办合作社和重建基层社等任务，找准了发展方向；利用K县地域优势，供销社积极拓展业务，最终完成产业的转型升级。

（三）"资源—根植"RES整合分析框架的构建

在本案例中，资源依赖理论为理解K县供销社改革中信息资源、环境资源、人力资源、技术资源和政策资源等根植过程的生成提供了指导。根植性理论则有助于分析K县供销社改革发展历程中的组织根植、制度根植、地域根植、社会根植和认知根植等状况。

但正如案例正文所述，K县供销社发展历程中，对资源的依赖和根植的

[①] POLANYI K. The Great Transformation: The Political and Economic Origins of Our Time [M]. Boston: Beacon Press, 1944: 45-55.
[②] 例如，制度安排、社会历史文化、价值观念、风俗、隐含经验类知识、关系网络等。
[③] GRANOVETTER M. Economic Action and Social Structure: The Problem of Embeddedness [J]. American Journal of Sociology, 1985, 91 (3): 481-510.
[④] 刘恒江，陈继祥. 要素、动力机制与竞争优势：产业集群的发展逻辑 [J]. 中国软科学，2005 (2)：125-130.

过程并非并列而行，而是彼此交互与影响。回顾K县供销社组织功能重塑之路，资源依赖如何嵌入K县供销社根植行动中并影响根植成效；在根植策略和资源依赖路径的共同作用下，供销社的发展呈现出哪些经验与特点？

为有效回答上述问题，案例团队尝试将资源依赖理论与根植性理论进行整合，在借鉴参考社会—生态系统分析框架①的基础上，提出"资源—根植"RES整合分析框架，系统阐释K县供销社改革发展的行动情境。

概括而言，"资源—根植"RES整合分析框架下供销社根植行动包含认知根植（CE）、组织根植（OE）、制度根植（IE）、社会根植（SE）和地域根植（GE）五大系统要素，五要素间的互动构建了多样化的行动情境，形成特定情境结果。具体而言，"认知根植"包含文化价值和默会知识。本案例中，社会和大众对供销社的认知，国家对供销社为农服务、保障供销的要求构成文化价值，供销社改革过程中面对的"刻板印象"等隐性认知构成了对供销社的默会知识。"组织根植"包含专业分工和合作机制。供销社具有"为农服务"的专业价值，同时又承担着"联结农民"的合作机制。"制度根植"不仅包含正式规则，也包括隐性惯习。本案例中供销社多次参与的政府招投标既有正式的"招标—资格审核—评标—开标—公示"等一系列正式规则，也有对符合资格、信任度高、有合作经历的组织主动邀请参与投标的隐性惯习。"社会根植"中包含关系网络和社会资本。供销社在全国建立的完备体系构成了供销社独有的关系网络，国家、政府、企业、公众尤其是农民等社会主体对供销社的信任为供销社的社会根植提供了社会资本。"地域根植"下包含区位特征和自然资源，为供销社的发展提供了具有地域特征的根植场域。

从五大系统要素间的互动关系以及资源依赖的生成路径来看，改革行动需要在一定的地域环境中进行，组织在整合资源、开发产业的过程中产生环境资源依赖。社会对行动者的认知源于长久以来行动者的形象，而行动者自身变革后才能引发公众的注意，进而使公众产生认知的变化，生成信息资源依赖。行动者并非以个体的身份完成改革，其行动离不开与社会中其他主体的互动，借助已有的社会网络和社会资本开展行动，形成人力资源依赖。行动者及其他社会主体的行为受到制度的约束，一方面，制度根植中受到认知影响的隐性惯习会通过正式规则表现出来；另一方面，制度的调适也是基于大量的调研基础形成规则，最终生成政策资源依赖。制度对作为改革情境支

---

① OSTROM E. A General Framework for Analyzing Sustainability of Social-Ecological Systems [J]. Science, 2009, 325 (5939): 419-422.

持系统的社会根植具有决定性作用,制度和政策的支持能够给予关系网络和社会资本必需的技术支持,从而形成技术资源依赖。

三、功能变迁:"资源—根植"视域下供销合作社组织定位重塑的动因

(一)组织定位演绎:供销社的发展阶段与历程

1. "登场":起始阶段定位模糊,三次撤销三次重启

K县供销社在发展的起始阶段,组织定位始终不够明确。在发展蜕变过程中,历经三次与商业部门的合并与拆分——分别在1958年、1971年和1982年被撤销,又于1962年、1978年和1984年被恢复,颇似"合久必分,分久必合"。

伴随政策的模糊与组织的变迁,K县供销社社员规模迅速缩小,县供销社与乡镇供销社的经营理念出现分歧,日益偏离合作的原则。其中,县供销社将工作重点放在对农村日用百货及工业品的供应上,乡镇供销社则限于农资供应站、代购代销店等传统业务,社会服务与经济效益产生对立,由此社会服务功能被一定程度削弱。尔后,机关化还是行政化、全民所有还是集体所有引发决策争议,供销社改革遵循"摸着石头过河"的路径。

2. "候场":改革方向初露端倪,有限资源难以为继

改革进程中,K县供销社系统的纵向组织间关系不合理、与商业部门间资产关系不明朗等问题不断暴露,K县政府就供销社应继续作为事业单位"统购统销、垄断专营"还是以企业化的身份进行"市场化运作"展开了意见征询,体现协商民主的意蕴。

2013年,K县启动供销社市场化改革,作为试点单位,K县供销社响应改革号召,着手梳理人员分流和干部调整的相关方案,用以支付286个工作人员的买断费用及历史拖欠工资146.82万元,然而财政资源不足让改革进程步履蹒跚。K县政府不得不做出"从现有资产中寻求变现"这一决定,后经K县常务会议同意,K县最高的地标建筑——供销社泰和大厦以804万元的价格于2014年1月被出售变卖,通过资源剥离的方式得以减轻改革的历史包袱。

3. "返场":一区一社先行试点,政策创新走向扩散

K县供销系统的既往管理模式为"总社所有,分级管理",即全系统的资产归K县总社统一管理,由此造成权力集中、活力不足的弊病。实施改革后,县供销社与乡镇供销社的职能得以分开,县供销社对乡镇供销社的"领导关

系"转为"指导关系"。

2014年，K县制订了《K县供销合作社"一县一社"改革试点方案》，将K县6家乡镇供销社合并为1家，乡镇供销社的资产收归县供销社统一管理，县供销社的资产由国资委监管。在彻查资产、理顺产权关系后，K县各供销社的自主性得到极大增强并顺利举办农产品展销会，"一县一社"由改革试点走向政策扩散。

4. "在场"：深化改革联结农民，国际国内双重辐射

改革进入新阶段后，K县供销社矫正发展方向偏差，回归"为农服务"的宗旨，力图实现"为农、务农、姓农"的组织定位。通过吸纳技术人才、提高生产效率等途径，不仅成功孵化蔬果合作社，还联合市场力量为K县农民合作社投入资金，有效整合了农业资源，实现了"三社"融合发展。

为了扎根农村大地，广泛跟各主体合作，切实发挥供销社的组织功能，K县供销社不仅成功实现"三社融合"，打通"城乡物流网"，且积极加强与村两委的合作，加深与农民的联结，挂牌成立供销社农副产品电商中心，实现了内外联结联通，将国家电子商务进农村项目运作得有声有色，于2023年度供销社的综合业绩考核中荣获一等奖。

（二）改革动因描述：供销社的组织功能与重塑

1. 从全民到集体：组织定位的转向

作为供销社转型的关键症结，组织"归谁所有、由谁做主、为谁服务、利归谁得"始终引领改革的方向。K县供销社在改革伊始即选择了从全民所有制转向集体所有制，供销社的盈利除了按章纳税，留下的由组织自主支配，非完全放开性行业门店则实行抽资承包经营或租赁经营，打破了旧机制，实现了组织定位的转向。

案例中，K县供销社汲取了《中共中央 国务院关于深化供销合作社综合改革的决定》精神要义，与农民结成了经济利益共同体，通过股息分红、助销农副产品、创办领办和资助农民专业合作社等多种方式，带动农民增收致富。

2. 从领导到指导：组织关系的转变

作为社会实体，组织通常具备明确的目标导向且与外部环境保持密切的联系。供销社组织功能重塑的过程亦是组织与外部环境相互调适的过程，纵向组织关系的调整直接影响组织绩效的实现。

案例中"一县一社"改革奠定了K县整个供销系统的组织关系基础。上级供销社虽然仍为K县供销社的主管单位，保留行业关系，为县供销社提供

物资、人员甚至是特种扶持基金等保障和业务指导，但县供销社的干部人事管理却改由地方组织部门管辖。在县供销社和基层供销社的关系范畴中，一体化管理意味着基层供销社领导职务由县供销社任命。在财政关系方面，财政关系也随之剥离，县政府不提供资金预算，供销社在改制初期利用有限的基础资源完成了人员分流后，回归合作经济的组织原态。

3. 从松散到集群：组织功能的转化

综合改革之前，供销社属于松散型组织，即成员在产权和管理上独立构成，网络之间具有不稳定性，成员间靠偶发性合作建立联系。在以集群化为导向的综合改革中，传统供销社从单纯的购销组织向农村经济的综合服务组织转变，致力于为农业、农村、农民提供综合性、系列化的经济技术服务，组织功能发生转化。

集群化的组织功能有助于"集中力量办大事"。案例中，在应对跨域订单激增的挑战时，随着 K 县供销系统的日趋完善，K 县供销社在短时间内迅速理顺与专业合作社、信用合作社等主体的合作机制，有效整合农业资源，提高了生产效率，并且农作物质量也远超预期，其政治优势和网络优势得到了充分发挥和体现。

4. 从封闭到开放：组织环境的转型

"开放办社"是《中共中央 国务院关于深化供销合作社综合改革的决定》实施以来供销社发展的基本方向。在市场经济转轨过程中，供销社因市场需求的变化而逐渐"隐身"。当经济进入新常态，迫切需要构建以社会化服务为支撑的现代农业经营体系时，长期扎根农村的供销社最有条件成为构建新型农业经营体系和社会化服务体系的主渠道，最能重新展露"开放"的立场。

案例中 K 县供销社为打通农产品上行"最初一公里"和农民生活、生产资料下行"最后一公里"，在综合改革后覆盖全区各镇、街道、村居的基层供销社的基础上，将其改造成农业综合服务站，以更低的成本建立了村镇物流服务网络。截至 2024 年 1 月，K 县供销社成功改造 42 个服务站，服务站成为农村商品流通的主力军。自 2015 年推行"开放办社"以来，供销社"内热外冷"的状况得以改变，组织环境也完成了初步转型，为积极着手推进组织功能重塑打下了基础。

四、经验凝练："资源—根植"视域下供销合作社组织定位重塑的特征

（一）组织目标逐级厘清，纵向层级差异定位

供销社的改革目标是构建一个与农民联系更紧密、服务农民的功能更全

面、市场化运作更高效的合作经济组织体系。这个体系不仅服务于农民的生产生活,还将成为他们的主要支持者和综合服务平台。

K县供销社曾借助行政优势,迎来了一段繁荣时期。但随着时间推移,其服务农业的短板和沉重的债务负担逐渐显现,导致供销社逐渐步入下坡路。为了应对这些挑战,K县供销社进行了深刻的改革,从组织人事、劳动和分配制度等多个方面进行调整,以适应新时代的发展需求。

此外,K县供销社还依托"一区一社"的政策支持,对市社、区社和基层社的行业关系、组织关系和财政关系进行了明确的划分。与全国其他地区相比,这种分级管理和重心下移的做法使得K县供销系统的上下权属和管理关系更为清晰。这种改革举措不仅使各层级定位明确,还帮助K县供销社回归到"为农服务"的核心职责上。

(二) 组织调整循序渐进,降低成本减少风险

逐步、渐进地推行改革,特别是以局部和试验性的方式进行,有助于降低因信息不对称而可能引发的风险与缺陷,同时也增强了改革过程的可逆性和可调整性。这种由点到面的改革策略有助于减少来自利益相关者的阻力,并使供销社能够逐步适应外部环境的变化。

K县供销社,作为当地唯一的县级供销社,其在职成员数量一度达到2300人。在退出政府序列并失去财政预算支持后,K县供销社面临着一系列挑战,包括解决拖欠工资、买断工龄等问题,以及应对因分流人员聚集而可能引发的群体性事件。为了应对这些挑战,K县供销社采取了变卖社有资产和引入竞争机制等措施,有效缓解了资金压力,并维护了社会的稳定。在全面改革的推进过程中,前期试点所取得的成效逐渐显现,人力和行政成本的降低使得供销社在统筹资源方面更具能力。

(三) 组织工具叠加组合,精准回应现实需求

组织的结构性失衡问题,常常需要运用多元化的改革策略来解决。单一的改革方法,如"一刀切",很难实现组织资源配置的动态平衡。在供销社改革的案例中,采用了经济性、法律性、强制性和情感性等多种手段,以满足改革过程中产生的各种需求。

为了减轻规模治理的压力,K县供销社实施了人员分流方案,通过经济补偿和再就业指导,有效地缓解了改革对社会秩序的冲击。在应对腐败行为时,K县供销社采取了双管齐下的策略:一方面将严重违法行为人员移交给司法机关处理,另一方面通过定期开展警示培训来加强员工的思想教育和行为规范。

在推进试点改革时，K县供销社遇到了基层社资产和人事关系上移的阻力，通过说服教育、示范引领和坚定执行相结合的方法，成功地在纵向层级之间达成了共识。此外，面对跨国业务因疫情受阻的问题，K县供销社借助国际合作联盟的关系转移策略，成功地实现了既定目标。

（四）组织保障内外衔接，优化治理强化监管

为了应对供销社面临的"机制僵化、功能不足、负担沉重、亏损加剧"等问题，国家出台了一系列政策保障性文件，如《国务院关于解决当前供销合作社几个突出问题的通知》《国务院关于加快供销合作社改革发展的若干意见》《中共中央 国务院关于深化供销合作社综合改革的决定》以及《关于开展供销合作社县域流通服务网络建设提升行动的实施意见》等，这些文件共同为供销社的组织改革提供了坚实的制度保障。

在监管层面，K县供销社不仅加强内部监督自查，对制度建设的薄弱环节、权力运行的风险点以及监督管理的空白点进行全面梳理和改进，同时还注重外部多元主体的协同监管，确保国资委、区市级供销社和纪委等参与者能够"各司其职，共同约束"，形成有效的监管合力。

五、困境表征："资源—根植"视域下供销合作社组织定位重塑的挑战

（一）政策资源碎片化，组织发展陷于窠臼

供销社历史上经历了"三次撤销，三次重启"的反复，指导供销社发展的政策文件也不断更迭，具有碎片化的倾向。其一，改革政策断续执行，造成既定规则间或中止。在本案例中，因政策内容前后不一致，K县供销社仍然面临极其复杂的产权关系转让规划许可的审批难题。

其二，改革政策横向失配，带来组织间发展的不协同。如案例所示，供销社若地处不同地域则可能选择完全相悖的发展方向，或行政化或市场化。K县积极响应了中共中央发布的关于供销社深化综合改革的政策，扶持供销社试点发展，重塑K县供销社组织定位，积极推进基层社改造，更好更快地回归为农民服务的本源。由此，在面临物流配送"最后一公里"瓶颈问题时，K县方能抓住机会，克服困难，重塑供销社物流体系。但在跨域合作中，地方供销社的组织功能存在差异，导致不对等的层级与不同性质的组织之间难以深入合作，造成网络关联的离散。

其三，改革政策滞后现实所需，形成与农业发展的脱嵌。组织的发展不可避免带有时代的烙印，供销社经历多次撤销与重启后，致力于通过组织定

位重塑，实现高质量发展。从政策属性来看，供销社特别是基层社的发展导向与"为农服务"之间形成一定的罅隙，过于关注资产收益而忽视了从现阶段农村生产力发展的实际出发，忽视了探索合作经济的多种实现形式，也与实现社员民主管理、民主监督、利益共享、风险共担机制之间产生了一定的距离。

（二）技术资源滞后，偏离改革现实需求

"科学技术是第一生产力。"① 随着社会经济的发展，技术资源作为一种新兴生产要素，对组织成长和组织绩效的实现发挥着关键作用。作为党和政府密切联系农民群众的桥梁纽带，供销社是否具有先进的技术资源对其拓宽为农服务领域，增强为农服务功能等具有重要影响，同时也决定了供销社组织定位重塑的成效能否到位。相较于现实需求，供销社在实践中的技术资源呈滞后状态。

在案例中，面对大规模的采购订单，K县供销社前期尚未形成联通网络，村级物流网点建设严重落后，不具备形成供销链的条件，导致产品流通受限。虽然在物流网点改造后，物流体系得以重塑，但依然面临着信息技术和现代物流技术运用水平低下的问题，由此在一定程度上依然耗损着供销社及社有企业与农民之间的联结。

此外，基于数智时代的背景，"互联网+农业"本应成为供销社综合改革的重点任务。然而K县供销社的数字化建设却较为迟滞，缺乏专业性的技术人才及创新意识，信息技术与供销业务的有效融合不足，与农民之间长效性的数字化发展模式尚未形成，"供销e家"平台也起步较晚。尤其在K县供销社改革初期，因缺少关键的技术资源，无法解决农业难题，甚至一度因为技术的落后丧失大量业务而只能"卖产求生"。技术资源的过度依赖，掣肘供销社组织定位重塑的进程。

（三）人力资源结构弱，方案执行难以到位

人力资源是组织成员所具有的推动组织绩效的能力。组织成员的管理理念与结构对人力资源的有效配置及组织目标的实现有着重要影响。20世纪90年代初，供销社人力资源的结构困境异常突出——社内职工身份冗杂、老龄化严重、文化水平低、思维僵化等，导致供销社的工作落实不到位，不担当不作为、推诿扯皮现象严重。就外部环境而言，当时正是我国农业科技高速发展的时期，组织本可顺势而为搭上创新发展的"快车"，但墨守成规的组织

---

① 邓小平. 邓小平文选：第三卷 [M]. 北京：人民出版社，1993：274.

架构与循规蹈矩的运作方式并驾齐驱，最终导致持续亏损、人员分流、工资拖欠和业务短缺。

供销社年鉴的数据显示，1998年K县供销社职工共计2300人，组织规模大且包袱重，行政成本高且效能低，78.3%为初中及以下文凭。而到2023年年末，K县供销社在编研究生学历员工1名，大学本科学历员工12名，一定程度上学历结构得以优化。但调研显示，供销社在吸引农业创新人才、技术骨干和管理专业人才等方面仍存在明显短板。

（四）信息资源不对称，阻隔横纵交互合作

信息作为组织之间沟通交流的重要基础，是形成清晰明确的共识性规范、达成一致的合作行为意向、创建高效运作机制以达成组织意图的桥梁。然而由于信息交流双方的组织结构、功能及信息获取能力存在差异，加之权力结构和利益驱动的影响，信息不对称现象时有发生，给组织间交互合作造成了障碍。

如案例所示，从横向来看，改革进程中存在着供销社与其他政府部门之间的信息不对称。K县供销社在拆除危房过程中未能获悉清晰的申请流程，材料上交不齐全，反复周旋于多个部门间，直至房管局设立危房修缮专项资金才使其有了解决途径。从纵向来看，不同层级供销社之间也存在信息不对称。本案例中，"一县一社"试点工作初期，基层社掌握的信息有所偏颇，导致基层社对县供销社产生不信任与怀疑，最终经过多次沟通，相关工作方能顺利开展。横纵向信息资源的不对称造成了更高的交易与改革成本，阻隔了组织间的深层合作。

（五）环境资源难协同，消解内外优势溢出

环境是组织发展与存续的客观条件，环境资源与组织所需的契合度将正向影响其活动成效与组织目标实现程度。供销社"供"与"销"的双重职能使其天然处于供销行业"内部小环境"与"市场大环境"的双重影响之列。

供销社因"为农服务"而扎根农村，质量佳、产量高的农产品是其固有优势，组织化的生产运营模式又带来了优势溢出效应。但并不理想的外部市场环境，例如对供销社产品"统购统销"的标签化认知及市场产品的严重同质化倾向等，正消解着供销社的内部优势。在本案例中，K县供销社因无法联结市场终端而难以扭亏为盈，供销行业的"供"与市场的"销"在政策、制度、信息等方面无法实现有效衔接，使得组织定位的重塑陷入一定困境，内外优势不断丧失。此外，随着全国统一大市场的建设，中共中央一号文件多次强调供销社在流通领域内的重要地位。但由于缺乏将基层供销社、供销组织网络、农业产业与市场四者有效连接的协同机制,供销社的外部竞争优势被消解。

六、追根溯源:"资源—根植"视域下供销合作社组织定位重塑的症结

(一)认知根植:文化价值与默会知识的偏差

文化价值即在目前社会背景中我国政府、市场与百姓对供销合作社的定位。默会知识是社会中隐形的对供销合作社问题的非正式看法。目前 K 县供销社组织发展所遇到的存在于认知根植的问题集中于外部社会对供销社的不理解。大众对于供销合作社的了解仍停留于供销合作社是传统经济时期的产物,背后所折射的缘由在于过去的认知根植深刻影响了现在的组织定位。公众对于供销社的了解停留于特殊经济背景,认为随着经济的转型,供销社的组织功能亦相应瓦解。

供销合作社在发展过程中经历了从全民到集体的性质转变,在 2015 年发布的深化供销合作社综合改革有关政策中,中央农办(中国共产党中央农村工作领导小组办公室的简称)明确了供销合作社的定位,即党领导下为农服务的合作经济组织。但是自 1988 年改革以来,K 县供销合作社实际是以企业的身份运作,依托于国资委管理,其他城市的供销合作社却以事业单位的身份存在,归政府管理,不同地区的政策之间仍然存在矛盾,造成群众认知冲突。

(二)组织根植:专业分工与合作机制的缺憾

习近平总书记指出,供销合作社是党领导下的为农服务的综合性合作经济组织[①],这样的定位规范了供销社的社会化分工。在业务的专业性上,供销社必须以为农服务为根本宗旨;在人员的专业性上,供销社要挖掘培养合作经济组织的特色人才;在技术的专业性上,供销社要以充足的技术资源支撑农业现代化建设。

然而在本案例中,K 县供销社在这些方面的组织根植上有缺陷。为了弥补资金亏损,K 县供销社的经营主业不再是为农服务而转为招商引资,这极大削弱了供销社的属性。同时 K 县供销社内部人员结构老化严重,观念更新不及时,人事管理体制不完善,保守地沿用旧有的体制机制,缺乏合作经济组织特色。技术资源更是严重滞后于改革的现实需求。

---

① 习近平. 习近平对供销合作社工作作出重要指示[EB/OL]. 中国政府网,2020-09-24.

综合改革之前，供销社属于封闭的集群组织，并因掌握流通领域的渠道而"一枝独秀"。然而封闭性组织通常不具备抵御风险的能力和利用环境资源的能力，当外部形势发生变化时，供销社因人员、技术、创新等困境无法实现自我调适，发展陷入泥沼。同样，松散的价值链相较于紧密联系和快速运转的网络，无法产生符合预期的集体效率。

另一方面，供销社的定位强调"党领导下的为农服务的综合性合作经济组织"，这意味着其肩负着巩固党在农村的执政基础的使命。但在本案例中，K县供销社并没有形成与政府部门和基层社之间良好有效的合作机制，这很可能弱化国家与农民群众之间的联系。如横向上，当K县供销社需要对老旧资产进行维修、重建时，有关的政府部门没有积极支持K县供销社的工作；纵向上，面对K县供销社"一区一社"的改革任务，各基层社较为抵触，整体上并不信任改革的做法。

(三) 社会根植：关系网络与社会资本的流失

供销合作社具有领办参办农民合作社的职能，但调研显示，其领办参办角色发挥得并不充分。以F合作社为例，随着城镇化进一步推进、农田进一步缩减、农药化肥实施"双减"政策，传统的以提供农药化肥为主的为农服务模式越来越受到制约。同时，农业劳动力不足和老龄化问题也制约着区总社为农服务的开展。供销社作为为农代购代销的主要渠道，有诸多商品需要销售，打造知名品牌是当务之急。然而，近年来，由于供销社缺乏良好的业务经营能力，大部分村民和公众缺乏对供销社的了解，很难形成社会信任关系。于政府而言，近些年一些为农服务项目多数交与企业筹办，交付供销社的次数少之又少，因而对其业务能力不甚了解，久而久之也缺乏信任。

(四) 制度根植：正式规则与隐性惯习的背离

制度根植性集群中的制度是指"一系列规则、程序和行为的规范集合"①，包括正式制度与非正式制度两个部分。正式制度是指法律政策规定等，具有强制力，是规范管理供销社系统行为活动的显性治理手段，也是推动深化供销社综合改革创新的重要政策工具。非正式制度则由社会习俗、默认的交易"游戏"规则和集体行为惯例等构成，其存在可以降低正式制度的运行成本，利用社会资本协调成员间的关系，是一种隐形治理结构。在供销社30年发展过程中，正式规则与社会中的隐性惯习方向背离，两者之间的张

---

① 姚曦，赵宇. 根植失衡与适度根植：根植性视域下广告产业园集群衰退的原因及治理[J]. 编辑之友，2021 (4)：81-86.

力冲突催化了群体性冲突事件的发生,并极大增长了供销社深化改革的阻力。

一方面,正式制度根植的路径依赖使得供销社在实际运营中行政化色彩浓厚,不利于适应市场逻辑主导下的改革的推进。制度变迁会受初始制度影响①,初始制度一旦定型便会沿着既定路径前行并不断积累②。供销社最初作为政府机构的一部分,虽随着时代变迁不断明晰自身党领导下的经济组织的定位与"为农服务"的功能,但在改革过程中仍然难以完全摆脱向行政化方向偏离的困境。严密科层制的行政管理体系大幅降低了政府与供销社之间的信息共享程度,多部门分割的合作模式影响了办事效率,过多的行政干预使得供销社下属企业经营活动政企难分,对政府扶持过于依赖,供销社系统自我造血活力严重受限,不符合市场逻辑主导下的经济工作的推进。

另一方面,非正式制度影响下供销社老职工观念保守、思维固化,与适应社会主义市场化经济的思路相矛盾,改革落地过程中易因处理不当造成员工配合度低、群体性冲突事件等的发生。非正式制度是在长期的历史积淀中形成的,其将对社会成员的思维模式与行为方式产生潜移默化的影响。供销社老职工受机关化办事风格影响,观念陈旧难以转变,保守沿用旧有体制机制,为此,供销社深化改革落地付出了巨大成本,如劝说人员听从分流安排并合理安置,解决工资拖欠补贴的群体性事件,落实"一区一社"改革收归基层人、财、事、权等。

(五)地域根植:区位特征与禀赋条件的限制

供销社综合改革围绕为农服务这一主题,在广大农村地区铺开经营网络,不断加强与农民的联结,并为本地产品谋求更大的经济和社会效益。在改革过程中,各地供销社都以本地资源为依托,以当地农民为主要服务对象,以盘活本社资产为目标,具有较强的地域根植性。本土的区位特征与禀赋条件在不断为改革助力的同时亦成为改革的"刹车器",导致特色不特、亮点不亮。

第一,区位特征的限制使得供销社间差异化发展有限。截至 2023 年年底,中国县级以上供销社 2790 个,基层社 39580 个,虽然不同地理区域的供销社从宏观层面来看各有特色,但从微观的角度来看,由于地域分布的不均匀,数量众多的供销社在区位条件上并不具有显著的差异性,难以满足差异

---

① 诺斯. 制度、制度变迁与经济绩效 [M]. 刘守英,译. 上海:生活·读书·新知三联书店,1994:226.
② 诺斯. 经济史中的结构与变迁 [M]. 陈郁,罗华平,等译. 上海:生活·读书·新知三联书店,上海人民出版社,1994:1.

化发展需求。

第二,各地禀赋条件影响着供销社的多样化特色发展。由于自然禀赋的限制,各地供销社的农副产品同质化倾向严重,加之原有技术禀赋薄弱或与改革所需不适配,难以形成有特色且富有市场竞争力的核心产业,无法打响供销社品牌。此外,过去的资产积累也成为供销社改革路上的"限速器"。例如,大多数供销社都在本地拥有数量可观的优质资产,通过资产租赁足以维持供销社的基本运转,使供销社缺乏市场竞争力和积极改革的动力。由对资源禀赋的依赖带来的组织惰性成为供销社进行差异化发展、融入市场的一项阻碍。

七、前瞻路径:"资源—根植"视域下深化供销合作社组织定位重塑的对策

(一)政策聚合:强化认知共识,回归为农服务底色

从政策聚合的角度来看,一方面加强和提升农业政策的稳定性和精确性。在政策优化过程中明确供销合作社的定位,即供销社是党领导下为农服务的综合性合作经济组织。实践中,供销社发挥着贯通政府、市场以及农民的桥梁和纽带的作用。对于供销合作社的政策应使其成为国家管理基层农业的重要抓手,使其承担为农服务的社会责任。

另一方面,通过打破固化的认知根植,凝聚共识,加强组织建设,优化为农服务功能机制。以正向宣传、品牌塑造、拓展社会互动等方式,改变舆论对组织的"刻板印象";提升供销社农业科技创新水平,累积政府信任资本,实现信息对称;加强土地监管、农业社会化服务建设,持续加强为农服务的能力,进一步扩大与农民利益联结;拓展国际合作,增加在国际农业合作组织联盟中的参与机会。

(二)技术整合:实现智慧赋能,深度联结农村社员

第一,基于互联网、大数据、人工智能等数智技术,推动农业社会化服务更加便捷高效。加快推动网上展销平台与线下展示中心联动建设,发展互联网电商新业态平台,利用智慧供销数据平台对农民需求精准分类,提供针对性服务。如江苏省盐城市滨海县组建农业社会化服务联盟,农民可直接通过手机一键联系服务中心满足科技服务需求。

第二,面向基层社提供技术服务,开展技术合作,邀请农业专家赴基层社为农业生产答疑解惑,切实提高农产品质量与生产效率。如广东省通过省级社有组织地进行自主研发攻关,形成业内核心技术优势和科学管理模式,

面向市县供销合作社采取整体租赁、服务承包和咨询顾问等方式,拓展技术服务网络。

第三,拓展与公私部门的联结,与经济组织、社会团体、科研机构和政府部门等开展技术和人才交流合作,扩展社会资本,通过组织化功能的水平提升有效助力"三农"发展。调研显示,K县供销社通过和邻省供销社的交流学习,攻克了物流网点升级的信息技术难题。

(三)结构弥合:调整组织梯度,厚植改革智力支持

立足组织梯度视角。现阶段仍需进一步明确各层级供销社的实践定位与组织责权界限,理顺基层社与上级社、地方社与全国社、区域社与外省社之间的关系,通过不断组合、分化与调整,维持动态的均衡秩序,形成为农服务的系统合力。

立足组织个体特征的视角。当前供销社组织成分多元,资产构成多样,投资经营活动丰富且管理着大量的资金、资产和项目,一旦组织内部结构失衡、管理不当,易造成基层社脱离管辖、业务悬浮、为农服务不到位等后果。因而在组织建设中,需完善社员代表大会、理事会、监事会构成,加强治理机制优化并提高治理能力,致力于回归为农服务的核心业务。

立足行动者梯度的视角。在人力资源结构中,需对学历、专业、技能、年龄、经历等进行科学组合与适配,形成良性梯队与合理分工,提升农业社会化服务队伍的专业技能与综合素质。如浙江省金华市供销社全面实施农村人才培育计划,评选出农产品加工、非遗技艺类等共70名"工匠",激发农民提升专业技能的热情。

(四)信息耦合:畅通共享渠道,降低改革实际成本

其一,打破信息壁垒,内外联结畅通交流机制。横向加强公共部门、市场力量和供销社系统之间的对接,加大对于农业技术进步、科技成果转化、人力培养导向、财政优惠政策等的信息分享力度,增强供销社社有企业市场核心竞争力,保护农民合法权益;纵向积极探索市、区、县和基层供销社的常态化沟通渠道,定期召开专题会议,健全信息量化通报与考核制度。

其二,拓展信息载体,加大与多元媒体平台的合作,扩大供销社的组织影响力。持续升级供销社门户网站与公众号等的建设,围绕供销社为"三农"服务的组织功能定位积极挖掘特色亮点,借助主流媒体推送供销社典型案例;积极开展科技创新与基层动员活动,回应村民的诉求,扩大政策影响力。

其三,提升信息汲取能力,深入村域实地调研。利用信息系统为农产品的种植、培育、收购、销售等流程提供科学服务,提升农产品质量,打造特

色供销品牌，建设信息平台，精准赋能农业生产生活，推动建成与农民联结更紧密、为农服务功能更完备、市场化运行更高效的供销合作组织体系。

（五）环境融合：优化差异发展，分类改革多元施策

在脱贫攻坚转入乡村振兴的背景下，供销社应进一步融入外部环境，与社会主义市场经济要求相适配。纵向而言，深化供销社组织功能定位须延续提级进阶的渐进式路线行进。供销社因时制宜以自身情况对标组织功能要求，根据行业环境、政策机遇、农业需求等客观条件变化，分阶段细化为农服务方案，搭建农业综合服务的保障机制，进而提升其联结农民的能力。横向来看，深化供销社组织功能定位须因地制宜，采取多样化策略，强化农业支持服务体系。不同空间区域内，供销社面临的环境迥异，找准地区特色才能打造供销品牌，提高市场竞争力。在同一地域空间范围内，供销社亦应将自然禀赋、技术基础、特色产品、核心资源等有机结合，优化为农服务机制，提升供销社联结农民、为农业现代化服务的能力。

案例三

清理"猪队友":世界级生态岛的养殖治理之困

案例正文

引言

近年来,我国畜禽养殖业发展迅速,已经成为农村经济的重要增长点,对保障消费者"菜篮子"供给、促进农民增收致富具有积极意义。但是,由于我国畜禽养殖业发展缺乏必要的引导和规划,更多是自发单纯地面向市场需求自由发展,导致布局不合理、种养脱节,部分地区养殖总量超过环境容量,加之畜禽养殖污染防治配套设施普遍不到位,大量畜禽粪便、污水等废弃物得不到有效处理和循环利用,导致环境污染。第一次全国污染源普查数据表明,畜禽养殖业 COD、总氮、总磷的排放量分别为 1268 万吨、106 万吨和 16 万吨,分别占全国总排放量的 41.9%、21.7%、37.7%,分别占农业源排放量的 96%、38%、65%。① 近年的污染源普查动态更新数据显示,畜禽养殖污染物排放量在全国污染物总排放量中的占比有所上升。可见,畜禽养殖污染物减排已不容忽视,攸关国家节能减排目标的实现,攸关国家生态环境质量的整体改善。因此,为了改善畜禽养殖污染情况,中央政府从 2001 年起陆续出台《畜禽养殖污染防治管理办法》(2001)、《畜禽养殖业污染防治技术规范》(2001)、《畜禽规模养殖污染防治条例》(2013)、《全国畜禽养殖污染防治"十二五"规划》(2013)、《水污染防治行动计划》(2015)等一系列政策,明确各地区于 2017 年年底前依法关闭或搬迁禁养区内的畜禽养殖场和

---

① 金鉴明.以环境保护制度优化畜禽养殖产业发展:《畜禽规模养殖污染防治条例》解读之一 [EB/OL]. 共产党员网,2013-11-26.

养殖专业户。

上海市C区（前身为C县）位于长江入海口，有悠久的生猪养殖历史。资料显示，2008年年底时，C区共有农村不规范养殖户2302户。之后的5年，C区通过农村沼气工程建设和乡镇宣传发动，一些养殖户自行退养，另一些则根据法律法规要求进行了整改。截至2013年年底，C区不规范养殖户数量减少为1270户。2014年4月至2016年4月，为顺利开展治理工作，农委会同环保局下发了《C区农村中小型不规范养猪场综合治理方案》（2014）、《关于本区进一步开展依法整治不规范养猪场的实施意见》（2015）和《C区畜牧业生产导则》（2016）等文件，再出重拳深入推进农村不规范养猪整治工作。在C区建设世界级生态岛的背景下，政府全面清理所有不规范养殖户，一场政府与不规范养殖户之间的畜禽养殖清退大战悄然上演……

一、被打爆的市民服务热线："猪队友"遭投诉

每个工作日上午8点，上海市民服务"12345市长热线"集中处理中心大厅都是一派忙碌却又有序的景象。伴随着此起彼伏的电话铃声，接线员小王清了清嗓子，迅速接起了今天的第一通电话："您好，这里是12345市长热线，请问有什么可以帮您？"

来电人曹先生情绪有些激动："你好，我想投诉我们周围一家养猪场污染环境与扰民的问题。养猪场在X镇六滧村八队，规模在100头以上，扰民严重。而且场子一年四季臭气熏天，尤其现在正值夏日炎炎，我们附近的老百姓连窗户都不敢开，一开窗，不仅臭得受不了而且全是苍蝇。他们还把猪的排泄物直接排放到附近的河里，现在附近的河水又黑又臭……我们实在受不了才打了这个电话，希望政府能帮助我们解决问题。"

"好的，基本情况了解了，请问您之前反映过吗？"

曹先生的语气有些气愤又带着些许无奈："反映过多次，我们村的村民还集体上访过，拿粘苍蝇的纸给政府看，无济于事。"

"好的，我们已经记录下了您反映的问题，5个工作日内会有相关部门的人员给予您回访并答复解决方案。"小王程式化地做出了回应，心里却忍不住诧异。

这几年来，C区有关不规范养猪的投诉量占比不小，特别是到了夏天的时候，他曾一天接过多起不同市民的问题反映，涉及C区下辖的多个镇及多个村。他们接线员也如实汇总、上报给有关部门，但情况始终没有得到改善，到底是为什么呢？还没想出个所以然来，电话又响了。

还没等小王开口，一个尖锐的嗓音闯了进来："我三周前打电话来投诉村里养猪场污染环境，我姓杨。上次说好5个工作日内给我答复，可是政府到现在都没有给出解决方案！我儿子的婚礼一拖再拖，儿媳妇现在因为环境问题都不愿意嫁到我们家来，你们谁来负责？今天必须给我一个答复！"

20分钟以后，在小王百般承诺会尽快处理之下，杨女士的情绪才得以平复。挂了电话，小王忍不住叹了口气。不规范养殖户的问题一日得不到妥善解决，这样反反复复打电话来投诉的情况也只会越来越多。想到接下来还有无数个"杨女士"需要安抚，小王不禁觉得有些口干舌燥，正准备抿口茶水稍作歇息时，案前的电话又此起彼伏地响了起来……

另一边，C区X镇农业综合技术推广服务中心的陆主任坐在办公桌前，看着这几年"12345市长热线"汇总的本镇养殖投诉情况头疼不已。C区的不规范养殖户清理工作主要由农业综合技术推广服务中心（以下简称"农技中心"）负责，农技中心是下沉到乡镇的区直属单位，主要负责农业技术的推广与具体的实践。因为农技中心下属部门"畜牧兽医站"对畜禽养殖（场）的生产、经营以及卫生状况等起到监督管理作用，所以在整个治理过程中，农技中心成了乡镇推动治理的主力军。这几年关于C区中小规模不规范养殖户的投诉量非常之大，已经引起了C区领导及各政府部门的高度重视。此前，区农委联合环保局、人社部门以及各个乡镇已经开始在退养范围内采取措施，进一步开展退养工作，但由于种种原因，退养工作迟迟无法彻底完成。眼看着老百姓的意见越来越大，陆主任十分苦恼却又无计可施。

于陆主任而言，养殖户的清理真是让他左右为难。一方面，还记得前些年上到中央、下到地方都在鼓励农民养殖，基层政府给农民送资金、送政策、送方法、送技术，然而事到如今说整治就整治，几乎不给老百姓喘息的机会。尤其是对一些以养猪为生的农民，出路无以为继，清理后他们的生活能不能得到保障又是另一个大问题。身边不少亲戚邻居就以养猪为生，陆主任心里也是暗暗为他们捏了一把汗。另一方面，不规范养殖确实给当地环境造成了不良影响：污水横流、苍蝇乱飞、臭气熏天。老百姓早在几年前就怨声载道，然而碍于邻里之间的关系，敢怒不敢言。近些年X镇对养殖户的投诉始终位列"市民投诉排行榜"榜首，为何多年来养殖户的整治工作收效甚微呢？陆主任陷入沉思……

二、世界级生态岛建设：由鼓励养殖到专项治理

C区位于长江入海口，东西长70~80千米，南北宽十几千米，面积约

1200平方千米，形状看起来像个大鞋底印。该岛北、西、南三面分别和江苏省启东市、海门市、太仓市，上海B区隔江相望，东面是一望无际的茫茫大海。C区是世界上最大的河口冲积岛和中国第三大岛，占上海陆域面积近1/5，由于其特殊的地理位置，C区可以说是上海重要的生态屏障，对长三角、长江流域乃至全国的生态环境和生态安全具有重要的意义。

从制度变迁的角度来看，上海的生猪养殖政策发展大体上可概括为养殖制度化、监管常态化、生产规模化、污染无害化、管理规范化五个阶段。

养殖制度化阶段，积极鼓励生猪饲养与发展。1956年《国务院关于发展养猪的指示》指出，通过"私有、私养、公助"等多种方式积极组织社员家庭多养猪。① 1957年中共中央、国务院下发《关于发展养猪生产的决定》，强调要切实保证生猪生产发展的饲料供应。上海为贯彻鼓励家家户户参与养殖的国家文件精神，让村民加入养殖生猪的队伍，农技中心的工作人员每家每户上门进行国家和地方政策的宣传，鼓励家家户户参与养殖。该阶段的生猪养殖延续了已有多年历史的传统养殖模式，即粮猪一体的散户养殖模式。

监管常态化阶段，政府开始注重保障生猪的生产质量，对其屠宰、检疫等进行监管。自1984年《中共中央关于经济体制改革的决定》发布后，农村劳动力大量外流，许多自给自足零星养殖的老百姓逐渐退出养殖行业，剩下一些散户将养殖当作其谋生的工具，进行小规模的散户养殖。随着生猪养殖的发展，政府也出台了相应的管理文件。1997年国务院出台的《生猪屠宰管理条例》强调要加强生猪屠宰管理，保证生猪产品质量。上海市印发了《上海市生猪屠宰检疫规范》《上海市生猪产品质量安全监督管理办法》，强调加强生猪产品质量安全的监督管理，保障人民群众的身体健康和生命安全。上海多次出台生猪科技入户工程实施方案，C区X镇农技中心特地安排了技术人员对生猪养殖户进行知识和管理技能培训，推动本市生猪生产持续健康发展。在该阶段，村民们与政府间关系比较友好，政府积极鼓励村民加入生猪养殖大军。

生产规模化阶段，政府支持鼓励散户扩大规模，促进生猪养殖规模化发展。2007年，国家通过一系列政策推动生猪养殖的发展，《国务院关于促进生猪生产发展稳定市场供应的意见》《关于促进生猪生产稳定发展的通知》《关于进一步提高生猪生产水平的技术指导意见》《生猪良种补贴资金管理暂行办法》等相关文件均指出要促进生猪生产稳定发展。在国家大力支持和激励下，

---

① 周恩来. 国务院关于发展养猪的指示［N］. 人民日报，1956-07-03（1）.

上海大力推动区域范围内的规模化养殖，进行招商引资，对生猪养殖的补贴、优惠等方面采取鼓励性措施，促进生猪生产稳定发展。随着政策鼓励和市场价格提升力度的加大，拥有一定资本量的农户积极响应政府号召，涉足生猪养殖并扩大规模，推动了当地生猪的专业化养殖。

污染无害化阶段，政府要求畜禽养殖对环境友好，防治畜禽养殖污染。政府关注畜禽养殖的卫生安全问题，进行了一系列的监管、审核、清理等专项整治工作。上海发布的《C生态岛建设纲要（2010—2020年）》中提出到2020年实现畜禽粪便资源化综合利用率达到95%以上的目标。上海市农委《关于做好2012年C区中小型生猪饲养场（户）片沼气工程项目建设工作的通知》中要求实现畜禽粪便无害化综合治理和资源化利用。2013年国务院印发的《畜禽规模养殖污染防治条例》对禁养区进行划分提出初步要求，明确了禁养区划分标准、适用对象（畜禽养殖场、养殖小区）、激励和处罚办法。2015年国务院发布的《水污染防治行动计划》强调推进农业农村污染防治，防治畜禽养殖污染，指出科学划定畜禽养殖禁养区，2017年年底前，依法关闭或搬迁禁养区内的畜禽养殖场（小区）和养殖专业户，京津冀、长三角、珠三角等区域提前一年完成。

管理规范化阶段，对现有的生猪养殖进行制度管理，鼓励规范养猪场建设，清理不规范养殖户。一方面，政府通过"全国生猪调出大县""生猪标准化养殖小区"等项目，推动生猪养殖现代化、标准化、专业化、规模化的规范管理。《全国生猪生产发展规划（2016—2020年）》中提出要加快生猪产业转型升级和绿色发展，建设现代生猪种业等目标。《农业农村部关于稳定生猪生产保障市场供给的意见》表示仍需要稳定生猪生产，保障猪肉市场有效供给。上海市财政局和上海市农业委员会也鼓励生猪的规范养殖，强调生猪生产大区奖励资金集中用于发展生猪生产，鼓励发展生猪生产。另一方面，随着经济结构的深度变革及产业结构的调整，限养及环保成为行业发展的大趋势，政府开始清理不规范的养殖户。因此，政府对于养殖业的态度可概括为既支持又防范——支持的是规范养殖，防范的是不规范养殖。C区于2014年提出了治理不规范养殖的计划，在2020年全面取缔不规范养殖。为顺利开展治理工作，C区农委会同区环保局下发了《C区农村中小型不规范养猪场综合治理方案》和《关于本区进一步开展依法整治不规范养猪场的实施意见》等文件，深入推进农村不规范养猪治理工作。由农技中心等工作部门对不规范的养殖户进行清理，对违规的猪场进行拆除。

三、从易入手：顺利清退外来不规范养殖户

为取缔不规范养殖户，C 区 2014 年组织区农委、环保局、法院、农委执法大队、防疫站、市场局（2018 年以前为食药监局）、肉食品公司、镇政府、农技中心、兽医站、村委会等召开专题会议，决定整治工作主要分为两步：第一步，清理外来不规范养殖户和不规范养殖户散户；第二步，取缔本地人的不规范养殖户。以先易后难的方式稳固推进养殖整治，使不规范养殖户认识到政府对不规范养殖整治工作的重视，了解不规范养殖整治正有序进行，进而让不规范养殖户出于减少损失的目的自觉减少投入，减少产能，降低政府不规范养殖整治执行难度。

但农技中心的陆主任发现，在实际执行外来不规范养殖和散户不规范养殖整治的过程中出现了诸多困难。首先，由于每个镇的情况不同，退养不规范养殖的赔偿金额不同。C 区政府建议整治补偿标准为退养一头母猪 1000 元，退养一头成品猪 100 元，拆除猪舍每平方米补偿 50 元。由于每个镇的经济发展程度与具体情况不一，给予的赔偿金额不完全一致，补偿标准有一定的上下浮动，经济状况良好的镇补偿标准相对较高，而财力较弱的镇补偿标准则较低。以 X 镇为例，因为在 C 区经济发展程度处于中等水平，并且有一定的财政能力支撑赔偿金额，所以适度调高了补偿标准。不过，养殖户出于自身利益考虑往往会对不同的镇所给予的标准进行比较，并容易"就高不就低"，与政府部门展开谈判和博弈。

表 3-1 退养不规范养殖赔偿标准

镇域	母猪补贴	商品猪补贴	养猪棚
X 镇	2000 元每头	100 元每头	100 元每平方米
其他镇	1500~2500 元每头	80~120 元每头	50~150 元每平方米

其次，当时猪肉正处于高价状态，商品猪的市场价格为 10 元/斤，政府给的补偿标准为 7.5 元/斤，按照政府的补偿标准，虽不至于亏本，但对养殖户而言，以销售猪肉的方式谋取的利润显然远高于政府给予的补偿金额。

最后，外来养殖户认为，国家先前鼓励养殖，因此才会投入全部家当，养殖已然成为生计，进行养殖整治无疑使全家面临失业。散户养殖户认为，自己养猪不像其他不规范养殖户规模很大，仅仅是一两头猪，供家庭食用，完全不理解政府的养殖整治。

面对这些困难，陆主任他们没有强推政策。一方面，零星养殖户（养殖规模不超过 10 头）养殖的目的是改善自身的生活水平，而不在于营利。养殖本身是很累很辛苦的工作，不仅要起早贪黑，工作的环境也十分脏乱，再加上养殖过程中出现的恶臭、粪便、蚊虫、噪声等诸多问题，确实引起了周边村民强烈的不满。对于零星养殖户，陆主任他们通过养殖户亲朋好友的劝解和村委会的助力，比较顺利地使目标群体接受了政府给予的补偿。

另一方面，就在整治不规范养殖的过程中，猪肉价格基于市场的饱和状况出现大幅度缩水，售价从每斤 10 元跌至每斤 6.5 元，猪肉的售价对养殖户而言是决定其是否愿意接受政府补贴，进行退养的关键因素。一般来说，养殖户都希望快速出手生猪，因为若不能及时出售，则需要付出一定时间和经济成本，如租金、饲料等，因此，猪肉价格大幅度降低这一契机使得许多不愿意继续增加成本的养殖户同意接受政府补贴，进行退养。当然，养殖户大多知道自己作为"外来的和尚"与当地政府部门打交道不易，不了解更加全面的信息且社会关系网络也不足，所以在补偿价格达到心理价位后一般都比较爽快地结束养殖，转战他处。

截至 2016 年 2 月，X 镇成功清退了绝大部分外来不规范养殖户，仅剩一家较为顽固的养殖户坚决不配合政府的养殖整治工作。针对这一户人家，政府部门经过商议后采取了强制措施，最终顺利完成退养。2016 年年底，C 区完成了第一阶段养殖整治任务，成功退养不规范外来养殖户和散户养殖户共 17 家。

四、步履维艰：本地不规范养殖户抱团取暖

第一阶段对外来养殖户的清退工作顺利完成后，陆主任对工作的继续推进充满了信心。当全面启动针对本地不规范中小型养殖户的清退工作时，他决定从养殖户和猪的数量最少的北港村入手，实现开门红。但让陆主任始料未及的是，当清退小组的工作人员前往北港村小型不规范养殖散户的家中准备对政策进行宣传时，无一例外都吃了闭门羹。即使好不容易走进了家门，养殖户却不约而同地打起了马虎眼，表示其他养殖户签署清退协议后自己才会签署协议，不然免谈。陆主任隐约觉得这些养殖户间可能存在着某种"联盟"，抱团取暖。

事实的确如此，北港村中的不规范养殖户大都是亲朋好友，抱着共同获利的想法开始养殖工作，到政府整治时，各家养殖户便集合成一个牢不可破的团体，形成"攻守联盟"。首先，村中每家散户的养猪规模都较小，分散对

抗显得势单力薄，只要清退小组施压就很容易被说服清退，故形成一个团体后更有信心和力量与清退小组抗衡；其次，采用抱团取暖的方式会使散户们掌握一定的话语主动权，在谈判中更有可能为自己争取最大化的利益；最后，政府与养殖户之间经常存在信息不对称的情况，导致个体养殖户在谈判时由于信息的缺失而处于弱势，形成联盟后有助于在一定程度上缓解这类情况，使大家能够信息互通有无。

陆主任意识到了"联盟"的存在，因此决定采取逐个击破的方法，瓦解本地不规范养殖户的"攻守联盟"。在与清退小组其他成员商量之后，他们决定从党员老徐开始推进工作。老徐是个老党员，党龄有40多年。陆主任和村支部书记及村委会主任一同来到老徐家，村支部书记劝说老徐作为党员应积极响应国家号召，配合政府整治不规范养殖工作。

陆主任和工作小组考虑到老徐家庭经济情况困难，向上级请示征得同意后，在规定的权限和范围内将补贴标准提高了10%，同时希望老徐作为党员能起到带头模范作用，帮助说服其他人接受退养条件。老徐和家人商议后，表示了同意。

紧接着，陆主任和小组成员及老徐找到了另一位"抱团取暖"的养殖户老李。老李是一位残疾人，多年来靠养猪维持生计。

工作小组了解到老李的特殊情况，表示政府除了会适当提高退养的补偿，也会为老李提供就业指导、介绍、培训等一系列服务，并且在同等条件下优先为老李寻找合适的就业岗位。老李经过3天的考虑，最终签署了退养协议。

而老李家隔壁邻居老王的清退工作却很不好推进，老王养猪的目的和老徐、老李不一样，他的规模更小，只养了两三头，而且他是为了家人可以食用更优质的绿色猪肉才从事养殖。

陆主任反复向老王强调周边村民的抱怨和其他帮扶的政策，但老王却始终没有松口的意思。回到办公室的陆主任绞尽脑汁想办法，突然灵光一闪，刚刚村委会主任随口提及老王的女儿是一名三甲医院的医生。于是陆主任马上找来联系方式，和老王的女儿耐心交流，在长达1个多小时的电话沟通中陆主任晓之以理、动之以情，希望她能理解配合整治行动并说服其父亲退养。

而后老王的女儿表示了对政策的支持。在女儿的劝说下，老王同意以高于原来金额10%的补偿标准签订退养协议。

至此，北港村的清退工作顺利完成，在X镇其他村的清退工作遇到相同问题时，陆主任都借鉴了北港村发动党员、逐个击破的方法，有效解决了本地散户抱团带来的问题。通过陆主任和党支部书记、村委会主任等人的共同努力,最终本地不规范养殖散户全部清退成功。

五、遭遇钉子户:环保诉讼第一案

虽然本地不规范养殖散户的抱团取暖被顺利化解,但不规范养殖大户的清退工作却困难重重。C区六溦村有一户张姓人家就让陆主任颇为头疼。张姓人家是当地一户规模较大的肉猪养殖散户,属于本地不规范养殖户。20世纪80年代,政府出台政策鼓励农民养猪致富时,张家在家中搭了一个小猪圈圈养了一两头,在尝到了养猪的甜头之后,张家通过蚂蚁搬家的方式逐渐扩大猪圈面积,进而扩大蓄养规模,直到清查时,竟扩大至88头母猪、1200头肉猪的超大规模。

在清退治理中,陆主任和清退小组的工作同志多次上门对张家展开劝说。起初,户主张某也比较热情地接待他们,无论陆主任对张某说什么想法或提任何要求,张某都会口头同意并表示理解清退小组工作的规定和难处。但令陆主任没想到的是,张家虽同意了清退却迟迟不见其有任何清退动作,仍继续经营,甚至有扩大养猪规模的动向。多次拜访之后,陆主任对张某口头同意却不执行的做法无可奈何,不得不扮起"黑脸",拿出政策文本,对张某进行口头警告,要求其限期拆除违章养猪场,清退所有母猪、肉猪,不然将对其进行行政处罚。在陆主任强硬的态度下,张某剥掉笑脸面具,拒不配合清退小组的任何工作,更将前去做工作的陆主任和清退小组成员拒之门外。

之后,张家变本加厉扩大养猪规模,张某更是通过互联网搜集过去中央鼓励农民养猪致富的老旧政策文本,拿着鸡毛当令箭,来应对清退小组所持的王式红头文件,质疑清退工作违反中央精神和指示,否定清退工作的合规性。

陆主任因无行政执法权,无可奈何之下只能先去其他养殖户处开展清退工作。殊不知,张某联合另外两家拒不接受清退的养殖大户,通过各种手段利诱原本愿意配合清退的养殖户们形成"同盟"共同抵抗清退工作,大大阻碍了清退工作的正常进程。

就在张某觉得镇政府奈何不得他,猪场清退的事可以这样不了了之,暗自高兴的时候,坐在办公室里的陆主任急得寝食难安、焦头烂额——还有什么办法能够清退张家这一"钉子户"?那天外面突然下起了倾盆大雨,陆主任瞬间觉得转机出现了:暴雨天,张家猪棚的化粪池肯定会暴涨溢出,污水一定会流进旁边一条近期重点治理的水沟中。于是陆主任联系镇文广站的同志提着拍摄设备,冒雨驾车直奔现场,忍受着恶臭拍摄了化粪池溢出流入水沟的影像，送至区环保局。区环保局的工作人员审查确认影像真实可靠、证据确凿，并现场勘验后，即开具了行政处罚文书。

然而，令陆主任想不到的是，这份行政处罚书最终引来了一场官司，把环保局和区政府都牵扯了进来。区环保局这份《行政处罚决定书》送到了张某家中，处罚原因是"养猪场长期以来有浓重臭味，污染了周边环境，屡次遭到村民投诉"。C区环保局受理投诉并勘验了现场，确定事实后，依据《建设项目环境保护管理条例》等规定对张某做出罚款6.5万元的行政处罚决定。

张某越看越不服气，转而向区政府提出了行政复议。区政府《行政复议决定书》维持了区环保局原行政处罚决定。张某收到复议书的一刻，气愤难当，认为区政府、环保局以及清退小组串通一气，遂向C区人民法院提起行政诉讼，开启了法院环保诉讼第一案。该案是C区法院环境资源审判庭成立后审理的首例案件，由C区法院院长担任审判长，区环保局局长出庭应诉。

陆主任此时压力倍增，却又无可奈何，只能硬着头皮坐到法院旁听席上，看这场官司能打出个什么结果。

区环保局做出的《行政处罚决定书》中认为，张某的养猪场未办理环保审批手续，擅自投入规模化肉猪养殖，且没有建设配套的环境保护设施，违反了《建设项目环境保护管理条例》第十五条的规定"建设项目需要配套建设的环境保护设施必须与主体工程同时设计、同时施工、同时投产使用"，依据《建设项目环境保护管理条例》第二十二条的规定"违反本条款，可以处5万元以上20万元以下的罚款"，对张某罚款人民币6.5万元。

原告张某一方则认为，生猪养殖不属于建设项目，不适用建设项目的相关规定，且其承包土地从事生猪养殖，用地属于农用设施用地，未改变土地使用性质，无须申报审批及办理建设用地规划许可。故请求法院依法撤销两被告做出的行政处罚行为。

被告区政府和环保局认为，国家环保总局《关于执行建设项目环境影响评价制度有关问题的通知》明确规定，建设猪棚猪舍及化粪池等，属于建设项目，原告未经环保审批建设养猪场进行规模化生猪养殖，违反《建设项目环境保护管理条例》的相关规定，故C区环保局做出行政处罚合法合理，C区政府的复议决定程序合法、结论正确，要求法院依法驳回张某诉讼请求。

经查证，C区法院认为，原告张某承包土地、投资建造猪棚猪舍及两个化粪池等从事生猪养殖属于建设项目范畴，但其未经环保审批且未建成配套环保设施，擅自从事规模化生猪养殖的行为，违反了《建设项目环境保护管理条例》等有关环境保护方面的法律规定。此外，本案并不涉及用地审批或规划许可等方面的内容，故最终判决驳回原告张某的诉讼请求。

至此，C区环保诉讼第一案终于落下帷幕，旁听席上的陆主任身体一松靠在了椅子上，长舒了一口气，在他看来，清退工作中最顽固的钉子户终于算是拔除了。

六、难产的协调会：多部门何以不协同？

然而，当陆主任认为张家养猪场清退已经板上钉钉时，现实却给了他一记闷棍。法院虽然宣判张家败诉，并进入强制执行阶段，然而张某却以一种"光脚的不怕穿鞋的"姿态拒绝支付任何处罚款项，因为张某早已将其私人资金转移，法院通过司法途径冻结其账户对其根本无任何影响。性质更为恶劣的是，张家在败诉后不以为耻、反以为荣，到处宣扬其对抗法律、对抗政府的"丰功伟绩"，沾沾自喜妄图纠集其他拒绝退养的养殖户共同对抗政府退养政策，造成了极为恶劣的负面影响。

无奈之下，陆主任在请示上级政府之后，牵头镇农村养殖户综合治理工作领导小组部分成员开会一同商讨如何完成张姓养殖户的退养工作，以降低其社会影响。X镇农村养殖户综合治理工作领导小组的组长为本镇镇长，副组长为X镇政法委书记及三位副镇长，组员包括经济办、农技中心、规保办、村建所、市政市容所、财政所、水务所、派出所的主任以及各村村主任。其中，镇政府负责统筹协调整体退养工作；经济办与财政所负责整治补偿标准的设定与补偿金发放；镇农技中心负责政策宣传，同时做好区、镇和镇属各业务部门之间的整治信息联络；规保办与村建所共同负责养殖违章建筑的拆除；水务所和派出所分别在供水和公安方面配合开展取缔工作；村主任为本村养殖清退第一责任人。会议还邀请了区环保局、区法院和区农委执法大队等代表参加。

会上，陆主任作为组织会议的代表首先表态："我们农技中心已经用了各种方法，现在也天天派人去他家做工作，可是张某就是软硬不吃，我为了他家的事已经好多天没有睡好，都瘦了十来斤了。我现在真的束手无策，只能指望在座的各位一起帮忙出出主意，集思广益，早日完成清退工作。"

区环保局的代表随后发言："陆主任，你知道我们的情况，我们一开始就开了处罚文书，结果呢？张某直接把我们告到法院，现在法院审判张某应该交这6.5万元，接下来他不交罚款这件事情我们就很难管了，是不是要请法院的同志来管了？"

区法院的同志回应道："我们不是没有管，我们法院审理了案子，还冻结了他的账户，可是谁知道他提前把自己的钱都转走，现在非说自己没钱不肯赔，能做的我们已经都做了。"

区农委执法大队的队长发言："我们可以行使执法权，拆掉他家违建的猪棚。但是我们把猪棚拆掉了，他家一千多头猪怎么办？这些猪算他的私人财产，我们没办法处理，万一张某真的又把猪赶到政府门口和我们死杠怎么办？造成的影响有多恶劣大家也是可以想象的，所以真的不是我们执法大队不肯出力，如果有别的方面需要我们部门出力，我这里肯定不会推脱的。但我个人觉得，现在难题这么多，不如你们经济办多出点钱，赶紧把事情给结了。"

经济办主任说道："我们清退补偿都是有标准的，虽然我们可以适当上浮标准，但是张某提出一头母猪要 6 万元，不然免谈，这我们怎么可能满足？而且你们这些单位现在谁也不管，谁也不承担，你们有执法权的尚且如此，叫我们没执法权的部门做工作，你说我们难不难？"

陆主任看着几个部门代表各有各的难处，深深地叹了一口气，他知道今天的会议不会得出圆满的结果。果然，几个小时后，多个部门始终未能形成有效的处置方案，会议随即终止，事情只能暂时搁置。

在陆主任烦心如何劝退张家时，新的情况出现了。张某的妻子被检查出肌肉压迫神经的症状，急需动一场手术，需要很大一笔钱，但张某的妻子却没有大病医保。虽然张某养猪赚了一些钱，但他的儿子从高中起就在美国留学，平时的学费和生活开销也不小，因此手术费用以及术后保养费用对张某一家也是大的负担。因此张某一边一个人辛苦忙着养几百头猪，一边头痛如何支付不菲的医药费。陆主任在了解这一情况后，先联系区医保服务中心询问是否可以办理张某妻子大病医保，紧接着上门对张某做思想工作。经过清退小组成员数次上门劝说与沟通，最终张某签署协议，于 4 月 1 日前拆除了养殖生猪的一切设施。陆主任终于得以完成六漴村张姓养殖户的退养工作。

七、非洲猪瘟疫情：养殖治理提前完成

截至 2018 年 11 月中旬，C 区 X 镇的不规范养殖户仍剩 4 家。在这 4 家中，南港村的陈家养殖规模较大，拥有 151 头母猪、1800 余头肉猪；另外 3 家规模较小，但"团结一致"同进退，一致拒绝与清退小组单独商谈退养协议。

陈家是 X 镇中规模较大的养殖户，陆主任将陈家作为清退工作的重点，多次上门对陈某做思想工作，但效果一直不甚理想。陈某虽不反对清退，但一直想通过此次清退工作"大赚一笔"，因此，对清退补偿标准不满意的他希

垄能通过拖延时间使政府最终加大补偿力度。陆主任和清退小组清楚陈某这种逐利心态，但补偿标准不能因个人而更改，因此也对其束手无策。另外3家见状亦采取相同的拖延策略，态度强硬不妥协。僵持至此，养殖治理步伐被迫放缓。

最后阶段清退工作的开展如蜗行牛步，因迟迟未能"搞定"最后一波"猪队友"，陆主任甚是困窘。此时，非洲猪瘟疫情的暴发成了养殖治理的"加速器"，推动了养殖治理的进程。

2018年11月17日，农业农村部新闻办公室发布，上海市J区排查出非洲猪瘟疫情，大面积生猪感染死亡。C区政府紧急召开会议并发文，要求将原计划在2020年以前完成的不规范养殖户清退治理工作提前至2018年12月底前完成。X镇政府以此为契机，修改清退补偿方案，决定适时提高退养补偿标准，以降低清退工作难度。反观陈某及另外3家养殖户，听到上海惊现非洲猪瘟疫情的消息后，心中不禁一颤，开始担忧日后自家猪的养殖与售卖。

此次疫情的突然来袭让陆主任展开了眉头，疫情的威胁与政策的配套让他重拾对清退工作的信心，他决定再一次约谈陈某。陈某见非洲猪瘟来势汹汹，有些慌了阵脚，加之这"非常时期"的卖猪困难也让他很是头痛。见到陆主任时，陈某先是故作镇定，不肯松口，当提到补偿标准会相应提高时，陈某有一丝窃喜，紧接着又以无人收猪为由，拖延清退。陆主任随即化被动为主动，多方询问，积极帮助陈某联系生猪买家，最后在区农委执法大队、经济办等的帮助下成功促成陈某以满意价格将所有饲养生猪打包卖到外地市场，又联合村委将陈某养猪场的所有设施及棚舍按照不规范退养要求做了拆除。此举既断了陈某拖延退养的借口，又确保如期退养，实现圈存数为零，使得陈家的养猪清退工作成功收尾。

养猪规模最大的南港村陈家签订退养协议的消息很快便传到了剩余3家养殖户的耳中，3家心里已有些凉意，但是依旧不愿妥协。面对陆主任的登门造访，3家或闭门不见，或不愿松口，即使在听到加大补偿力度时也仍旧不肯表态。多次碰壁的陆主任望着办公桌上的台历，焦虑地思忖着，距离全面完成养殖治理任务的日子已屈指可数。就在这迫在眉睫的时刻，一个想法跃进陆主任脑中：只能使出"检疫证"环节这一杀手锏了，借助非洲猪瘟发生的时机，可以将养殖户贩卖猪肉所必经的检疫证开具这一环节提升难度。

随即，为规避非洲猪瘟疫情，X镇要求每一头肉猪出售前均须进行抽血、验尿，并送至区检疫中心检验，通过检疫后开具检疫证方可对外贩卖；同时，将检疫证的开具时长延至一周。这项规定给了3家不规范养殖户当头一棒，他们很是惊慌："每一头都要检疫，费时不说，猪场离检疫中心那么远，若生猪死在路上损失就大了……"

在3家养殖户焦灼不安的当口，陆主任再次来访。此时的他已有底气，先是将非洲猪瘟的现实威胁细细道明，再是将检疫证的开具规定娓娓道来。话毕，内心均已动摇的3家养殖户开始揣度他人的想法，所谓的"攻守联盟"实则已处在瓦解的边缘……陆主任的耐心劝说、非洲猪瘟的潜在风险、大势已去的客观现实使得3家养殖户最后不得不放弃抱团拖延的策略，提前妥协，答应清退要求。最终，2018年12月6日凌晨，最后3家不规范养殖户全部签署退养补偿协议。至此，历时4年多的上海市C区X镇不规范养殖户退养工作正式落下帷幕。

八、总结与反思："猪队友"命运多舛

2014年4月，C区农委会同区环保局接连下发了《C区农村中小型不规范养猪场综合治理方案》《关于本区进一步开展依法整治不规范养猪场的实施意见》和《C区畜牧业生产导则》等文件，揭开了清退工作的序幕。纵观整个C区X镇不规范养殖户清退工作历程，一路走来几经波折，遇到了诸多瓶颈难题。所幸最终在政府部门、村两委、法院、村民、养殖企业等集体协力之下，同时借助非洲猪瘟疫情这一外部压力，清退小组攻克难关提前完成了所有退养工作。

上海作为全国的商业和经济中心，拥有着较强的经济优势。一方面，政府公共财政相对充盈，在退养补偿时并不会"锱铢必较"，较为充分地考虑了养殖户的利益与诉求；另一方面，村民的收入情况总体较好，生猪养殖虽是很多不规范养殖户的主要收入来源，但往往不是唯一的收入来源。此外，较好的经济环境也提供较多的就业机会，退养后养殖户可以"另寻出路"。与此同时，村民具有相对较强的法治意识和契约精神，更愿意配合相关政策，与政府协商赔偿事宜并减少自身损失，使双方利益得以均衡化。除案例中少数几家"钉子户"外，大部分养殖户都在获得合理的赔偿后签订了退养协议。另外，即使是所谓的"钉子户"，也没有采取过激的行为（暴力对抗、群体性抗争等），而是大多直接向清退小组表达自己的诉求。因此，总体而言，C区X镇的不规范养殖户退养工作虽一路走来难题不断，但矛盾冲突并没有太过激烈，多以口角冲突为主，没有发生较为明显的肢体冲撞或大规模财产毁坏等现象。

"天下熙熙，皆为利来；天下攘攘，皆为利往。"这句话可以说是对整个退养工作中遇到的主要难点及困境背后成因的总结。无论是村民对于退养后生计的担忧，还是其不愿承担饲料、小猪崽的亏损，抑或是希望争得更多的补偿款，一切痛点始终围绕着利益二字展开，最后退养工作也以利益协商收尾。C区养殖治理涉及多方利益主体，各自的利益诉求是什么？从鼓励养殖到专项整治，"猪队友"为何命运多舛？在养殖清退过程中，显现出哪些治理碎片化问题？如何通过治理主体间的协调、分工与整合，更好地提升养殖治理的成效？这些都是需要进一步厘清的问题。

分析报告

一、案例回顾

近年来，我国畜禽养殖业发展迅速，逐渐成为广大消费者"菜篮子"的有力补给和农村养殖户增收致富的重要来源。自20世纪70年代，我国接连出台多项惠民政策以促进生猪产业发展，鼓励家家户户参与养殖。随着猪肉价格的提升以及市场行情的变化，部分小规模养殖散户在赚取利润的同时开始逐渐扩大规模。然而由于缺乏必要的引导和规划，生猪养殖业逐渐暴露出布局不合理、环境污染等严峻问题。再加上随着我国经济结构的深度变革及产业结构的调整，限养及环保成为行业发展的大趋势。

进入21世纪，我国生态文明建设的层次和力度不断提升，"人与自然和谐共生"成为习近平新时代中国特色社会主义思想重要内涵和基本方略的重要内容。而C区作为我国第三大岛，由于其特殊的地理位置，生态环境意义重大。2016年，上海市发布了《C世界级生态岛发展"十三五"规划》，对C区不规范养殖的治理提出了新的要求，并将全面取缔区内不规范养殖任务期限前移。为全面清理不规范养殖户，C区组织区农委、环保局、法院、防疫站、镇政府、农技中心、村委会等召开清退小组专题会议，确立了治理对象"先外来户、散户，后本地养殖户"，清退程度"先易后难"的工作原则。

然而，随着不规范养殖清理工作的不断深入，多重难题接踵而至。外来养殖户在市场行情优越的态势下与政府持续拉锯，以期获得更多经济补偿；本地无证养殖户不满补偿标准，"抱团取暖"拒不出面与政府协商沟通；较为强势的不规范养猪"钉子户"尝试通过各种威逼利诱方法来达到目的，不但未受到应有的行政处罚，反而"挑战"清理工作转而发起行政复议；面临环保诉讼第一案,多个政府部门屡不协同,陆主任牵头协调会却遭遇"难产";以养殖大户陈家为代表的"攻守联盟"即使在非洲猪瘟的压力之下依然毫不配合……面对不同类型的养殖户和冲突各异的治理情况,清退工作小组采取说理、强制及联合等多元治理手段与策略,既包括村委协力、子女亲情劝说、宣传动员和反复谈判等行为,也包括诉诸司法途径、借力非洲猪瘟并增设检疫证障碍等手段,终于在2018年12月全面完成了C区不规范养猪场关停退养工作。

二、世界级生态岛养殖治理的特点

(一)养殖治理目标明晰

C区养殖治理工作以改善生态环境质量、提升生态环境品质为目标。治理过程中按照养殖业布局规划,严格控制畜禽养殖总量,全面实现规范养殖。为达到上述目标,C区农委联合区环保局下发了《C区农村中小型不规范养猪场综合治理方案》和《关于本区进一步开展依法整治不规范养猪场的实施意见》等文件,明确了整治对象,制定了目标任务,部署了推进时间进程。全区以此为基础,深入推进农村不规范养猪场治理工作,各乡镇也根据实际情况,制订了不规范养殖清退工作的实施方案。

(二)养殖治理任务艰巨

C区养殖治理存在以下几个难点。第一,早年上到中央、下到地方都在鼓励农民养殖,C区各级政府给农民送资金、送政策、送技术,然而建设世界级生态岛计划实施之后,注重防治畜禽养殖污染,清退不规范养殖场,并要在人力、财力、物力资源有限的情况下,在规定时限内完成整个C区的不规范养殖清退工作。第二,养殖治理并不仅有清退生猪这一单一的工作目标,还涉及违法猪棚拆除、养殖户再就业、环境整治等后续一系列的工作。第三,本地不规范养殖户与政府人员之间存在着错综复杂的熟人社会关系,这使得政府工作人员无法完全撇开人情常理,强硬完成养殖治理清退工作。第四,当地的村民世代居住于此,乡情浓厚,对于养殖带来的生活麻烦往往秉承"以和为贵"的想法,自己紧闭门户,处处退步忍让,不愿出面参与清退治理工作。第五,C区养殖治理工作原定于2020年全面完成,但由于非洲猪瘟的影响,截止时间被迫提前至2018年,导致原先的工作计划需要进行整体提前。

(三)养殖治理对象复杂

C区《关于本区进一步开展依法整治不规范养猪场的实施意见》中,规定了整治对象的范围，包括：（1）非法占用土地、违法搭建和违章改扩建的、无动物防疫合格证的养猪场；（2）河道周边的不规范养猪场；（3）未建设污染防治配套设施，自行建设的配套设施不合格或未正常运行的养猪场；（4）污染严重，环境脏、乱、差，养殖粪便、废水随意排放的养猪场；（5）严重影响农村居民生产生活，造成突出矛盾、群众反响大的养猪场等。在案例所体现的C区X镇不规范养殖场清退治理的过程中，出现了外来普通养殖户、外来养殖"钉子户"、本地普通养殖户和本地养殖"钉子户"等较为复杂的治理对象。

（四）养殖治理主体多元

C区不规范养殖场治理主体涉及多个政府部门，包括区农委、环保局、法院、农委执法大队、防疫站、市场局（2018年以前为食药监局）、镇政府、乡农技中心等一系列政府部门，各部门需要根据各自职能开展工作，合力推进不规范养殖场清退治理。另外，各村委班子作为本村辖区内整治不规范养殖工作第一责任人，需要做到细化工作措施，妥善处理各类矛盾。C区养殖整治工作层层细分，各部门共同参与养殖整治。

三、理论基础与适用性分析

（一）利益相关者理论及其适用性

利益相关者理论源于20世纪60年代，主要用来表示与企业发展有利益关系的组织和个人，后历经几代学者的完善和发展，逐渐形成利益相关者理论，成为管理科学的基础性理论。利益相关者理论属于企业管理理论范畴，后被应用于经济学、政治学、社会学、管理学和行政学等领域。

1963年斯坦福研究院提出了利益相关者，强调利益相关者是企业生存的必要条件，研究的主要内容是利益相关者是谁，为什么要考虑利益相关者的利益。1965年，美国学者安索夫（Ansoff）最早将该词引入管理学界和经济学界，认为要制定理想的企业目标，必须综合平衡考虑企业诸多利益相关者之间的相互冲突的索取权。20世纪70年代，经济学家蒂尔（Thiel）提出了从"利益相关者影响"到"利益相关者参与"的内容变化。1984年，美国经济学家弗里曼（Freeman）出版的《战略管理：利益相关者管理的分析方法》大大地拓展了利益相关者的内涵，明确提出了利益相关者管理理论，认为利益相关者是能够影响一个组织目标的实现，或者受到一个组织实现其目标过程影响的所有个体和群体。①

不同学者对利益相关者有不同的类型划分，查克汉姆（Charkham）②将利益相关者分为契约型利益相关者和公众型利益相关者两类；克拉克森（Clarkson）③认为利益相关者可分成自愿利益相关者和非自愿利益相关者或者主要利益相关者与次要利益相关者；米切尔（Mitchell）④等基于利益主体与合理性、影响性和紧急性三个特征的契合度将利益相关者分为与其中一个属性契合的潜在型利益相关者（包括蛰伏、或有和要求利益相关者）、与其中两个属性契合的预期型利益相关者（包括关键、从属和危险利益相关者）和与三个属性均契合的确定型利益相关者（包括蛰伏、或有和要求利益相关者）。

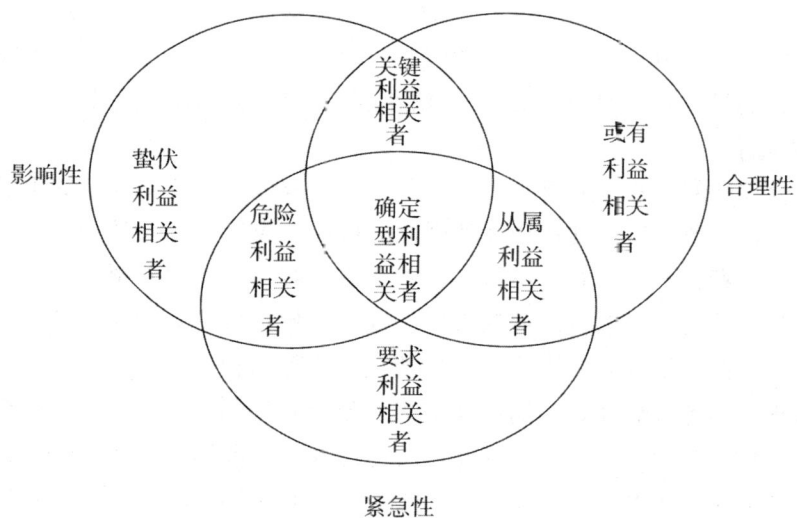

图3-1　米切尔评分法划分的利益相关者

利益相关者的概念实际上指出了这样一个问题，即现实的管理活动都是

---

① FREEMAN R E. Strategic Management：A Stakeholder Approach［J］. Journal of Management Studies，1984，29（2）：131-154.
② CHARKHAM J P. Corporate Governance：Lessons from Abroad［J］. European Business Journal，1992，4（2）：8-17.
③ CLARKSON M B E. A Stakeholder Framework for Analyzing and Evaluating Corporate Social Performance［J］. Academy of Management Review，1995，20（1）：92-117.
④ MITCHELL R，AGLE B，WOOD D J. Toward a Theory of Stakeholder Identification and Salience：Defining the Principle of Who and What Really Counts［J］. Academy of Management Review，1997，22（4）：853-886.

在一定的系统或网络背景下进行的，单一主体的单个行动往往难以取得最优绩效。从公共治理的角度来讲，利益相关者是指那些能够影响公共治理目标实现或被公共治理目标所影响的个人或群体。凡是与公共治理目标有密切关系的主体，无论是群体还是个人都属于利益相关者，因为这些利益相关者与治理过程密切相关，所以治理方案的制订、过程执行和后期评估都要考虑他们的利益或受到他们的约束。

清理不规范养猪场是一项难度较大的整治行动。整治行动涉及了多元利益相关者，不同类别的利益相关者的属性和需求存在差异，因此非常有必要细分探讨。不规范养猪场综合治理的利益相关者是指可能影响养殖整治进程或受其影响的组织或个人。养殖治理涉及多个利益主体，具体说来可分为政府部门（中央政府和地方政府）、村委会、不规范养殖户、不规范养殖户的家人、外地商户、村民等多类。我们依据合理性、影响性和紧急性这三大属性，从属性契合的情况来甄别、分析清理不规范养猪场牵涉的利益相关者。

对合理性的判断，关键是看一个群体是否被赋予法律上或道义上的利益索取权。在养殖整治中具备合理性属性的群体，应当包括农技中心这一养殖整治的主导者，不规范养殖户这一养殖整治的客体，作为养殖整治的管理者的其他政府部门以及未被清理的大中型规范养殖户等。对影响性的判断，关键是看一个群体是否拥有影响决策的地位、能力和相应的手段。回顾养殖整治的过程，具备影响性属性的群体应当包括政府部门、村委会、不规范养殖户、部分村民等。对紧急性的判断，关键是看一个群体的诉求能否立即引起决策者的关注。在养殖整治过程中，农技中心推动清退工作应尽量避免冲突，应重点关注作为整治对象的养殖户、能随时到乡政府投诉抗议的相关群体（包括部分村民和养殖户的亲朋好友）。

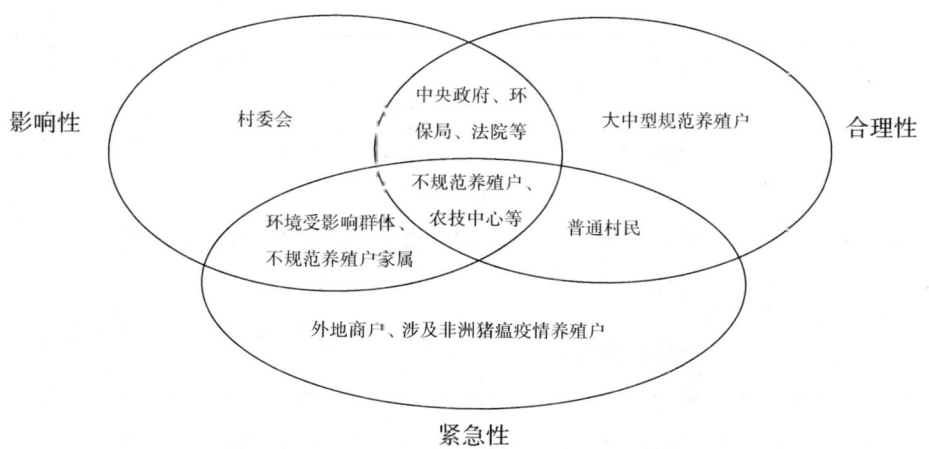

图 3-2　基于米切尔评分法划分的养殖整治过程的利益相关者

表 3-2　基于米切尔评分法的养殖治理利益相关者分析

类型	利益相关者		属性
确定型	不规范养殖户	不规范养殖钉子户	具有合理性、较强的影响性和较强的紧迫性，是核心利益相关者
		抵抗清退小组的"攻守联盟"	具有合理性、较强的影响性和紧迫性，期望获得重视和关注，企图获得更多的经济利益
		外来不规范养殖户、散户	具有合理性、一定的影响性和一定的紧迫性
预期型	地方政府	农技中心、区政府等	贯穿养殖整治始终的管理者和推动者
		环保局、法院、农委执法大队、经济办等	具有足够的影响性和合理性，但不具有紧急性，其为中心目标服务，但往往是被推动的
	中央政府		养殖整治任务的发布者，具有合理性和影响性，要求清退工作符合建设目标
	村民	受环境直接影响群体	支持政府有关C岛养殖的清退工作，以期获得一个安静舒适的生活环境
		普通村民	观望态度
	不规范养殖户家属		具有一定的影响性和紧急性

续表

类型	利益相关者	属性
潜在型	村委会	具有影响性，主要协助政府完成清退工作，了解养殖户的利益诉求，协调村民与政府的关系
	外地商户	购买养猪场的生猪，助推清退工作
	涉及非洲猪瘟疫情养殖户	具有紧急性，助推清退工作
	大中型规范养殖户	具有合理性，在整治过程中不具有紧急性和影响性

清理不规范养猪场的核心主体是政府部门，包括中央政府和地方政府（区政府、区农委、环保局、法院、农技中心、经济办等）。中央政府是预期型利益相关者，C区建设世界级生态岛是国家级发展战略，对维护长三角地区的生态平衡起到极其重要的作用，清理不规范养猪场是建设世界级生态岛的必经之路。对地方政府而言，需要贯彻国家生猪生产发展、畜禽养殖污染处理及防治等各项规定，推进世界级生态岛建设的同时，还需要解决不规范养猪场环境污染、扰民等问题，其中农技中心作为不规范养猪场的管理者和清退工作的推动者，是贯穿养殖整治始终的确定型利益相关者，而环保局、法院、农委执法大队等都是预期型利益相关者，他们有足够的合理性和影响性，但清退不规范养猪场对其来说不具有紧急性，其虽然为中心目标服务，但往往是被推动着一步步执行，而不是主动地发现治理，也不会主动想办法去积极推进清退进程。

不规范养殖户是养殖整治的清理对象，与养殖整治政策有直接利益冲突，一定程度上增加了清退工作的阻碍。在清退过程中，外来不规范养殖户、散户、共同抵抗清退小组的"攻守联盟"和不规范养殖钉子户，均具备合法性、影响性和紧迫性，但其影响性和紧迫性强度不一，他们都是确定型利益相关者，希望获得更大的重视和关注，企图获得更多的经济利益。

村委会作为基层群众自治组织，是衔接政府和村民的枢纽，是养殖清退过程中的重要组成部分，其具有一定的影响性，能够对他人起到一定的影响作用，是潜在型利益相关者。村委会应在有效自主管理的前提下协助政府与养殖户、村民进行沟通，倾听各方的需求，协调各方利益，助力清退工作。

村民未直接参与养殖场的清退过程，是预期型利益相关者，是清退养殖场政策不可或缺的一部分。其中一般村民以旁观者的身份观望整个养殖整治过程；而受环境直接影响群体是清退政策的获益者，支持政府有关 C 岛养殖的清退工作，以期获得一个安静舒适的生活环境。

不规范养殖户的家属是预期型利益相关者，在整治清理工作中也起到了非常重要的作用，这类利益相关者是需要劝服和重视的，如案例中老王的女儿在执行者耐心解说后，表示对清退政策的充分理解，劝服父亲老王接受退养协议；发起环保诉讼第一案的"钉子户"张某的妻子被检查出了肌肉压迫神经的症状，清退工作小组主动提出为其妻子办理大病医保。

外地商户是潜在型利益相关者，虽然没有直接参与到清退工作当中，但是其愿意以合理的价格收购陈某养猪场的生猪，加速了清退工作的顺利完成，体现了政府部门与私人通力合作，助推治理目标的实现。

涉及非洲猪瘟疫情的养殖户是潜在型利益相关者，虽然不是 C 区养殖整治的直接利益相关者，但受到非洲猪瘟这一环境要素的影响，具有紧急性，一定程度上推动清退工作的进程。

大中型规范养殖户是潜在型利益相关者，不是现阶段 C 区养殖整治的直接清理对象，但其与整治密切相关，具有一定合理性，在整治过程中不具有紧急性和影响性。

（二）整体性治理理论及其适用性

"整体性治理"（holistic governance）的概念最早由安德鲁·邓西尔（Andrew Dunsire）于1990年提出，1997年佩里·希克斯（Perri Six）在其著作《整体性治理：新的改革议程》中重新加以论证，并于1999年和2002年的专著中对整体性治理的基本概念与策略做了更为具体的阐述。

按照希克斯的定义，整体性治理理论是基于以下三个假设提出的：一是政府的工作出发点是问题导向的，并非以有效率的管理过程为导向，关注公民真正关心的问题；二是公民要参与到解决问题的过程中，而不是仅仅依赖政府解决社会问题；三是政府内部的各个职能部门之间能够实现协调和整合，共同为公民提供公共服务。基于上述三点假设，整体性治理不仅需要处理好政府内部的协调问题，还要兼顾公民的参与诉求，在纵向的部门整合和横向的公民参与之间形成一套网格化的互动体系。

从整体性治理的具体内容来看，协调和整合是整体性治理理论的核心，提倡以此为基础推动政府整体运作。希克斯指出，整体性治理是为了能够保持政策目标的稳定性和一致性，要通过政府内部的各个部门之间达成充分有效的沟通和合作，实现充分的协调及整合，进而实现无间隙合作的治理行动。① 整体性治理注重整体性的整合。希克斯认为碎片化问题是由于组织之间的差异而产生了矛盾，整体性治理理论为化解不同组织之间的矛盾探索了解决问题的途径。因此，整体性治理并非倡导构建一个超级管理机构来应对现有的组织之间的割裂现象，而是在保留各个组织的界限的前提下实现跨组织便捷的合作，协同组织之间的合作。政府部门、私人以及志愿者组织等主体共同联合，达成合作伙伴关系以及形成紧密的协作联盟。为此，希克斯搭建了一个立方体的整体性治理模型。②

我们认为，希克斯提出的整体性治理理论对本案例具有一定的解释力，其适用性体现在三个方面。

首先，C区不规范养猪场的清理工作以公共利益为目标导向。整体性治理理论以公众利益为导向，解决老百姓最关切的问题，与过去新公共管理理论追求效率相对应。主要体现在以下两方面。第一，C区生态岛建设是从全市大局出发，守住C区绿水青山的战略选择。在推进国家生态岛建设的过程中，势必要清退污染自然环境、影响百姓生活的不规范养猪场。不规范养猪场带来的负外部性给老百姓日常生活带来了极大的困扰：臭气熏天、污染河流、苍蝇横飞。因此，清理不规范养猪场符合公众整体诉求。第二，在清理不规范养猪场的过程中，政府也充分考虑到不规范养殖户的后续生活保障问题，积极实现养殖户利益最大化，如为生猪寻找外地卖家、协助养殖户的家人办理大病低保、积极为困难养殖户介绍工作等。

其次，C区不规范养猪场的清理工作强调多方协同共治。整体性治理理论强调整合与协调，公众要积极参与，而非仅依赖政府解决问题，同时政府内各部门也需要协调整合。清退工作涉及农业委员会、环保局、农技中心、水务局、经济办、法院、区下属各镇级政府、村级基层自治组织、被清退的养殖户、外地养殖户等多个利益主体。在案例中，多部门工作的"碎片化"导致清退工作在一段时间陷入瓶颈。这主要体现在各部门间的行政手段推进步调不一致，政府各部门职能分工不清晰，政府前后政策、中央与地方政策不一致等。同时，养殖户的"顽强抵抗"也使得清退工作困难重重。因此要推进清退工作必须多个主体通力合作。

---

① LEAT D, SELTZER K, STOKER G, et al. Towards Holistic Governance: The New Reform Agenda [M]. London: Palgrave Press, 2002: 34.
② SHERGOLD P R. Connecting Government: Whole of Government Responses to Australia's Priority Challenges [J]. Canberra Bulletin of Public Administration, 2004 (112): 11-14.

最后，C 区不规范养猪场的清理工作需要政府主导作用的发挥。与协同治理理论强调多方平等对话不同，整体性治理理论强调政府主导下的协同共治。在本案例中，多个政府部门召开工作协调会，由于缺乏统一的领导，各部门都认为其已经履行了工作职责，清退工作的停滞与自身无关。同时，养殖户为了自身利益继续以污染环境为代价谋利，这个时候的政府主导不仅要协调政府内各部门的关系、明确各自工作职责，还要处理好政府与养殖户之间的关系，使清退工作顺利开展。

四、世界级生态岛养殖治理的现状分析

（一）世界级生态岛养殖治理利益相关者的利益诉求

如案例正文呈现，C 区 X 镇养殖治理涉及多个利益主体，具体说可分为政府部门（中央政府和地方政府）、村委会、不规范养殖户、村民、不规范养殖户家属、外地商户等。

1. 中央政府利益诉求。中央政府作为最高一级政府在制定及执行政策过程中起到了决定性的作用。根据中央政府出台的相关法律文件以及制定的有关政策，可以提炼出以下几点利益诉求：一是必须符合 C 区"世界级生态岛"的建设目标；二是国务院要求生猪生产发展必须稳定市场供应；三是畜禽养殖污染处理及防治必须符合相关规定。

2. 地方政府的利益诉求。在本案例中，涉及的政府部门包括 C 区各级政府、区农业委员会、区环保局、法院、农技中心、经济办、水务局等。相较于中央政府，地方政府的利益诉求更为具体，主要有以下几点：一是解决环境污染、扰民等问题，为百姓提供良好的生产生活环境；二是高效执行上级部门下达的有关不规范养殖清退的政策；三是要落实被清退养殖户的后续就业安置工作；四是要尽可能地将非洲猪瘟等疫情对消费者、养殖户等相关者的不良影响降到最低。

3. 村委会的利益诉求。村民委员会是村民自我管理、自我教育、自我服务的基层群众性自治组织，是政府与村民沟通的桥梁。村委会一方面协助清退小组完成不规范养猪场的清退工作，另一方面要了解被清退养殖户的利益诉求，协调政府与养殖户的关系。

4. 不规范养殖户的利益诉求。作为与养殖整治工作有直接冲突的利益相关者，稳定的可持续收入是养殖户追求的核心利益。对外地不规范养殖户、本地的"攻守联盟"养殖户和不规范养殖的"钉子户"而言，能否获得合理公平的补偿以及后续的就业安置是他们最关心的议题。

5. 村民的利益诉求。这些年有关 C 区养殖扰民的投诉事件层出不穷却迟迟无法得到解决。其中一般村民以旁观者的身份观望整个养殖整治过程,大部分村民对当地养殖户的不规范养殖行为持反对态度,问卷调查结果显示 85.70%的被调查村民认为村内开办的养猪场对其生活产生较大甚至非常大的影响(详见图 3-3),超过 60%的被调查村民表示无论规模大小都持反对态度(详见图 3-4)。村民的利益诉求在于支持养殖清退工作,以还他们一个安静舒适的生活环境。

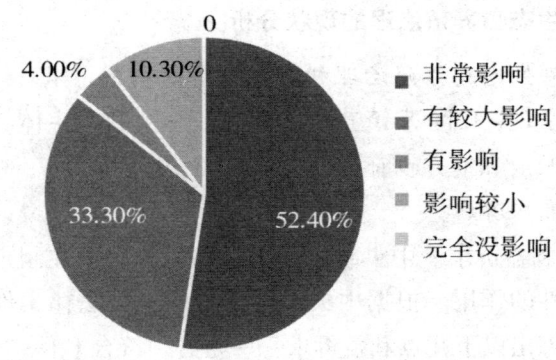

图 3-3　村里如果开办养猪场是否会对您的生活有一定的影响?

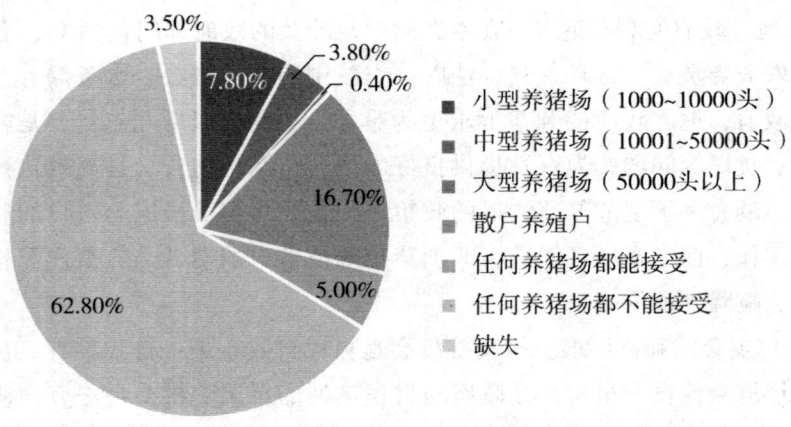

图 3-4　您觉得村里开办多大规模的养猪场您能接受?

6. 不规范养殖户家属的利益诉求。一部分养殖户家属理解支持清退养殖政策,进而愿意和清退小组合作,劝服家人接受清退协议,加速了清退工作的顺利完成。一部分养殖户家属是"被迫无奈"签署清退协议的,期望获得就业安置。

7. 外地商户的利益诉求。通过和政府合作以合理的价格收购 C 区被清退农户的生猪，与政府达成"双赢"的合作关系。

8. 涉及非洲猪瘟疫情养殖户的利益诉求。期望市场稳定价格，能够获得更多的销售渠道等。

9. 大中型规范养殖户的利益诉求。期望政府清理不规范养殖户，减少竞争对手，加大对规范养殖场的支持力度。

（二）世界级生态岛养殖治理的基本流程

C 区依法依规推行养殖整治工作，限期取缔不规范养殖场，制订工作计划，有序组织实施，加强转产扶持。

首先，舆论宣传和制订方案。C 区于 2014 年提出了整治不规范养殖场的计划，原定于 2020 年全面取缔不规范养殖。为保证其顺利开展，从 2014 年 4 月至 2016 年 4 月，农委会同环保局下发了《C 区农村中小型不规范养猪场综合治理方案》《关于本区进一步开展依法整治不规范养猪场的实施意见》和《C 区畜牧业生产导则》等文件。镇畜牧兽医站进行养殖户摸底调查，确定不规范养殖场数量、猪数量及猪棚数量，形成养殖整治对象名单。在此基础上，乡镇政府根据各村实际情况制定出退养工作文件，并由农技中心拟定退养协议。乡镇政府还联合经济办、农委、农技中心、各村村委会等形成了整治不规范养猪场联席会议工作领导小组。各级政府采用张贴标语、拉挂横幅等方式向村民宣传整治工作的政策文件及其重要意义。

其次，鼓励不规范养殖户自行退养。自行退养由乡镇政府负责牵头，由经济办、农技中心、村委会等部门联合组织实施，督促和引导本辖区内养殖户自行退养，及时处理养殖设备设施，积极解决养殖户自行退养中面临的困难，确保自行拆除工作安全有序推进。村民同意自动退养后，由农技中心与之签订退养协议，约定在规定时间内完成清退生猪和拆除棚舍的工作。在每个阶段完成后，政府给予相应的退养赔偿。一般情况下，乡镇政府会给予不规范养殖户 2 个月的时间完成清退工作，这样既给予村民充足的时间，又保证村民们有一定时间能将小猪培育为成猪，减少村民损失，提高村民的配合度。

再次，进行协商谈判。清退工作小组对不主动进行退养的养殖户开展思想工作，与之协商谈判，并发动周边村民进行规劝。一方面，使其意识到养殖整治工作的重要性；另一方面，在政府赔偿标准的基础上，考虑到养殖户实际情况进行自由裁量，在允许的范围内尽量满足养殖户的诉求，使其配合政府养殖整治的工作，签订退养协议。对拒绝、阻碍国家工作人员依法执行公务的，按国家有关法律法规强制执行。在过程中，对坚决不退养、拒绝强制执行的养殖户，在获得有效取证后，如大规模不规范养殖场污染水体等，将其诉至法院。严控生猪检疫证，卡好不规范养殖场生猪流入市场关口，断绝不规范养殖场退路，使其完成退养工作。

最后，检查验收，转业扶持。养殖户与镇政府签订退养协议后，在规定时间内完成清退工作。乡镇政府在规定时间内向村民发放退养赔偿，并再次确认赔偿发放情况。在此基础上，乡镇政府对养殖整治工作完成情况进行自查，并向区政府提出检查验收申请，由区政府组织验收。区政府对验收不合格的单位提出整改意见，督促落实到位。乡镇政府按照退养协议对符合困难认定的退养户提供就业岗位，联合相关部门，充分整合资源，扎实开展再就业培训工作，给予其就业方面的支持和保障。此外，镇政府按照退养协议的要求做好清退任务的收尾工作，并不定期开展抽查，防止不规范养殖场死灰复燃。

（三）世界级生态岛养殖治理的手段与策略

根据利益主体的特征，我们梳理了C区养殖治理过程中出现的系列冲突。第一，从主要冲突主体来看，一方为由农技中心牵头组建的清退小组，另一方则为不规范养殖户。从地域上看，不规范养殖户有外来户与本地户之分，外来不规范养殖户包括散户、小户以及养猪"钉子户"，本地不规范养殖户包括散户、小户以及"攻守同盟"。从个体特性上看，不规范养殖户的社会经济特征各不相同，包括经济状态、政治面貌、身体健康程度（部分被清退的养殖户为残疾人）等方面的差异，体现出养殖治理对象的复杂性。第二，从冲突焦点来看，不规范养殖户对养猪存在着自家食用、改善生活、维持生计、赚取利润等需求，对养殖治理抱有被动支持、谋求经济补偿、拒不配合等心态，因此双方冲突具有程度上的多样性。

表3-3 C区养殖治理中的冲突

治理对象类型	冲突焦点	清退小组与治理对象冲突程度
外来不规范养猪散户、小户	改善生活 经济利润	弱
外来不规范养猪"钉子户"	拒不配合	强
本地不规范养猪散户、小户	维持生计	弱

续表

治理对象类型	冲突焦点	清退小组与治理对象冲突程度
本地不规范养猪"攻守同盟"	高额利润 巨额补偿 行政处罚 长期拖延	强

随着外部环境不断变化，清退小组积极抓住有利条件，综合考量治理对象实际情况、利益诉求以及自身资源，采取了多元化的执行策略，得以保质保量完成不规范养殖清理工作。执行者采取了先易后难的策略，先清退外来养殖户，再清退本地散户、本地"钉子户"。对外来养殖户，采取利益宣传、谈判、利益加码等手段；对一般的不规范养殖户，以党员教育为切入点，采取利益帮扶、打亲情牌等手段；对"钉子户"，采取雨天拍摄农户违规视频、迟发检疫证等转移手段。对不同阶段的目标采取有针对性的手段，在不触碰法律的前提下尽可能满足受影响者的利益诉求，使具体清理方案能够容纳多方利益。

我们根据嵌入程度（高或低）与冲突程度（强或弱）建构了二维执行策略分析框架。嵌入程度是指不规范养殖户嵌入当地社会生活网络，拥有社会资本的程度，本地居民嵌入程度相对更高，而外来居民嵌入程度相对更低。冲突程度是指清退小组与不规范养殖户之间在合作意愿和利益分配上的差异，冲突程度强表现为双方难以达成利益分配方案、合作意愿小，冲突程度弱表现为双方达成利益分配方案可能性较大、合作意愿强。面对不同主体的冲突，清退小组分别采取了说理、强制、关系和联合4种不同执行策略，同时根据对象特征辅以不同的利益加码。

1. 说理策略

遵循先易后难的原则，最先被清理的是外地不规范养猪散户、小户。清退小组认为，外来不规范养殖户在本地社会资本的嵌入程度相对较低，散户和小户实力更弱，养殖目的在于改善生活水平，而非盈利，存在较大的合作可能性。因此，清退小组采用说理的策略，通过村委会、养殖户亲朋好友等参与对不规范养殖户的轮番劝说，分析不规范养殖造成的负外部性，同时以符合外地不规范养殖户心理预期的补偿标准进行谈判，清退了大部分外来不规范养猪散户、小户。

2. 强制策略

考虑到坚决不配合的外地不规范养殖户在当地社会资本较为匮乏且各种

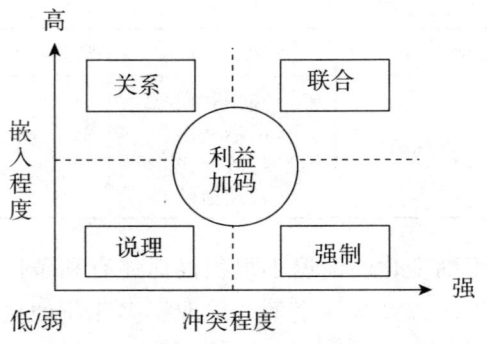

图 3-5　C 区养殖治理的二维治理策略分析框架

柔性的劝说和经济补偿难以奏效，清退小组通过断水、断电等强制策略，迫使外地不规范养猪"钉子户"的生产环境难以为继，主动放弃不规范养殖行为，寻求与清退小组的合作。这一策略不仅保证了养殖整治任务的稳步推进，同时也彰显了政府对养殖治理的决心。

3. 关系策略

关系对乡村社会的人际交往发挥着重要作用。本地不规范养猪散户、小户由于长期生活在 C 区，形成了错综复杂的社会关系网络，具备丰富的社会资本。从冲突程度的剧烈性看，本地部分不规范养殖户的养殖活动是为了维持生计和自家食用等，而自家食用猪肉的替代性较强，本地不规范养殖户也能另谋生计，因此整体上冲突性较弱。清退小组遂以关系作为切入点，一方面发动党员关系、残疾人关系、家庭关系，分别对老党员、残疾人、老父亲等进行劝说；另一方面为贫困养殖户增加了 10% 的补贴标准，同时积极为残疾人、贫困户等特殊人群提供再就业服务，推动了本地不规范养殖户的清理工作。

4. 联合策略

部分本地不规范养殖户通过社会资本抱团成立"攻守同盟"，以增强自身与清退小组谈判的筹码。由于这些抱团的本地不规范养殖户规模相对较大，利润颇丰，在治理过程中利益冲突较为明显。与外地不规范养殖户不同，本地不规范养殖户的生产与生活紧密相连，难以通过强制手段来实现政策目标。清退小组此时选择联合策略，即联合乡镇领导干部、经济办、农技中心、规保办、水务所、派出所、村干部等基层乡镇力量，区政府、区环保局、区农委、区检疫中心等区级行政力量，还有区法院执法部门的司法力量，形成跨层级、跨部门的合力，对本地不规范养殖户进行整治，并通过适当增加补偿、提供销路等经济手段刺激其加速清理。在这一过程中，清退小组因势利导，利用了气候、疫情等外部因素，完成了C岛不规范养猪的整治工作。

五、世界级生态岛养殖治理困境的表征与原因分析

（一）世界级生态岛养殖治理困境的表征

1. 养殖治理主体碎片化

整体性治理强调要通过政府内部的各个部门之间达成充分有效的沟通和合作，来达到政策目标的充分实现。治理过程中，主体的碎片化主要表现为，政府内各部门之间缺乏沟通与合作，各自为政，以自身的任务目标为导向，而最终这些部门目标在缺乏整合的情况下，无法促成整体政策目标的实现。具体表现为三方面，即纵向政府层级上缺乏整合、横向部门之间缺乏整合、政府与外部村委和村民等缺乏整合。

纵向上，从区级政府到乡镇政府再到清退小组，层层政策目标从上至下推进，最终的清退协调工作重任都压在了清退小组身上，在政策执行过程中的困难，都需要清退小组主动联合其他部门解决，各相关部门都处于被动参与状态，上级政府对于整体性工作的整合协调依然不足，治理主体呈现碎片化。

横向上，在C区清退不规范养殖场的案例中，张家养猪场事件强烈地体现出横向政府部门间治理主体的碎片化。在区人民法院判决张家败诉之后，清退工作依然难以推进，这些治理主体都只完成了各自的职责目标。环保局开具了行政处罚单，法院冻结了张某的账户，水务局责令停止了河道的污染等，但张家账户资金转移，罚款无用，判决无法实质生效，行政处罚等于无，张家养猪场基本没受到什么实质性损失。横向上治理主体的碎片化最终导致各部门的行政执行达不到政策目标效果。

政府部门与外部治理主体之间也缺乏整合。如与村委会之间、与村民之间的治理合作不紧密，碎片化情况比较严重。政府部门没有充分发挥村委会等自治组织的作用，村委在清退工作中，仅仅是听从政府的执行策略行事，缺乏主动性；同时，在制订不规范养殖场清退工作计划的过程中，没有深入了解村民的意见，村民一方面没有心理接受的预期，另一方面，某些切身的利益无法保障，政府就笼统地将其归结到了某个政策执行方案之中，如为被清退的养殖户推荐工作，但很少有村民接受政府预先设计的推荐就业方案。

2. 养殖治理依据碎片化

治理依据碎片化,表现在政府在执行中央与地方的不同政策法规、前后颁布的不同政策法规、经济发展与环境保护的不同政策法规等方面,呈现出碎片化。不同的政策法规由于涉及特定的内容,常常具有不同的指向。但政府在执行过程中常常只关注对单一政策的执行,而忽视对其他政策目标的回应与考量,从而导致执行结果可能出现与其他政策目标不相容的情况。

本案例中,在推动畜牧业养殖发展上,政府颁布了一系列政策,如《国务院关于促进生猪生产发展稳定市场供应的意见》《关于促进生猪生产稳定发展的通知》《关于进一步提高生猪生产水平的技术指导意见》《生猪良种补贴资金管理暂行办法》等相关文件,旨在促进农村经济发展,提高农民经济收入的多样性。地方层面,上海市为推动C生态岛建设,发布了《C生态岛建设纲要(2010—2020年)》《C世界级生态岛发展"十三五"规划》等,旨在以更高标准、更开阔视野、更高水平和质量推进C生态岛建设。从政策时间维度上看,上海多次出台生猪科技入户工程实施方案,C区X镇农技中心特地安排了技术人员对生猪养殖户进行知识和管理技能培训,推动本市生猪生产持续健康发展。2014年以后,C生态岛建设计划颁布,清理不规范养殖的方案便提上日程。

然而在执行的过程中,各基层政府人员难以全面把握政策的目标,执行方案单一,最终导致不同政策的执行指向出现顾此失彼甚至对立的境况。例如,在推进畜牧业养殖发展与建设C区生态岛方面,两者的政策目标并不冲突,但在执行过程中却表现为:前一阶段鼓励养殖发展,但对养殖相关的环保问题、土地使用性质等问题并不关心;后一阶段推进生态岛建设政策执行,直接清退养殖场,放弃了鼓励养殖的政策目标。

3. 养殖治理过程碎片化

整体性治理强调协调和整合,政府部门在治理过程中,要充分考虑政策执行的环境,做好治理过程中可能出现的风险应对方案,同时政府各部门之间要进行充分有效的沟通与合作,以保证政策目标的稳定性和一致性。治理过程的碎片化,体现在政策执行过程的不完善,政策执行前缺乏对政策环境、执行对象情况的充分了解,缺乏危机预警方案、善后处理方案的制订等。另外,政策执行者还须以更为全局的视角来认识政策目标,从更为系统的层面来审视政策影响,深刻理解政策执行所产生的综合功效,而不是只看到其中的单一功能。

在C岛清退不规范养猪场的案例中,清退小组遇到很多不同类型的困难家庭。例如，在清退过程中，有残疾人养殖户、困难家庭户、养殖为唯一经济来源户等，这些人以养殖为生，清退不规范养猪场的过程同时还带来了农民丧失经济收入、失业，弱势群体社会保障难以实现等方面的问题。治理过程的碎片化导致了清退小组在遇到这些问题时，没有完备的应对方案，在为失业农民推荐工作的过程中，难以满足农民的意愿，养殖农民转业方案基本没能完成，政策预案不足。

整治不规范养猪场政策的推进过程中，还涉及环保、土地、水务、检疫等多方面内容，但实际治理过程中，清退小组一直是清退工作的主力。在遭遇"钉子户"张家时，清退工作无法完成，陆主任采取了暴雨天拍录养猪场污水污染河道视频取证，提交环保部门开罚单的方法。过程的碎片化导致环保部门在政策执行的过程中缺位，原本应该由区环保局主动监管的环境污染问题，最后落到了清退小组身上。

另外，农业用地改变用途，建设生产设施用于规模化生猪养殖情况的监管也不到位，这本是乡政府经济发展办公室的监管职责，然而在清退不规范养殖场的过程中，发现其职责也是缺失的。

4. 养殖治理手段碎片化

养殖治理手段的碎片化表现为，整治过程中不同部门因不同职权类型而适用不同的政策工具，但彼此之间的方法缺乏协调，有时还会出现部分部门的职能缺位，致使无法达成政策的整体治理效果，各方合力等于零。另外，治理手段缺乏效力，超过一定的职权范围，单一部门的执行手段对于一些拒不服从的治理对象缺乏约束力。

行政处罚作为政府部门一项重要的政策工具，对于政策目标的达成发挥着较为重要的作用。案例中，C区X镇政府在开展清退工作的过程中亦采用了这一手段，但是实际效力不尽如人意。一方面，潜在的激烈反抗遏制了强制性行政手段效力的发挥。针对不规范养殖户不配合的情况，C区相关执法部门对其采取了相应的行政处罚措施，但收效甚微。如对不规范养猪场的强制拆除工作迟迟未能推进，其中有出于维护当地稳定的考虑，如若进行强制拆除，很大程度上会引发村民的激烈反抗，存在演变为群体性事件或暴力事件的风险。

另一方面，多个部门之间不协同导致的行政手段落实结果与预期目标的差距，增强了不规范养殖户的抵抗信心。如：不规范养猪散户抱团无视政策规定，拖延清退；"钉子户"无视行政处罚，不予执行；转移账户资产，逃避法院判决执行；等等。其中，张家养猪场最具典型性，张家属于本地无证养殖户，其生猪养殖对周边环境造成较大负面影响。在政府前期对其劝退时，张家表面配合，实无行动。在后期法院做出清退养殖场、冻结资金的判决后，张家视若无睹，逃避处罚。此类行为激起了周边其他不规范养殖户的侥幸心理，使其逐渐失去对强制性行政手段的敬畏之心，造成行政手段效力降低。

（二）世界级生态岛养殖治理困境的原因

1. 政府部门间存在协调壁垒，缺乏合作机制

行政系统是各部门相互联系、彼此作用的有机整体，部门间立足整体、协调配合、合作共治是政府运行与发展的理想状态。然而，现实却是不同部门的系统认知与责任意识淡薄，互不配合，扯皮推诿，导致协调壁垒牢不可破，良性的合作机制难以构建。

在C区的养殖治理过程中，多部门未考虑到养殖治理工作的整体推进，各自坚守所谓的"职责定位"，互不配合。一是多部门缺乏系统认知与责任意识，未及时融入养殖治理的整体格局。X镇养殖治理应该是由镇政府牵头，区环保局、农委、市场局、防疫站等部门配合予以推进的，但是在实际工作开展过程中，除镇政府以外的多个部门并没有主动参与其中的意识，部门利益化使得其固守所谓的"分内之事"，对于养殖综合整治工作存在缺位之嫌。二是各部门间扯皮推诿，合作壁垒难破。镇政府在养殖治理工作中承担主要责任，而关键的强制执法权却在其他部门手中。当镇政府清退小组采取劝说与警告等口头手段无果转而寻求其他部门的协助时，却接连遭遇多个部门的推脱。

如在清退张姓人家养猪场的过程中，镇政府清退小组在多次与其斗智斗勇后终于掌握养猪污染的证据，上交区环保局。区环保局开具行政处罚文书，但张某不服，选择去法院上诉，最终法院判决张某败诉，并进入强制执行阶段，然而张某却拒绝支付任何处罚款项，并且到处宣扬其对抗政策法律的"丰功伟绩"，妄图纠集其他拒绝退养的养殖户共同对抗政府退养政策。无奈之下，镇政府欲联合农委、区环保局、法院以及经济办等部门共商解决方案，但协调会上各部门均不愿意接下这"烫手山芋"，互推责任，协调无果。

2. 养殖户缺乏政策认同与消极应对

公众是政策变迁最直接的体验者与受众，其对政策是否认同关乎政策是否能够顺利执行。在本案例中，不规范养殖户对于退养政策的理解程度较低，加之受到退养后再就业问题的困扰，其难免对该项政策缺乏认同，进而产生消极应对的态度。

第一，养殖户对政策转变不理解。我国自1975年便发布《关于大力发展

养猪业的通知》，鼓励家家户户养猪维持生计。持续了数十年的鼓励声突然沉寂，转而进行大力度整治，清退所有不规范养殖户。这一较大的转变使许多养殖户甚是不解，在访谈过程中，许多被访者表达了对整治政策的质疑：明明之前（十几年前）所有的政策都是鼓励养殖的，为什么现在突然要清退养猪场；即使暴发了非洲猪瘟，那为什么不可以等猪瘟过去后继续从事养殖工作？正因这种不理解，部分激过的养殖户对待清退小组成员态度极其恶劣，经常恶言相向。即使是相对理性的养殖户，清退小组也需要花费数十天时间方能成功说服其签署退养协议。

第二，再就业困扰加剧退养户的政策不认同。事实上，在清退之前，C区大部分的养殖户均以养猪为主要生计，多年的养猪生活固化了其谋生的手段，除生猪养殖外鲜有可胜任的工作。如若轻易退养，养殖户将面临较大的失业风险与重大的生活压力。虽然政府方面已有诸如为退养户提供再就业岗位以及技能培训等举措，但其亦存在一定缺陷。一是政府提供的就业岗位有限，且集中在生态保洁等工作领域，薪资收入不具吸引力；二是多数退养户缺乏基本的知识技能学习能力。因此，政府此举作用有限。

基于政策认同的缺乏，不规范养殖户往往采取消极应对行为，包括故意拖延与威逼利诱两种。第一种养殖户既不配合治理工作，也不出面与政府协商交谈，故意拖延治理进程，使得治理计划难以推进，停滞不前。访谈中一些养殖户表示，自己虽愿意接受清退要求，但自己不愿成为被清退的第一家。这些养殖户抱着拖延时间或能幸免退养的侥幸心理，以期通过磨灭、冲淡政府工作人员的热情与耐心来达成免于清退的目的。第二种养殖户则较为强势，其试图通过采取各种方法威胁政府叫停整治或提高补偿标准。访谈中，农技中心的陆主任表示，养殖户类似威胁的行为时有发生，如多次到政府办公室喧哗闹事，不轻易离开，更有甚者下雨天将生猪装车，开至政府办公楼前，以生猪性命威胁政府，要求开具检疫检验证明。

3. 经济治理工具不完善

经济手段的运用对于政府治理与政策执行起着非常重要的支撑作用，经济治理工具如若得到良性利用将在较大程度上缓和政策执行过程中所遇矛盾或冲突，反之则加剧。在本案例中，C区政府对经济治理工具的应用尚不成熟，导致诸多治理困境。其主要体现在两方面，一是退养补偿标准存在地区间差异，二是不同养殖户间的退养补偿标准存在较大差异。第一，C区不同村镇的补偿标准不一。访谈发现，部分乡镇拆除棚舍的补贴为50元每平方米，而经济条件较优越的陈家镇拆除棚舍的补贴则达到了150元每平方米；S

镇、Z 镇的母猪补贴为 2500 元每头，而 X 镇的母猪退养补贴则仅 2000 元每头。不同地区的养殖户之间进行相互比较，较低标准地区的养殖户极易产生落差感与退养抵触情绪，甚至要求政府给予更高的补贴标准，加大政府的整治难度。第二，在实际的清退过程中，不同的养殖户享受到的补偿力度不同。尤其拥有逐利心态的养殖户通过采取拖延、抱团等各种方式与政府部门谈判，等待利益加码，这使得采取策略的养殖户与不采取策略的养殖户之间以及采取不同策略的养殖户之间的补偿不一，未能体现利益补偿的公平性，同样易形成相互比较，加大清退难度。调查问卷结果显示，63.00%的被调查者认为整治过程中的首要障碍是"补贴未到心理价位"。

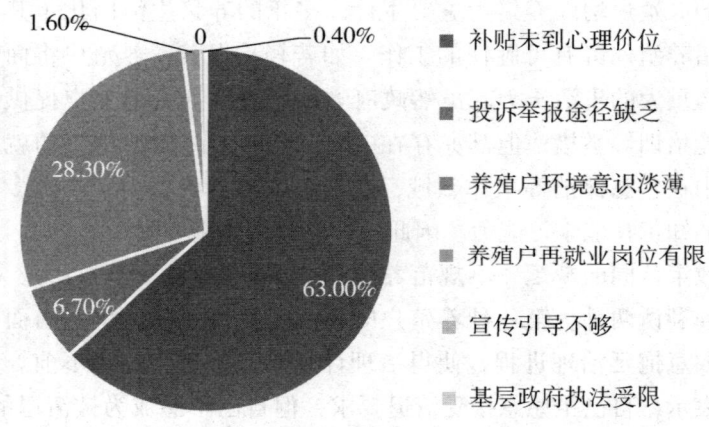

图 3-6　您认为不规范养殖整治过程中最大的障碍是？

4. 村民隐忍变相助长不规范养殖户的抵制

村民间的互相信任、隐性规范与互惠依赖编织成农村紧密的社会网络，一旦形成往往不易打破。在本案例中，不论是外来养殖户还是本地养殖户，均与周边村民形成了较为深厚的情感基础，对于养殖户养殖生猪带来的生活麻烦，周边村民多采取隐忍的态度，以维持良好的乡邻关系。此种强大的社会资本变相助长了不规范养殖户对于清退的抑制，严重影响整治工作开展。

问卷调查结果显示，当问到"面对周边养殖户的不规范养殖行为，您会采取哪些维权措施"时，超过 1/4（26.7%）的村民表示"自行关闭门窗"或不作为（"算了，都是乡邻"），24.00%的村民表示可"请村里德高望重的人出面"调解。可见，大部分村民均采取息事宁人的举措来应对不规范养殖行为，态度并不强硬。

六、完善世界级生态岛养殖治理的相关对策

（一）层级整合：强化政府部门之间的纵向联合与横向联合

C区养殖整治过程中复杂的利益冲突给以强调专业分工为特征的传统政府治理模式带来了挑战，使得政府部门在实际工作开展过程中难以有效应对各类矛盾，陷入治理困境。整体性治理在强调等级权威的政府组织结构的同时，提出要以协作信任为原则搭建治理平台和关系网络，形成网状治理架构。因此，有必要加强政府部门间的层级整合，提升城市整体性治理水平。

第一，加强政府部门间的横向职能整合。一方面，通过将退养补贴落实情况、退养户基本生活保障及再就业情况等因素纳入审批条件，进一步严格退养程序；另一方面，通过明晰各部门的职责边界，建立部门间共同责任的衔接与配合机制，缝合各部门碎片，以避免各自为政、扯皮推诿等现象的出现。第二，强化政府部门间的纵向协调整合。整体性治理着眼于政府机构和组织体系整体运作的协调性、协同性和整合性，强调层级节制和专业分工基础上政府运作的整合。在推进不规范养殖整治时，应着力构建纵向层级间的协调机制。向上争取授权，拓展改革空间；向下充分放权，支持基层改革创新。以逆部门化、逆碎片化方向稳步推进政府部门及其内设机构、下设事业单位的整合调整，渐进式改变各行其是的部门分治模式。

（二）公私整合：提升治理主体与目标群体协商成效

政府政策的高效执行离不开各方主体的良性互动，尤其是养殖整治涉及公权力与私权利两方面，治理主体与政策目标群体间的协商作为双方关系的润滑剂在过程中就显得极为关键。一是要确立治理主体的协商统领地位，积极推进公私对话。养殖整治涉及的主体与对象多元而复杂，有必要明确统一的对话引领者，主力推动对话进程。在C岛养殖治理过程中，政府部门需要明确自身作为治理主体积极推进与养殖户协商对话的角色定位，通过宣传、走访等形式持续主动地与养殖户深入沟通与交流，了解其真实的诉求，助力养殖整治的推进。二是要坚持程序与制度保障，推动实现目标群体的多途径参与。一方面，从养殖整治政策制定、执行直至评估反馈等各个环节均有必要吸纳公众特别是目标群体养殖户的想法和意见，倾听目标群体的利益诉求；另一方面，保障目标群体参与的实效，通过提高协商密度、调节协商氛围等方式，提升养殖户的协商意愿，促进其与政府部门形成良性互动。

（三）功能整合：落实养殖治理多方联动机制

合理高效的联动机制是解决牵涉利益群体众多、突发而复杂的问题的有

效手段，其特点在于跨区域、跨主体整合资源，通过统一指挥、联合行动的方式形成矛盾处理的规模收益与集成效应。

一方面，保证政府部门间的有力衔接。政府部门内部在执法衔接上的不畅是政策实效打折的重要症结。创新联合惩戒，合力攻克拆除"难点"。针对治理矛盾比较突出的区域，整合各相关部门的力量。如若由单个执法部门冲锋陷阵，易触及其他部门职权边界，影响部门间关系，甚至消解执法行为的合理合法性，以至于在实际工作开展过程中执法力度偏弱，养殖整治效果不佳。跨部门联动执法则可在一定程度上堵塞执法监管漏洞，避免职能职责越界冲突，强化部门间交流互信，提高执法监管水平。另一方面，实现多方主体间的有效联动。积极发挥包括政府、村委会、村民以及其他市场与社会力量的作用，结合不同主体的资源禀赋与信息优势，加强各方合作，形成整治合力。如：发挥政府的引领作用，统筹整治全局；巧妙结合村委会与村民的地域优势与情感关联，推动退养进程；借力外部市场，疏通养殖户外销渠道，助力退养工作圆满收尾；等等。

（四）信息整合：实现养殖治理过程中的信息对称

信息不对称历来是诸多政府治理难题的症结，在 C 区养殖治理进程中信息不对称现象若隐若现，不同主体间尤其是政府部门与养殖户间对养殖治理的相关信息获取量较不匹配，这对养殖整治产生一定阻力。因此有必要通过信息整合，实现养殖治理过程中不同主体间的信息对称。

首先，加强对政策法规的宣传。如可利用科学技术制作模拟生态岛建设成效的影片，通过电视、网络等线上渠道向当地养殖户及其他村民呈现；或通过分发宣传册、开办宣讲会等形式向村民们做政策讲解，答疑解惑，传达政策的内在本质，提升村民的政策认同感。其次，构建信息公开与反馈机制。一方面，政府部门在工作过程中应保障村户的知情权，及时进行必要的信息公开，使养殖户及其他村民及时了解清退工作实情；另一方面，疏通政府部门与村民间的沟通渠道，在制定补偿标准前开办听证会，充分听取民众的意见并予以及时反馈，以此形成良性的村民反馈机制，增强主体间信息的双向互动。最后，推动政府部门间信息共享。一方面，政府各部门间需形成合力意识，摒除部门利益化观念，与其他部门间形成良性沟通；另一方面，运用科学技术手段消除部门的信息系统障碍，破除信息隔阂，清退小组应准确将信息汇总分享，助力整治情况及时反馈给拨打"12345 市长热线"的居民，保障公民知情权。

（五）政策整合：补偿性与保障性政策执行到位

构建科学合理的补偿与保障机制并予以有效落实对政策的顺利执行必不可少。同样地，对C区的养殖整治而言，有效补偿被清退养殖户的利益损失并保障其后续再就业等问题亦显得必须且必要。

一是建立科学多样的评估与补偿机制。其一，在全面了解养殖户实际损失及市场行情等信息后，确定相对科学合理的补偿标准；其二，除一次性的经济补偿外，为保障退养户的基本生活不低于原水平，保障其今后医疗、养老等方面的支出，政府可尝试为其缴纳城乡居民基本养老保险和医疗保险，实现补偿机制的多样化；其三，精准识别不同类型的养殖户，确立科学的评估标准，分类分档予以补偿。

二是完善保障性配套措施。重点关注退养户的再就业问题。其一，提供更多的就业岗位为退养户转移就业、稳定就业服务。如可通过战略规划和招商引资、结合外部引进和内部培育，形成规模化、企业化和标准化的现代生猪养殖大户或企业，促进退养户再就业；或对于生态保洁、河道保洁等岗位的录用优先考虑退养户。其二，加强对退养户的职业技能培训。结合实际，采取分类指导方式。第一种为集中培训。由区政府相关部门统一组织培训，培训内容可包括服务行业和技术工种类培训与农村实用技术及现代化农业类培训两类。第二种为自主择业培训。养殖退养户可根据自己的择业需求自行到政府认定的培训机构参加各类技能培训，培训结束后，凭培训合格证或技能鉴定资格证再就业。最后，对就业困难的特殊人群给予二次就业保障，如对因自身文化程度偏低无法通过培训实现再就业的人群或自身残疾致劳动能力缺失的人群发放政策补贴，保障其基本生活开支，并由基层政府或村委予以定期的探访与关照。

案例四

府际关系何以调适：对口支援"项目制"运作的"D县故事"

案例正文

引言：一道深思熟虑的跨省挂职令

A省，位于长江三角洲板块，下辖16个区，总面积6340.5平方千米，2021年常住人口约2428.14万，地区生产总值为38700.58亿元，被誉为中国金融、国际经济、科技创新、贸易和航运五大中心。

时钟拨回2018年2月。春节刚过，A省的节日氛围尚未褪去，经历阖家团圆假期后的人们陆续返回工作岗位，支持和保障着这座超大城市的精密运转。

周一早晨，A省南浦区商委副主任ZH如约抵达区委大楼312小会议室，负责干部工作的组织部副部长与ZH亲切握手。组织部副部长首先感谢ZH发扬大格局、不惧难的精神，积极报名参加为期三年的对口支援工作。推进东西部扶贫协作，是党中央、国务院为加快西部地区扶贫开发进程、促进区域协调发展而做出的重大战略决策。作为东部沿海经济发达的超大城市，A省将做好对口支援和东西部扶贫协作工作定义为服务全国发展大局的使命和责任。A省点对点协作帮扶7省份19个市（区）78个县，其中南浦区定点对口帮扶位于Z省的F市。

副部长在摊开的地图上比划着介绍情况，最后停留在F市所辖的"D县"几个字上。"Z主任，组织经过慎重考虑，决定由你挂职D县委常委、副县长，不知意下如何？"

"感谢组织信任。从态度上，我一定牢记使命，全力以赴。从成效上，我感觉底气有些不足，之前没有深入接触过对口扶贫工作，担心自己能力不够或会有考虑不够周全的地方。"

"对口支援工作意义深远。党委经过全方位考察，认为 Z 主任政治意识强、专业水平高、干事创业有热情，相信各方面都能胜任这项工作。此次南浦区共有 12 个干部挂职 F 市及所辖的 5 个县：副区长 LDM 同志挂职 F 市副市长，L 区长也是此次南浦区援 F 市协调组组长；科委的小朱在 F 市扶贫办挂职，同时兼 L 区长的联络员；其他 10 位同志按照一位副县长搭配一名扶贫办副主任的模式，下沉到县里开展工作。挂职 D 县扶贫办副主任的是区农委的科级干部小赵。希望到县里后，同志们紧密结合对口支援地区实际需求，切实为当地'引好项目、做好项目'，同时严守工作纪律，遵从当地风俗，树立 A 省干部的良好形象。"

回办公室后，ZH 马上查阅起对口支援所在县的基本情况。D 县位于我国西南地区云贵高原向四川盆地过渡的斜坡地带，属于 Z 省 F 市，海拔 2100 米至 2700 米，是一个少数民族自治县，拥有独特的风俗文化。由于地形崎岖、交通不便，经济发展落后，D 县曾在很长一段时间内处于深度贫困状态。截至 2017 年年底，全县共有贫困乡（镇）6 个、贫困村 27 个，建档立卡贫困人口 3.2 万人，贫困发生率高达 25%。虽然 ZH 出生成长于农村，但位于中部地区的家乡很多年前就经历了脱胎换骨之变，老百姓的生活有了很大的改观。如何用好 A 省每年对口拨付给 D 县的 3000 万扶贫专项资金，用"项目制"的方式带动村民真正持久脱贫呢？ZH 陷入深深的思考……

一、初来乍到：挂职常委水土不服

初春微凉。天刚蒙蒙亮，洗漱过后，ZH 坐在书桌前，翻开手边的笔记本，首先映入眼帘的是飞机上自己随手在扉页上写下的一句话："三句再立赴成关，功不达愿誓不还。"

ZH 不禁忆起前一天上午送行会的场景。区委书记殷切嘱咐干部们在外挂职期间，深刻领会对口协作的重要意义，讲政治、讲大局，充分发挥沟通的桥梁和纽带作用。书记给大家提出了三点希望："一是主动融入当地，虚心请教，尽快适应；二是牢记使命，自觉奉献，助力 Z 省打赢脱贫攻坚战；三是团结协作，转变作风，干事创业，做好项目。"随后 LDM 副区长作为南浦区援 F 市协调组组长发言，强调大家在扶贫协作中要展现南浦干部群体的优秀作风，同时提醒大家注意安全和保重身体。ZH 认真梳理起每一条要求，干好工作的决心越发坚定。

7 点 30 分，县府办秘书小徐打来电话。小徐汇报了今天的主要工作安排，上午9点参加县委常委会，下午1点前往石泉镇彝族村调研。

县委小礼堂里，首次参加常委会的ZH飞快地在笔记本上记录着会议主旨。D县委书记和县长对ZH的到来表示热烈欢迎，期待"A省经验"能够给D县带来新风气和新作为。讨论常委分工时，ZH因已知挂职副县长固定的职责范围是"主管东西部扶贫协作"，故未参与讨论。之后，县长提及主管民族宗教事务的张副县长在省委党校学习3个月，这块工作拟请ZH代为协管。毫无预期的ZH略有讶异，在感受到其他9位常委的"注目礼"后，随即应承了下来。

常委会结束后，县委书记询问ZH下午的工作安排。得知调研目的地为石泉镇后，Y书记对常务副县长WJW说："W副①，下午如果没有什么重要安排，陪Z副去石泉走一趟，你主管经济、农业和水利，熟悉情况。两位正好又都住在县委大院工作宿舍里，也有个照应。"

石泉镇与县城之间的直线距离虽不远，但单程却要4.5小时。沿途皆是山区，天气忽晴忽雨，道路一侧紧靠峭壁，另一侧则是湍急的江流。盘山公路弯道紧凑，落差极大。行驶在乡镇时，还是硬化道路，越往村寨深处走，路途越变得颠簸起来。ZH和小赵坐在东摇西晃的汽车里，强压住晕车带来的反胃感。车子停稳，W副县长过来敲敲车窗，接下来进贫困村的路要步行跋涉了。

终于进了彝族村寨。村主任和几位村干部热情地迎了过来，一行人先到村委会办公室了解村里脱贫工作的整体情况。村干事给大家端来凉水杯，喉焦唇干的ZH深深一口"水"下肚后，竟呛得眼眶发红，肠胃开始灼烧般发起热来。W副县长见状，小声说："民族地区的风俗，村里农家自酿的五十度白酒，以酒代水，显示诚意。"

此次下乡，ZH拟定走访20家贫困户。进村路上，ZH观察到彝族妇女带着数个孩子在田里耕作的场景，便请村主任带大家到村寨小学去看看情况。

对于村寨小学的情形，ZH心里已经将预期降得很低。但当残破的景象就在眼前时，ZH还是感到了震惊：教学楼年久失修，粉刷的外皮大部分已经脱落，残破的窗户根本无法抵御初春的寒风；矮小的桌椅还算整齐地摆放着，但坐上去后就嘎吱嘎吱作响；操场上四处坑坑洼洼，几乎无法找出一块完整的平地供孩子们日常体育锻炼。挂职扶贫办副主任的小赵在A省出生成长，

---

① D县党委政府部门内部称呼副职一般采用"姓+副"的方式，以和称呼正职时区别开来。

从来没有近距离感受过此种状况，不禁潸然落泪，哽咽难语……

二、遇下马威：外来县长移本地佛

LDM 副市长到达 D 县时，ZH 刚刚完成 12 个村的调研返回县城。看到 ZH 的粗布外套和迷彩裤，L 市长竖起大拇指："已经有 D 县干部的样子了！"

作为南浦区援 F 市协调组组长，L 市长将对口帮扶的 5 个县都走了一圈。提及两个月来的工作感受，ZH 坦言："工作开展还是有一定的难度：一方面，县里开会基本都用 Z 省方言，一些关键信息经常听得一头雾水；另一方面，扶贫扶志项目不易展开，部分贫困户缺乏脱贫动力，甚至有贫困户家里想方设法杀猪宰牛、借钱赊账也要在墙上挂 16 个火腿，互相攀比。"

L 市长对于挂职干部面临的问题了然于心，嘱咐道："东西部扶贫协作，不能要求西部必须对东部的干部高看一眼。脱贫攻坚是国家任务，是大家一起齐心协力担负使命。初期工作会有磨合和适应过程，相信通过'看中学''学中做''做中求新'，一定会找到适合 D 县发展的项目路径。问题的存在是客观的，学会解决复杂问题才能真正长本事。"

一周后，一个棘手的问题悄然而至。根据常委会分工，在张副县长于省委党校学习的 3 个月内，ZH 协管民族宗教事务工作。2018 年 5 月，根据中央实施乡村振兴战略的相关决策部署以及 Z 省文明办下发的《关于进一步推进移风易俗建设文明乡风的指导意见》，D 县成立了移风易俗工作组，一大重点任务即是对本地违规违法建筑进行整治和拆除。

位于 D 县三江镇的青铜大佛被列为此次整治工作的关键项目。这座露天大佛由三江镇当地的一位企业家 ZQ 所建，坐落于城北 5 千米处的玉屏山腰，高约 99 米，企业每年收取门票和其他费用，盈利颇丰。然而，按照《宗教活动场所管理条例》和国家有关政策，设立宗教活动场所必须由宗教团体申请，经宗教工作部门审核同意，报县级以上人民政府批准。这座佛像既不符合露天佛像建筑标准，也未经过审批，属于违法建筑。同时由于玉屏山即将修建盘山公路，大佛影响了规划与施工，必须及时搬移。

因涉及民族宗教问题，三江镇青铜大佛整治工作的重任由 ZH 主抓。ZH 心里完全没底，只能硬着头皮上。ZH 请移风易俗工作组的同志先与 ZQ 取得联系，告知相关决定，并要求企业按照规定期限移佛。然而期限届满后，企业依然毫无动静。移风易俗工作组的同志再次约谈 ZQ，ZQ 态度十分强硬，认为这尊佛是企业合规建设的旅游景点地标，拒绝搬迁。

基于企业不配合的状况，移风易俗工作组决定将拆佛的工作交由县城市管理执法局通过行政执法手段解决。但当城管执法人员到达大佛所在地时，企业诸多人员及当地居民已聚集在现场。企业人员情绪激动，甚至有部分人员手持棍棒，一副欲冲向执法人员的架势。部分围观群众窃窃私语，"佛走了谁来保佑我们""拆佛不怕报应吗"，由此企业人员对抗底气愈加充分。为避免大规模群体性事件冲突，城管执法人员暂时撤离。

"外来的县长"ZH有些懊恼接下了协管民族宗教的工作，但一周前L市长的话却萦绕耳边："问题的存在是客观的，学会解决复杂问题才能真正长本事。"而且ZH隐隐感到，县里的干部们似乎都想看看这个A省来的干部到底"有何能耐"，只有拿出真本事，才能赢得信任，真正融入当地。

解铃还须系铃人。通过行政执法的强制力移佛，毕竟只是下策，能让立佛企业自行处置才是上佳选择。ZH决定亲自去拜访企业家ZQ。

第一次见面，在企业办公室里。ZQ认真听着Z副县长说明来意，很客气地端茶倒水，却没有表态。第二次见面，在县里脱贫攻坚企业家座谈会上。座谈会的间隙，ZH走到ZQ座位处，再次提及移佛的必要性和修建盘山公路的重要性，特别是盘山公路的开通对于全面带动旅游企业的经营有极大的促进作用，ZQ的态度有所松动。第三次见面，在ZH办公室。ZH坦言自己作为挂职干部移动本地佛并不容易，但这是自己上任后的一件大事，必须圆满完成。ZQ表示理解和接受，并提出希望能够给予企业20万的移佛补偿。第四次见面，ZH主动陪主管经济建设的WJW副县长视察企业。ZH告知ZQ按规定和程序已申请了2万元的移佛补贴，同时未来东西部扶贫协作项目在同等条件下，会优先考虑那些配合政府完成工作的企业。W副县长虽没有提及移佛事宜，但也表扬了ZQ作为企业家一直"识大体、顾大局"。

半个月后，ZQ遵循约定，完整迁移了玉屏山青铜大佛。请佛下山后，压在ZH胸口的一块大石总算落了地。省委党校学习归来的张副县长由衷地表示了感谢。ZH知道，这只是对口支援工作中一个小插曲，对自己来说，完成高质量的大项目，更是当务之急。

三、事与愿违：Y集团项目撤离

卸下"协管民族宗教事务"的重担，ZH全心全意投入扶贫项目工作。派出单位A省南浦区商委的王主任很关心下属的挂职工作，经常打电话关心和支持。

2018年8月，依托王主任引荐的资源，ZH对接了一家大型医药国有企业——Y集团，并通过考察论证，推动D县投资促进局与Y集团达成协议：

由 Y 集团无偿提供红花种子及化肥，指导贫困户种植并全部收购。ZH 向书记和县长汇报了项目情况，书记和县长认为这是个有潜力的好项目，指示"继续跟进，抓紧落实，让贫困户早些受益"。

县里管决策，执行靠乡镇。县农业农村局将鼓励红花种植的通知下发给乡镇，两周后信息汇总给 ZH，显示没有老百姓愿意种植红花。这个反馈给满腔热情的 ZH 浇上了一盆凉水。ZH 决定带着扶贫办副主任小赵走访乡镇了解情况。

甘竹镇板桥村里，村主任满腹苦水，虽然收到了镇里的通知，但内容粗略，没有指导性，传达下去村民不认同不理睬。ZH 耐心解释来龙去脉，村主任叹气："唉！Z 县长，老百姓实在是被弄怕了，前年说养猪，结果猪瘟一来，几天就死光了，每个村至少亏损 10 万元，家底都掏空了！去年又说种彩椒，丰收倒是丰收了，可是重庆的彩椒更大更鲜亮，卖得还比我们便宜，那一趟连路费都没挣出来。今年又说要种植红花，镇里也没说怎么种，村民更不懂啊……"

扶贫办小赵忍不住说道："Z 副，老百姓们是一朝被蛇咬，十年怕井绳。可这次红花项目有种子、有化肥，还包收购，我们请来的 Z 省农科院专家也说咱们县的气候和土壤适合种红花，天时地利都具备了，就差人和了。"

ZH 何尝不想尽快推动红花项目落地呢？回到办公室，ZH 请县农业农村局的同志再将红花项目的通知下发了一轮，并要求督促各个乡镇按通知完整做好宣传工作，不得偷工减料。

9 月初，ZH 带着小赵再次到乡镇调查进展，发现几个乡镇都抱着敷衍塞责的态度，不仅没有加大宣传和指导，反而将一些对红花项目感兴趣的村民堵了回去。三石村德高望重的村支书一针见血点出了原因："A 省来的国企对扶贫项目管理规范、要求严格，对乡镇干部来说，没什么自己可以获益的空间，所以宁可多一事不如少一事。"

从乡镇返回县城的路上，ZH 接到 Y 集团扶贫项目负责人张总的电话："Z 县长，两个多月过去了，要是找不到老百姓种红花就算了吧，集团已经另择基地了。"ZH 赶到张总下榻处时，项目团队刚刚离开，好不容易引荐而来的好项目就这样宣告落空，ZH 备感遗憾。

一波未平一波又起。10 月上旬，第七批全国扶贫项目产品目录申报开始。ZH 深知 D 县的产品进入目录的重要性，因为只有列入其中，才能进入各地消费采购的备选名单，赢得进入全国市场的机会。ZH 数了数前六批全国扶贫项目产品目录中 D 县一共只有 4 个入选。"这怎么能行呢？"ZH 掩卷而思。

ZH 隐约记得县里有个专做无土栽培果蔬的企业，正适合申报，立即找出联系方式询问进展情况。企业方恰好一肚子苦水没处倒："我们年初就在忙申报了，现在都 11 月了，县里申请还没批下来，我们只能干着急啊。"看来问题不在企业。ZH 又打电话给县商业服务中心，服务中心却推脱申报的企业不符合条件。ZH 一下子怒了："现在立马把主动申报的产品全部给我报上来！同时马上反馈这些企业还要补齐的材料！"

一周后，ZH 再次打电话给县商业服务中心。

"我们已经审核了，可上报是商委的事，后续的情况我们就不清楚了。"

"商业服务中心报上来了，我们也报给扶贫办了，是扶贫办没有及时跟进。"

"企业上交的材料还是不全，我们审批不了。"

只见大家互相推诿，来回踢皮球。企业—商业服务中心—商委—扶贫办，一圈下来，ZH 的一腔怒火早已化成了一身疲惫。第七批申报计划又泡汤了，全国扶贫项目产品目录上 D 县上榜的还是那孤零零的 4 个产品。

夜里，ZH 辗转反侧。他拨通了 L 市长的电话。L 市长安慰道："营商环境确实是个问题，这也是挂职干部们普遍反映的情况。正因为难，才需要东部西部一起协力，这也是给我们挂职干部的一大考验，千万别气馁。你上任还不足一年，还有施展拳脚的机会，我和 Y 集团再协调一下，争取时机成熟时，D 县再把红花种起来。扶贫项目产品目录，吸取教训，早做准备，明年再报！"

连遇挫折让 ZH 的信心多少有些动摇，但是不曾料想的是，一场更大的困境让 D 县几乎全国"闻名"。

四、雪上加霜：国务院通报加批评

"砰砰——砰"，ZH 被凌晨响亮的敲门声惊得从床上弹了起来。打开门，住在楼上工作宿舍的常务副县长顾不上寒暄："出事儿了！"

原来，国务院精准扶贫工作成效第三方评估团队①前一阵在 D 县暗访。评估团队发现石泉镇李港村的一个扶贫安全饮用水项目有大问题。10 年前政府投入 21 万元修建的饮用水设施根本无法使用，只是一个空架子，既没有入水管也没有出水管，当地用水仍极度艰难，百姓每日上山取水背水，苦不堪

---

① 由国内科研院所和高等院校的 1500 余名专家学者组成的评估调查团队，深入贫困地区，对基层扶贫工作成效进行客观公正全面的考核，考核结果计入当地的扶贫工作绩效。

言。国务院点名通报批评了 D 县"落实国家政令懈怠，头等民生大事敷衍"。随同第三方评估团队一起到 D 县的还有中央电视台《经济半小时》摄制组，制作播出了《中看不中用，饮水遭遇"假工程"》节目。

凌晨 4 点，县委小礼堂灯火通明。所有的领导面色凝重，压力重重。书记带头检讨，李港村饮水工程问题暴露出政治责任不落实、主体责任不到位、工程建设不规范、工程验收不严格、工作作风不严不实、水利行业监管缺位等问题，民心工程没有做好，成了"失心工程"。当务之急，是成立工作组进行调查核实，将相关调查结果及时发布。

因常务副县长主管经济、农业和水利，此次饮水安全工程造假调查工作由 WJW 副县长负责。县委书记和县长请 ZH 协助 W 副县长做一些危机应对工作：一来虽是 10 年前的饮水项目，但毕竟涉及扶贫资金的使用问题；二来央视播出后，预计会有多家媒体到 D 县，ZH 曾担任 A 省南浦区商委新闻发言人，有和各级媒体打交道的经验。

办公室里，WJW 和 ZH 专注地讨论着调查方案。ZH 建议，先请新闻办发一则《情况通报》，表明县委、县政府高度重视，迅速召开会议，成立了工作组进行调查核实，相关调查结果将会及时发布，以消解舆论的巨大压力。在调查对象方面，WJW 和 ZH 一起商定了乡镇干部、施工企业、村民等的走访范围。

石泉镇镇政府会议室里，镇长低着头说："蓄水池是 10 年前农村饮水安全工程建设项目，主要解决农村居民的饮水问题，验收是前一任镇长亲自监管的，村民反馈也不错，应该是后续的哪个环节出现了纰漏。"WJW 副县长拍案而起："村民家的水表 10 年来都是 0，从来没有用过一滴自来水，你们怎么还敢说反馈不错！"其实，镇长并非不明白其中的缘由，只是当年的工程涉及的人员过多，监督约束又乏力，于是大家都打擦边球。

WJW 和 ZH 来到李港村。村民们有苦难言，守着所谓安全饮水工程，还要自己找水喝。10 年来，全家老小都得上阵背水吃，上至 80 岁老人，下至 6 岁孩童。几年前，为了喝上水，村民们不得不联合起来筹钱修建简单堆砌的蓄水坑。大大小小 30 多处蓄水坑零零散散分布在各处，简陋且存在着很大的安全隐患。

在政府所建"假蓄水池"边，铁门早已锈迹斑斑，没有封闭上锁。蓄水池外侧的瓷砖上，还印有 D 县水务局标示的"石泉镇农村饮水安全工程"字样。可惜的是，一滴水都没有。村里当年建设饮水安全工程，各家各户都要按人头出义务工挖水沟，并缴纳 30 元的水表安装费，没想到最后却成了摆设。

WJW 和 ZH 通过各种条线终于找到了当年的工程承包商。承包商说，当年自己承建的工程，试运行的时候通了水，"不信，你可以去问他们当地人"。WJW 追问："这项工程总投资 21 万，验收状况暂且不提，既然拨款这么多，为何还要向村民收水表钱？""21 万？怎么可能！当年给我们的钱是 7 万！不向村民收钱，无论如何也不够！"

经过调查组彻查走访，石泉镇党委政府违规决策，工程建设弄虚造假，石泉镇水务所相关干部与承包商相互勾结套取专项资金，石泉镇政府未严格执行项目验收程序，敷衍塞责等问题都一一浮出水面。

调查结束后，D 县将结果反馈上报，Z 省纪检委以及 Z 省监察委发布《关于 D 县石泉镇旧屋村民小组饮水安全项目造假问题调查情况的通报》，并对涉事主要领导干部和负责人进行处理和问责。县委常委会上，书记带头进行了自我批评，部署开展对全县农村饮水工程的全面排查工作，并对全县项目工程验收标准提出更高要求，同时布置在全县范围内召开饮水安全项目工程造假问题通报专题警示教育会，以儆效尤。

五、分寸拿捏：项目资金表态尺度

饮水安全项目工程造假事件处理后，ZH 在一次又一次开至深夜的会议中感受到了 D 县领导班子迫切想要做出一番成绩的焦虑和决心。脱贫攻坚任务迫在眉睫，Y 书记主持召开了县委常委会扩大会议，研究 D 县产业发展瓶颈问题。

绛红色的会议桌倒映着 11 位常委焦灼的面色，县委书记位列正中，语气沉着地强调："我们现在必须全面谋划落实各项重点工作。全县上下要高度重视产业问题，积极迅速谋划重点产业项目发展，进一步优化营商环境。"

ZH 坐在书记右侧末位暗暗思忖。D 县为国家级贫困县，2017 年全年财政收入为 5.93 亿元，但财政总支出却达 18.32 亿元，发展一个成熟的产业需要不菲的投入。每年对口支援拨付到 D 县的 3000 万元资金虽不少，但 A 省明确规定了项目资金的使用要求，与脱贫攻坚无关的项目坚决不允许开支，因此协作资金一定要用在刀刃上才行。轮到 ZH 表态，他谨慎开口："我将和同仁一起加强协作，以更高的标准、更实的措施为 D 县产业扶贫项目把关。"

会议结束后，ZH 和扶贫办副主任小赵讨论 2019 年第一季度对口支援资金投入的重点领域。看着小赵手上厚厚一沓资料，每个项目都是几十到上百万的投入，ZH 感到责任重大。ZH 再次向扶贫办明确了"三坚持"原则：坚持"谁实施谁负责"的项目管理原则；坚持"投向准确，重点突出"的贫困户受益原则；坚持"乡镇或县直部门申报，县级审批，乡镇或县直部门实施，县和乡镇二级报账"的运行原则。

两天后，主管农业和水利工作的副县长WJW带来了一个项目。"Z副，河口电站有一处水坝年久失修，只要你这边支持500万，我再另外拉一笔资金过来，就可以重建水坝，为民造福了！"

ZH对于《A省对口支援F市扶贫协作项目及资金管理办法》烂熟于心，答复道："W副，修水坝是利民大好事。不过对口支援资金要求专款专用，管理办法第七条明确列出了哪些项目不得使用专项资金，其中第七个就是'大中型基础建设项目'，电站水坝归在此列。"

WJW脸上有点挂不住："Z副，想想办法，有没有可能变通一下。"ZH随即从档案柜里取出对口支援资金管理办法和挂职干部考核办法的相关文件，言辞恳切："W副，我深知电站水坝确实该修，但对口支援资金使用有政策要求，不能违背，每年对我们这些挂职干部的考核也非常严格。您这边如果有农业产业和小型水利扶贫项目，我们一定大力支持！"

一个月后，书记、县长与ZH面谈，提及D县有5649名深度贫困人员异地集中安置在县城社区，希望2019年A省对口支援资金的一半也就是1500万能够用于易地扶贫安置社区建设项目。ZH认为，在大方向上，易地扶贫安置社区建设属于脱贫攻坚范畴，可以支持；但资金管理办法中同时要求避免资金高度集中使用的风险，强调以点带面，辐射面广。对于这么一大笔项目投入，ZH有些拿捏不准，故向南浦区援F市协调组组长LDM副市长请示。LDM副市长随即向A省合作交流办公室汇报，最终按照"扶贫项目建设期不超过一年"的期限要求，同意将700万资金投入易地扶贫安置小区内扶贫车间的开发，用于解决贫困人口的就业和生活问题。

不久后，陪县长考察易地扶贫安置社区项目状况的ZH，在扶贫车间看到了一张张深山而来的黝黑淳朴的面庞。在大家的交谈招呼中，ZH突然发现，自己对D县方言居然能听得八九不离十了，这真是个不小的惊喜！

六、把关前置：立项环节严控风险

2019年A省加大了对口支援力度，拨付4000万项目资金点对点帮扶D县，年增长幅度为33.33%。ZH指示扶贫办抓紧联络各个乡镇分管扶贫工作的乡镇长，要求各乡镇尽快上报2019年后三季度的重点扶贫项目。扶贫办按照"当年立项、当年开工、当年完工"的选拔原则，邀请水利局、环保局、财政局、自然资源局、住建局、农业农村局、投资促进局等多个相关部门进行评审研判。

然而这边项目还在紧锣密鼓地审查，那边三江镇政府办公室却闹开了。原来2018年为了发展蔬菜种植产业，三江镇组织利民合作社的贫困户种植了近1000亩（66.67公顷）花椰菜，但因恰逢暖冬，花椰菜上市时间与主产区甘肃发生冲突，价格低，导致大面积滞销，村民围坐在三江镇政府办公室讨要说法。

ZH得知消息后立刻赶到现场，三江镇镇长急忙向村民介绍："乡亲们，这是A省来的副县长ZH，就是来解决问题的，大家都冷静听Z副县长说。"村民们渐渐平静，一双双质朴的眼睛期盼地看向ZH。ZH深知百姓所需，开口道："乡亲们，大家放心，把自家的花椰菜保存好，我在A省时就在经济条线工作，我一定努力找到销售渠道，把花椰菜卖出去！"

紧接着，ZH请村民领路，一起赶往花椰菜种植基地。深一脚浅一脚地踩在田间地头，看着长势喜人的花椰菜，ZH心里有了底气。

城市超市里花椰菜价格贵，农民收入想要有保障，必须让连锁超市大量采购。ZH马上想到了国内超市排名前列的H超市，于是联系H超市A省总部。H超市考虑到D县距离A省路途遥远，物流昂贵，且蔬菜不易保鲜，建议ZH直接对接Z省H超市推广，然而Z省H超市已经有了非常固定的采购基地，无法临时更换合作对象，建议ZH对接临近的重庆H超市。

二三十个电话打完后，ZH决心亲自去重庆拜访华西片区采购负责人连总。反复磋商后，连总仍然面露难色，对菜品质量和规模存有顾虑。ZH心一沉，说："连总，谢谢你来见我们。我给你鞠个躬，今天为了1000多个贫困户的生计，我就拜托了！如果有机会，请一定帮我们争取一下。"感受到ZH真挚的诚意，连总决定带队到三江镇考察。

利民合作社花椰菜的品相和ZH多次往返D县与重庆的诚意打动了H超市的采购负责人："先给你们2000万元的供货额度试试看。"三江镇花椰菜销路终于落地，ZH立即着手安排利民合作社百姓准备发车，严格控制花椰菜的质量，按照大小、成色进行分类，最后筛拣出一个个"标准件"。两天后，载着3.5吨D县花椰菜的第一辆货车，抵达重庆H超市。

临危受命，ZH虽然圆满完成了任务，受到贫困户的交口称赞和县委班子的大力赞赏，但他心中依旧感到后怕："如果没有联系上重庆H超市，不仅扶贫资金没有成效，老百姓长年的辛劳更是竹篮打水一场空。选择扶贫产业一定要先有明确的销路才行，以销定产，方有出路。"

在产销结合思路的指导下，ZH要求扶贫办的同志认真考察上报的产业项目。3月底，经过多轮审议，D县最终确定了第二季度东西部扶贫协作资金投入6个民生项目加6个产业项目。把关前置、严控风险让ZH对未来的工作预期更有底气，但他始终觉得尚未找到一个可以支撑带动整个D县产业发展的核心项目，这也让产业脱贫道阻且长……

七、产业为先：小龙虾错峰显成效

"黄鹂啄紫椹，五月鸣桑枝。"月中，ZH带队赴B省考察学习，在惠通县座谈时，惠通县扶贫办主任接了个电话便匆匆离开。一旁的干部忙解释道："去年我们县将龙虾养殖列入扶贫项目，养殖企业老板和养殖户约定按协议价8元每斤收购，可临近龙虾上市，养殖户发现市场上小龙虾售价高达25元每斤，于是偷偷把小龙虾分批卖掉了。养殖企业老板颗粒无收，欲哭无泪。双方僵持不下，闹得很不愉快，主任赶去灭火了。"ZH听后心中一动，或许D县也可以尝试引进小龙虾项目。

小龙虾养殖对D县来说是新兴产业，ZH深谙"以销定产"原则，先确定销量才能保障产业的可持续发展。ZH立刻到A省、B省、C省考察消费市场，了解到春节期间上市的小龙虾能在大城市卖到100元每斤的好价钱。接着，ZH邀请农科院、水产企业负责人以及龙虾养殖技术人员到D县考察指导。ZH很快获得了两个重要信息：一是D县水质好，养出来的小龙虾个头大、肉质鲜嫩；二是D县气候温和，相较于其他地区养殖两季龙虾，D县可以错峰养殖三季。ZH很是欣喜，预期小龙虾能够成为产业脱贫的突破口！

然而万事开头难，当地老百姓对养殖小龙虾没有丝毫兴趣与信心。农业农村局的小纪向ZH解释："我们虽然有消夜文化，但很少吃海鲜水产，山区人民都没尝过小龙虾，信不过也在情理之中。"ZH当机立断请来A省的大厨，趁着龙虾上市的好时节免费请大家品尝小龙虾，这一举动打开了当地人的"味蕾新世界"，不少餐饮企业向A省大厨请教起了烹饪小龙虾的方法。

然而，在获得消费端的支持与认可后，ZH和扶贫办却再次碰壁，找不到合适的养殖池塘，要么池塘面积太小，要么村民不断加价，协商无果。

正当大家焦头烂额时，在红花项目中和ZH打过交道的三石村村支书主动请缨："Z副县长，我们村有不少没有实际用途的沼泽地，您看看能不能用上？"ZH和小赵赶到三石村，与村支书、村主任以及农民合作社理事长一拍即合，决定打造D县专属的龙虾养殖扶贫模式"扶贫资金投产业（对口支援资金200万元）+企业投资合作（首期800万元）+专家入股提供技术+贫困户参与养殖分成"：一方面，将没有实际用途的1500亩（100公顷）沼泽地整合起来，企业承包资金项目建设按7%的租金每年给村集体，村集体按租金的70%分配给建档立卡户，剩余30%转为村集体收入；另一方面，在村民中招收固定务工贫困人口，每人每年可获得4万元左右收入，在增加建档立卡贫困户收入的同时，壮大村集体经济，有效助力脱贫产业发展。

12月底，D县首批小龙虾上市。本地市场供不应求，外地商户也慕名前来收购。ZH来到养殖基地，小赵兴高采烈地说："Z副，这一季的小龙虾就让资金回了本，一亩的年综合利润将近8000元，1500亩（100公顷）就有1200万元！咱们县脱贫在望啊！"

1个月后，恰逢国务院扶贫办（现国家乡村振兴局）前来D县考察，专家组非常认可小龙虾养殖产业，认为不仅提高了荒废沼泽地的利用率，还吸引人才回流，缓解了D县农村空心化问题，更激发了少数民族群众脱贫的内生动力。"D县龙虾项目"随后入选了2020年度中国产业脱贫先进案例。ZH看着回流村民洋溢的笑容，心里暖意涌过。D县的冬天就要过去了，春天还会远吗？

八、借力改革：行政审批局终成立

"天地风霜尽，乾坤气象和。"2020年元旦次日，向县长汇报好工作的ZH，看见隔壁办公室的门半敞开着，便驻足轻敲了两下。

常务副县长WJW正坐在办公桌前，听到敲门声，赶忙招呼ZH落座。WJW开口道："我这边有件奇事，也正想说给你听。今年Z省为鼓励中小企业发展，放宽返税政策，我们县有一家企业按照规定可以返税40万元，但拒不认领。几次通知就是不来，你说怪不怪。"

ZH很是好奇："什么原因？"

WJW叹了口气："企业不敢拿，怕背后有什么附加条件。这说起来像个笑话，但却是在讽刺D县的营商环境啊！Z副你从A省来，A省的放管服改革一直走在前列，今年的营商环境排名又位居全国第一，你说说看，有什么办法能解决D县这个大问题？"经过两年的工作交集，ZH和WJW已然相当熟稔，ZH开口道："Y集团撤离，红花项目破产，产品目录申报失利后我也一直在思考这个问题。如果不从机制入手改革，恐怕D县引来再多的企业也还是会东南飞。"

WJW点头："不釜底抽薪怕是无法解决根本性问题。Z副，你怎么看省政府刚刚下发的《Z省行政审批制度改革试点方案》？""我正要说这个，咱们想到一块儿了！省里既然给了政策和资源，咱们D县也要抓住改革契机，申请先行先试行政审批局，为企业发展添动力。"

WJW 很快整理了相关政策材料，理清了思路，并在常委会上向书记和县长汇报。针对有常委提出"明年是脱贫攻坚的决战决胜年，全县工作重心都在脱贫摘帽上，这个节点组建行政审批局可能打乱全县工作重心"的疑虑，WJW 回应："组建行政审批局正是为了县里能够顺利摘帽并巩固成果，太多优秀企业因为卡了材料审批环节而无法推进下去，县里要发展，关键是要引进企业并留住企业。"县委书记点名 ZH 谈谈看法，ZH 答道："对口支援长效发展的前提是引入优秀的企业和产业作为源头活水，成立行政审批局，优化营商环境，是吸引东部企业来投资的重要保障！"

县委常委会顺利表决通过。WJW 和 ZH 赶紧准备材料向省里申请试点组建行政审批局。ZH 同时也向 LDM 副市长做了汇报，L 厅长认为制度建设是长效且有力的保障，表示全力支持。

借着全省行政审批制度改革的春风，D 县的试点申请很快得到批复。然而原以为水到渠成的 WJW 和 ZH 却迎上了兜头而来的一盆冷水。协调会上，十几个部门表面态度积极，实则用各种理由搪塞敷衍，本质都不愿意"放权"。

WJW 与 ZH 记录下各部门提出的问题，明白应尽快制订相关工作方案。随后，政府办下发了《D 县行政审批服务局筹建工作实施方案》《D 县行政许可现场踏勘工作办法（试行）》《D 县审批与监管信息双向推送制度（试行）》等相关政策文件，并依照"谁审批、谁负责，谁主管、谁负责"原则建立审管联动工作机制，针对性回应审批监管责任主体问题。经过"磨破嘴、跑断腿"的沟通与协调，第二轮协调会上部门代表开始实质性支持行政审批局工作的推进与落实，并总结整理相关划转审批事项。

2020 年 9 月，住建局、民政局、卫健局等 15 个部门的 166 项行政审批事项划转到县行政审批局，D 县实现了"一枚印章管审批"。9 月 22 日上午 9 点，D 县行政审批局正式"开门迎客"并开出了首张营业执照。米线店来提交材料的王伯仅用了不到 20 分钟就拿到了申办的营业执照。在服务大厅，王伯拉着 WJW 和 ZH 的手感叹："来之前做好了要反复跑几次的准备，万万没想到，能这么快就拿到营业执照，这个行政审批局真正是为老百姓办实事啊！"

九、深度融合：府际合作再创新

2020 年教师节，站在棕坪乡上坊村小操场上的 ZH，看着刷着崭新校训的教学楼和认认真真做着广播体操的孩子们，油然欢喜。县教育局 Y 局长真挚地说:"感谢对口支援项目资金,让县里 48 所村小换新颜。"

扶贫办小赵想起自己两年前在彝族村潸然泪下的场景,对比如今村小的新模样,打心眼里佩服 ZH 的决心和魄力:寒风烈日中,ZH 带着大家调研每一所村小,全面排摸和评估 D 县 48 所村小的问题,为 7981 名在校生改善学习环境而奔波劳心;掌握信息后,联合教育局、财政局、扶贫办和建设公司对村小修葺项目资金进行测算;了解需要 1500 万资金才能全覆盖修缮工作,而县财政较为匮乏且对口支援资金无法当年度大规模投入后,依托 A 省的资源,发起了"小而美、小而精的乡村学校改造项目",通过宣传和路演,获得 A 省企业、南浦区工商联、知名社会组织、A 省市民的热烈支持,一笔笔支持款项纷至沓来,在 6 个月之内共筹集资金 2000 万元。D 县将筹集到的 2000 万资金中的 2/3 投入村小硬件设施完善,剩下的 1/3 则设立"乡村教师奖教金",激发年轻教师扎根乡土,阻断贫困代际传递。

2020 年,D 县扶贫开发领导小组向 F 市扶贫开发领导小组提出当年脱贫摘帽申请,并提交了《贫困县脱贫摘帽认定表》。截至 2020 年 9 月,D 县累计脱贫 7706 户 31435 人,贫困发生率从 2017 年的 25.54%下降至 1.76%。1 个月后,好消息传来,F 市向省扶贫开发领导小组上报本市本年度贫困县脱贫摘帽请示并获批。D 县被 Z 省扶贫开发领导小组确定为"预脱贫摘帽县",同时报国务院扶贫开发领导小组,等待接受国家检查和第三方评估。

等待的日子有些紧张和焦虑。每次常委会上,干部们都互相鼓励,振奋士气。2021 年 2 月 24 日,县府办秘书小徐冲进办公室:"Z 副!刚刚省政府正式发布了脱贫退出的公告,D 县终于摘帽啦!终于摘帽啦!"

ZH 把《Z 省人民政府关于 D 县等 7 个贫困县脱贫退出的公告》反反复复读了十几遍,虽然只有 3 行共 147 个字,但 ZH 觉得每个字都重若千斤。县委县政府大楼里已是欢腾一片,所有的"白加黑""五加二",所有开到凌晨的会议,早起继续下乡的辛劳,此刻都化成了一句句"值得!"

尾声:共同富裕背景下对口支援"项目制"何所为?

2021 年 5 月,Z 省政府中心会议室,"A 省与 Z 省东西部扶贫协作高层联席会议"正在召开。A 省省长在发言中强调,对口帮扶 Z 省是党中央交给 A 省的光荣任务,A 省将以更大担当、更强力度、更实举措,助力 Z 省打赢打好脱贫攻坚收官战,实现高质量发展。Z 省省长对 A 省长期以来给予的大力支持和热情帮助表示了衷心感谢,A 省帮扶 Z 省取得明显成效,既是东部发达城市帮扶西部贫困地区的典范,也是东部产业之长补西部产业之短的典范。

<<< 案例四 府际关系何以调适：对口支援"项目制"运作的"D县故事"

交流发言环节，主旨为"在高质量推进对口支援中促进共同富裕"。话筒递给ZH时，A省省长说："我知道ZH同志，新时代扶贫干部的典型，获得了全国脱贫攻坚先进个人，了不起！"

Z省省长笑着说："我也知道ZH同志。去D县调研时，老百姓告诉我，有一个A省来的'菜'县长，为了把蔬菜及时卖到重庆的超市，和菜农一起挑货包装到半夜，我以为是'蔡'县长，后来才知道此'菜'非彼'蔡'啊！"

ZH沉稳地发言："在后脱贫时代，为了巩固脱贫成果，实现共同富裕，如何推动对口支援往深里走，往实处走？我认为要实现从单向帮扶到互利共赢协作模式的转变，紧紧围绕培育内生动力、凝聚强大合力，提升对口支援质量……"

联席会议结束后，ZH感慨万千。从初来乍到时的水土不服，到全心全意深扎乡土，中间经历的场景如电影画面般帧帧闪过——外来干部难移本地佛、Y集团项目撤离、国务院通报加批评、行政审批局遭遇阻力……每一项工作都不容易，但也恰恰是这些复杂问题"锻炼了真本领"。回顾令人难忘而不舍的扶贫历程，站立于更广阔的视野，ZH不禁思考：我国对口支援为何以"项目制"方式推进；挂职干部如何以"项目制"为依托更好地融入地方行政生态，助推地方发展；如何将对口支援与共同富裕更好地衔接……这些都是需要进一步深入探讨的话题。

分析报告

一、案例回顾

本案例以A省挂职干部ZH对口支援Z省的真实经历为内容，反映了在"助力D县打赢脱贫攻坚战"这一目标导向下，面对项目选择难、资金管控难、产业发展难、营商环境差、脱贫动力弱等难题，援受双方通过明确项目定位、严管项目资金、扶植特色产业、助力行政改革等举措，形成产业扶贫项目长效机制，最终助力D县顺利"摘帽"的曲折过程。

在案例进程中，ZH作为"外来和尚"经历了水土不服、语言不通、融入困难等难题，几经波折"请佛下山"的经历让其明确专注对口支援项目推进的工作定位。ZH踌躇满志促进产业发展，却接连遭遇藏红花种植项目事与愿违、饮水安全工程造假项目被国务院点名通报与批评……痛定思痛后，ZH确立"投向准确,重点突出"的贫困户受益原则和"谁实施谁负责"的项目管理原则,同时厘清常委会表态尺度,通过严把立项前置条件和严控资金使用,确保扶贫项目实施成效。在吸取盲目种植花椰菜却面临滞销困境的教训后,对口支援联络小组坚定"以销定产"的产业项目推进原则,在广泛调研后,扶植小龙虾错峰养殖项目,激发了少数民族脱贫的内生动力,获得了百姓的支持与赞誉。面对D县营商环境差,难引"凤凰"来的现实困境,ZH协助当地主管经济的副县长率先组建了行政审批局,显著提升了政务服务效能,同时也迎来了D县成功"摘帽"的好消息。

A省对口支援Z省D县的历程亦可看作我国府际合作与调适的缩影。基于公共管理硕士课程中相关理论知识的学习,案例组成员选择使用政策执行调适模型和合作治理理论,对对口支援"项目制"模式下支援地和受援地府际关系调适特征进行剖析与提炼,并进一步对对口支援"项目制"运作机理、府际关系调适的深层问题与基本路径进行阐释和分析。

二、对口支援"项目制"运作的主要特点

(一)项目联结:横向非同级政府间展开

推进对口支援,是党中央、国务院为加快西部地区扶贫开发进程、促进区域协调发展而做出的重大战略决策。作为东部沿海经济发达的超大城市,A省将做好对口支援和东西部扶贫协作工作定义为服务全国发展大局的使命和责任。A省点对点协作帮扶7省份19个市(区)78个县,其中南浦区定点对口帮扶位于Z省的F市,2017年A省南浦区共有12个干部挂职F市及所辖的5个县。项目制是联结支援地政府和受援地政府的纽带,援受双方为横向府际关系,但通常行政层级并不对等,如A省南浦区对口支援D县即为厅局级层次对应县处级层次。

(二)项目出资:发包与协包方合为一体

在对口支援"项目制"中,支援方政府作为出资方,具有发包者的角色属性。然而根据顶层设计要求,支援方协助受援方开展专项工作,因而发包者与协包者的角色合一。案例中,支援方A省每年拨付3000万元资金到D县,并严格要求资金的规范使用,坚持"投向准确,重点突出"的贫困户受益原则,坚持"谁实施谁负责"的项目管理原则。在D县小龙虾错峰养殖项目中,决定打造D县专属的龙虾养殖扶贫模式"扶贫资金投产业(东西部扶贫协作资金200万元)+企业投资合作(首期800万元)+专家入股提供技

+贫困户参与养殖分成",通过发包与协包者共同作用,不仅提高了荒废沼泽地的利用率,还吸引了人才回流。

(三)项目意图:模糊性和共识性达平衡

对口支援"项目制"区别于传统的项目制要求,并不设立项目指南,因而项目意图具有一定的模糊性,需要在支援地和受援地政府之间形成共识,达成平衡。在对口支援资金的使用规范上,A省明确规定了项目资金的使用要求,与脱贫攻坚无关的项目坚决不允许开支。然而Z省在重点项目上,却需要大量资金投入。案例中主管农业和水利工作的副县长提出重建水坝,需要帮扶资金500万,因《A省对口支援F市扶贫协作项目及资金管理办法》的规定被拒绝,而易地扶贫安置社区建设的项目却获得了支持。

(四)项目治理:控制权和裁量权相兼容

控制权是援受双方政府在对口支援项目运作中拥有实际上的决定权,裁量权则指对口支援项目的行动者在履职中具有的弹性权限。在《A省对口支援F市扶贫协作项目及资金管理办法》的规范中,支援地合作交流办应认真审核当地上报的项目,并严格落实资金使用规范。受援地扶贫办按照"当年立项、当年开工、当年完工"的选拔原则,邀请水利局、环保局、财政局、自然资源局、住建局、农业农村局、投资促进局等多个相关部门进行评审研判。当地多部门协同参与项目评审,增强了受援地的裁量权。

三、案例的理论基础与分析框架

(一)政策执行调适模型及其适用性

政策执行调适模型由美国学者米尔布里·麦克拉夫林(M. Mclaughlin)于1976年提出。该模型认为政策执行过程是执行组织和受影响者之间就目标手段做调适的互动过程,政策执行的有效与否取决于二者相互调适的程度。[①]它要求政策执行者的手段具备弹性,并且随环境因素或受影响者需求和观点的改变而改变。政策受影响者的利益、价值与观点将反馈到政策上,从而影响政策执行者的利益、价值与观点。麦克拉夫林认为,政策调适是目标、环境与执行三者间交互作用的过程,调适策略在政策执行中发挥重要作用。政策执行调适是一个相互适应的过程,涉及对政策的设计和策略的修改。需要注意的是,政策执行方式、策略的修改是为了政策目标的达成。调适普遍存

---

① MCLAUGHLIN M. Implementation as Mutual Adaptation: Change in Classroom Organization [J]. Social Program Implementation, 1976, 77 (3): 167-180.

在于政策执行过程中,政策执行中出现阻碍也许是因为忽略了政策实施过程中所涉及的受影响者的利益诉求。① 成功的政策执行依赖于在政策执行过程中有效的相互调适。任务是通过层级制由不同层次的执行者完成的,这些执行者的利益并不完全一致,下级执行者可通过自由裁量权对政策加以调适执行,以达成上级政策目标(如图 4-1 所示)。

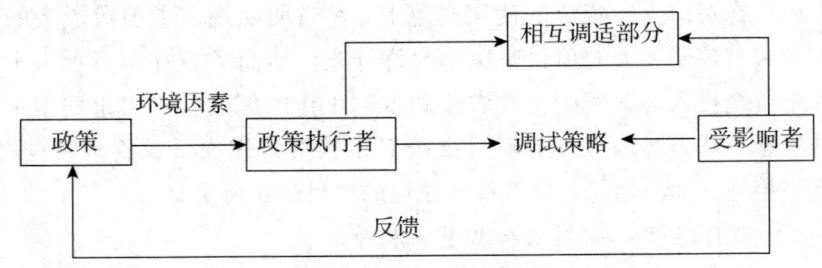

图 4-1 政策执行调适模型

该模型主要有四方面的逻辑认定:第一,政策执行者和受影响者之间的需求和观点并不完全一致,基于双方在政策上的共同利益,需要经过说明、协商、妥协等方式,修正立场,以确定一个双方都可以接受的政策执行方式;第二,政策执行者与受影响者之间的相互调适过程并非传统理论者所说的"上令下行"的单向流程,而是一个双向的信息交流过程,政策执行者与受影响者双方在相互调适过程中处于平等的地位;第三,政策执行者的手段富有弹性,可随环境因素或受影响者需求和观点的改变而改变;第四,受影响者的利益、价值与观点仍将反馈到政策上,从而影响政策执行者的利益、价值与观点。②

我们认为,麦克拉夫林提出的政策执行调适模型的理论内涵对本案例具有一定的解释力,其适用性体现在以下三方面。第一,支援地政府 A 省与受援地政府 D 县之间的需求与观点并非完全一致,但通过互相调适形成了价值共识。作为中央政府推动下的国家任务,案例中对口支援项目的形成有赖于府际合作共识的形成,而此种价值共识并非源于价值观念的趋同,反而源于援受双方差异化利益需求与观念冲突下的互相理解与互相协调。第二,支援地政府 A 省与受援地政府 D 县在项目制合作的调适过程中,处于相对平等的

---

① MCLAUGHLIN M. Implementation as Mutual Adaptation: Change in Classroom Organization [J]. Social Program Implementation, 1976, 77 (3): 167-180.
② 陈庆云. 公共政策分析 [M]. 北京: 北京大学出版社, 2006: 172-173.

地位。支援地与受援地政府对项目均形成控制权,其中,支援地政府 A 省呈现"适配力"导向的正向控制,而受援地政府 D 县则体现"助推力"取向的逆向控制。第三,对口支援项目合作执行主体的执行逻辑具有多元调适性。对口支援项目因援受双方控制和逆控制之间的张力而呈现不同的运作形态,依据支援地政府 A 省适配力的高低位阶水平与受援地政府 D 县助推力的强弱程度变化,对口支援项目运作方式包含"自主式运作""搁置式运作""变通式运作"以及"吸纳式运作"四种形式。[①]

（二）合作治理理论及其适用性

治理理论产生于 20 世纪 70 年代,是为协调和解决政府与市场的关系与地位问题而形成,而诞生于 20 世纪末的合作治理理论则是由治理理论发展和演变而来,其形成是为应对社会治理中依靠单一主体难以解决的问题。合作治理理论代表学者杜曼（Dooiman）认为,"无论东西方开展何种治理活动,共治都是一种新手段、新方式、新方法,可以解决多种多样的'不可治理性'的疑难问题和情境困惑,并进一步化解社会风险,降低治理成本,促进社会发展"[②]。艾默生（Emerson）等认为合作治理理论是指"安排或调整公共政策决策与管理的过程与结构,使人们积极地跨越公共部门的边界,政府层级或公共、私人和市民的界限,实现以其他方式无法实现的公共目的"[③]。

综合看来,本案例体现了合作治理的特征。一是治理主体的多元化。在合作治理当中,政府不再是唯一的治理主体,同时,多元主体间的界限被突破,他们之间拥有了平等的治理地位。政府与企业合作移佛,并未通过行政执法的强制力,而是通过和企业家 ZQ 平等协商;政府通过和 Y 集团协商,推动 D 县投资促进局与 Y 集团达成协议。二是治理权力的共享化。平等和协商的前提是合作治理的主体之间共享治理权力,实现权力共享才能使得治理主体拥有平等的参与治理机会并不断提升治理能力。在石泉镇饮水"假工程"事件中,参与公共事务治理、民生基础设施建设的主体不只限于地方政府的扶贫部门和水利部门在具体建设中所发挥的权力,更包括了社会公众力量、媒体力量在检验建设成效方面所行使的监督权。三是治理成效的共享化。合作治理的目的是公共的,合作治理是化解社会风险、降低治理成本和促进社

---

① 谢炜,李悦. 对口支援"项目制":控制权的限度 [J]. 社会科学,2021（12）：57-69.
② KOOIMAN J. Modern Governance: New Government - Society Interactions [M]. London: Sage,1993：1-8.
③ EMERSON K,NABATCHI T,BALOGH S. An Integrative Framework for Collaborative Governance [J]. Journal of Public Administration Research and Theory,2012,22 (1)：1-29.

会发展的手段，在此过程中各主体通过资源整合与共享以优化资源配置，因此合作治理的成效和收益应当是共享的，各主体均能通过合作治理享受成果带来的利益。D县小龙虾养殖工作中，政府与村委会、合作社共同打造了D县龙虾养殖扶贫模式。

（三）基于案例的整合分析框架

麦克拉夫林政策执行调适模型虽然表明了政策、环境、受影响者等要素在政策执行中的作用，但总体来看，该模型存在两方面不足：一是模型内容略显单薄，运用到中国行政场域中，其所识别的影响因素不够全面；二是该模型难以体现本案例援受双方政府合作治理中府际关系对"项目制"运作方式的调适过程。为了更好地对案例进行阐释，要对麦克拉夫林政策执行调适模型进行一定修正。

合作治理理论与政策执行调适模型具有互补性，前者体现了静态层面的政策执行者与受影响者间的合作关系，后者则能够反映政策从政策执行者到受影响者之间产生作用的动态机制。将两种理论进行融合可以对"项目制"对口支援中的府际合作场景进行更好的解释，这同时也成为本文的理论贡献。因此，本文一方面在原有模型基础上增加和细化部分影响因素，另一方面将合作治理理论与政策执行调适模型整合，丰富了原模型的内容，增强其在"项目制"府际合作这一具体场域下的适用性和解释力，以进一步分析说明基于对口支援"项目制"运作方式的府际关系何以调适（如图4-2所示）。

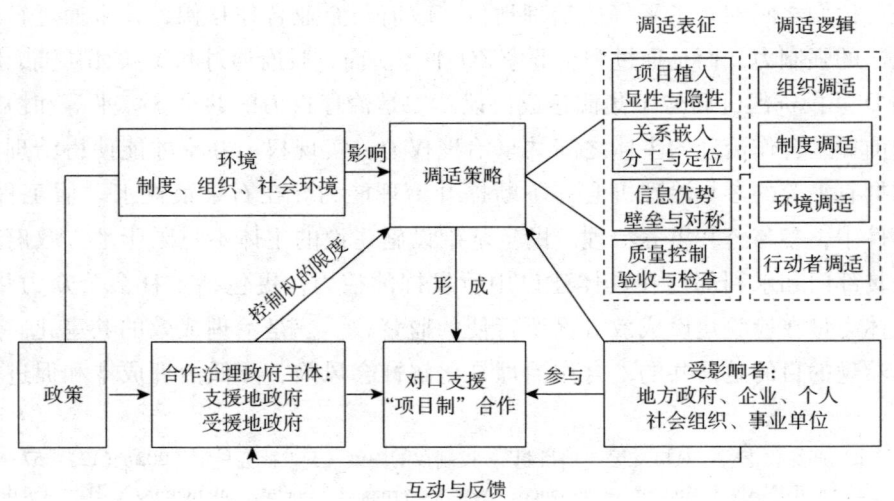

图4-2 合作治理—政策执行调适模型整合分析框架

在合作治理—政策执行调适模型整合分析框架中，对口支援这一政策行为将协作任务下发至援受双方政府。在达成对口支援"项目制"合作的过程中，援受双方政府控制权的限度影响着政策执行调适策略的选择，同时地方制度、组织、社会环境也对调适策略有较为显著的影响作用。其中，调适策略包含由组织调适、制度调适、环境调适以及行动者调适构成的调适逻辑，并表现为项目植入、关系嵌入、信息优势、质量控制四方面表征。本案例中，政策执行调适与合作治理同时进行，表现为政策执行主体由支援地政府和受援地政府共同组成，同时对口支援"项目制"合作的形成有赖于包含地方政府、企业、个人、社会组织以及事业单位等在内的政策执行调适受影响者的参与和反馈，因而以上主体亦作为治理主体参与合作治理过程。

四、对口支援"项目制"运作中府际关系调适的表征与逻辑

（一）对口支援"项目制"运作中府际关系调适的表征

1. 项目植入：显性与隐性

在对口支援项目中，项目设立的方向容易与受援地的偏好不一致，不如传统"项目制"的专门和具体，受援地政府可采取多元策略实现逆控制。其一，通过乡镇政府前期动员，培植倾向性项目；其二，通过项目"打包"，将县域核心工作渗入对口支援项目实施中，使用不同的专项资金散点设置项目；其三，通过项目评审，由受援地政府职能科室、"条线"人员掌握项目话语权；其四，通过组织支援地干部联络组成员与受援地政府成员共同参加现场走访、考察项目候选人、常委会讨论等方式，表达非正式或正式意见；其五，通过隐性替换方式，探寻支援地规则边界。

2. 关系嵌入：分工与定位

对口支援过程中，从市级层面到县级层面都有挂职干部，也紧密结合对口支援地区实际需求，有了明确的分工，切实为当地"引好项目、做好项目"。A省南浦区选派商委副主任、优秀的副处级干部ZH赴F市D县挂职副县长，助力D县打赢脱贫攻坚战。作为县委常委，ZH主管东西部扶贫协作事宜，短期协管民族宗教事务。副区长LDM同志挂职F市副市长，L区长也是此次南浦区援F市协调组组长；科委的小朱在F市扶贫办挂职，同时兼L区长的联络员；其他10位同志按照一位副县长搭配一名扶贫办副主任的模式，下沉到县里开展工作；区农委的科级干部小赵挂职D县扶贫办副主任，协助ZH的工作。

3. 信息优势：壁垒与对称

对口支援"项目制"中，受援地政府具有的信息优势成为实现逆控制的重要资源。项目由乡镇政府在村域采集，村社集体有发达的社会关系网络，同时也是信息网络。援受双方的信息不对称表现在：其一，治理信息在双方分布不均衡；其二，双方对于信息占有现状的地位都明晰，并可能产生行为改变。比如，支援地干部联络小组成员会基于项目研判，主动通过县扶贫办请委办局等职能部门和行业专家参与评审，同时将项目报送受援地分管副县长签署认可。对口支援"项目制"中援受双方既可能是外生性信息不对称，这由对口支援或脱贫攻坚工作本身所具有的技术禀赋、内涵、性质、特征等决定，而非主观意识造成；也可能是内生性信息不对称，受援地项目责任主体凭借支援地对其执行状况事前无法预测、事中无法观察和监督、事后无法验证而获取更多的"信息租金"。

4. 质量控制：验收与检查

作为决策工具，针对援受双方的量化考核可以为决策者评估对口支援制度执行成效和调整制度内容提供参考依据；而作为治理技术，考核指标的价值在于规范相关者的履职行为。国家层面通过考核实现治理效能控制的手段体现在：第一，执行交叉考核，以省为单位统一编组，按照回避原则统筹核查对象并提出评价意见和建议；第二，指定数据主体，既包括单方供给，也要求产业合作和劳务协作等数据的联合提供；第三，量化指标信息，精准确定考核目次的数额、规模、比例、频次等内容，通过自上而下指标的精细化管理，一定程度上解决了对口支援过程中基于援受双方的控制与逆控制行为而产生的制度空置、空转与失灵问题。

（二）对口支援"项目制"运作中府际关系调适的逻辑

1. 组织调适：高层联席会议合作指挥

对口支援的组织机构领导层级高、参与部门广、合作规模大，高层联席会议制度的固定交流和协调，发挥了重要的组织调适作用，为扶贫协作机制的建设打下了良好基础。高层联席会议一方面可以传达支援地的支援目标与受援地的受援诉求，从而促进实现统一思想，明确任务，加强领导，压实责任，做好统筹，形成合力；另一方面可以联络各个市县的援外干部，组织援外干部参与交流学习活动，同时充当援外干部的重要支柱，依据受援地的具体工作场景为援外干部在当地的工作开展提供助力与适当调适。这不仅为对口支援双方提供了共同谋划蓝图的平台，也为挂职干部提供了畅通的沟通合作渠道，可见强大的组织领导机制充分发挥了调适作用，彰显了中国的政治制度优势。

2. 制度调适：合作交流机制不断完善

高质量的扶贫协作机制离不开不断健全的制度秩序。随着东西部扶贫协作的深入开展，逐渐形成了一套任务明确、重点突出的扶贫协作工作机制，为挂职干部提供了切实可行的行动规范和制度准则。《关于进一步加强东西部扶贫协作工作的指导意见》从制度上明确了东西部要从组织领导、人才支援、资金支持、产业合作、劳务协作、携手奔小康六方面进行合作。从过去的单项帮扶走向双向合作，立足资源禀赋和产业基础实现双方优势互补，探索形成了结对帮扶的消费扶贫机制和人才互通机制。此外，不断出台的如《东西部扶贫协作资金管理办法》等制度性文件，也进一步规范了对口支援双方的合作交流秩序。

3. 环境调适：脱贫攻坚任务重、压力大

在全社会形成的全员参与脱贫的浪潮下，对口支援行动者承担着助推深度贫困县打赢脱贫攻坚战的重大压力。第一，组织信任和任务压力方面。挂职干部作为组织精心选拔的群体，必须以高标准、高站位、高素质到挂职单位任职，在面对组织下达的重要使命时，必须接受考验和挑战，协助挂职单位完成重要任务。第二，社会期许和环境压力方面。挂职干部必须身先士卒、以身作则，主动下基层为贫困户服务，用自身行动为老百姓打下"强心针"。

4. 行动者调适：干部挂职的内嵌机理

挂职干部作为对口支援的重要桥梁，是"项目制"的贯彻执行者。调研显示，超过70%的挂职干部认为自己承担着联络者、参与者的角色，落实东西部地方政府的要求并推动立项。挂职干部一方面需要为重要项目立项奔走，另一方面还承担着县委班子成员的责任，需要对挂职县域的百姓负责。45%的挂职干部认为自己承担着协助者的角色，要协助当地政府完成脱贫攻坚的重要任务。

五、对口支援"项目制"运作中府际关系调适存在的问题与原因

（一）对口支援"项目制"运作中府际关系调适存在的问题

1. 支援地任务型组织与受援地科层制难以耦合

任务型组织是一种以任务为导向，具有高度回应性的临时性组织的形式；而科层制则是由现代行政任务的量变和质变所催生的，具有明显的专业化领域，并且遵循上下对应原则。这两者之间在工作方式、方法、理念上有着明显的区别，也是这种难以耦合的情况，在本案例中造成了更多的时间和沟通成本，在可能涉及三方关系的时候让支援地干部面临两难的情况。以ZH一方为代表的支援方的工作是以脱贫攻坚为核心，主要为打赢脱贫攻坚战，实现先富帮后富，最终实现共同富裕目标，并以此作为工作重点到D县挂职，但在遇到诸如移佛、红花种植推广、石泉镇饮水"假工程"等多个项目时都需要与D县的不同且多个分管机构共同协作，才能真正完成治理目标的落地。

2. 顶层设计任务与项目治理陌生情境存在张力

对口支援干部带着顶层设计任务如扶贫脱贫等，为受援地提供支持，然而陌生情境会影响设计任务的执行。一方面，受具体任务安排的影响，支援干部需要承担部分顶层设计任务之外的职责。ZH刚到D县就额外承担了协管民族宗教事务的工作，须搬移违规建设的佛像，为此，ZH四次拜访建佛企业家。另一方面，由于挂职干部处于受援地这个项目治理的陌生情境中，缺乏完成顶层设计任务所需要的资源，顶层设计任务与项目治理陌生情境之间存在张力。ZH对接Y集团获得红花种植机会，由于ZH对当地环境的陌生、村民多次损失的后怕和当地干部工作价值取向的滞后等因素层层叠加，项目最终没能落实。在D县，扶贫协作的顶层设计任务与当地营商环境之间也存在张力。发展特色产业项目，需要良好营商环境的配合，但D县的不良营商环境让其错失了一些发展的机会，如第七批全国扶贫产品目录申报等。

3. 项目择优逻辑与对口支援扶弱导向显现冲突

择优是传统项目制运作的基本原则，意味着执行人在多方比较后选择优质项目进行投资和培育。扶弱作为对口支援政策工具的基本"底色"，则蕴含着发达地区扶持落后地区发展的逻辑。由此可见，择优和扶弱的悖论特征并行于对口支援"项目制"运作中。对口支援需要扶持贫困村的产业，但当地的产业并不一定是同产业中的最优选择，因而投资意愿会被消解。案例中，Y集团红花项目的撤离即为例证：ZH联系Y集团争取红花种植项目，但因为村民的不理解和乡镇干部的敷衍，红花种植推进缓慢，Y集团项目最终另择基地，撤离了D县。在花椰菜项目的销售中，ZH联系H超市收购花椰菜，H超市负责人首先考虑的是菜品的质量和规模，通过实地考察了解花椰菜的品质后才给出2000万元的供货额度。项目择优逻辑与对口支援扶弱导向之间的冲突要求对口支援的项目运行必须聚焦培育当地优质产业，保证产业竞争力与可持续发展。

4. 行动者避责倾向与自由裁量权扩张冲动并存

对口支援工作进程中，受援地政府干部与支援地挂职干部有着各自的利益诉求。对受援地政府干部来说,至关重要的底线是减少工作中的问责风险。实践中干部问责方式、机制和深度不断强化,客观上导致了干部理性避责行为的增加。而对支援地挂职干部而言,来到新的工作场域,获得弹性工作空间尤为关键。案例中,D县扶贫产品目录申报屡不成功,正是因为对口支援项目对当地干部而言仅是地方发展专项的类别之一,没有实质的好处,因此不愿意承担项目发展过程中有可能存在的风险。与此同时,扶贫产品目录申报不成功却让支援地挂职干部意识到缺乏自由裁量权就无法真正落实理念,无法完善对口支援"项目制"运作。

5. 项目精准限期约束与弹性调适策略有所背离

对口支援项目通常要求"当年立项、当年开工、当年完工",这种"限期治理"既是效率导向,要求短期见结果,也是行政责任,强调干部有作为,还是排他指引,隐含可行性考量。然而,在实际协作过程中,"限期治理"却往往导致扶贫项目缺乏弹性调适的空间。一方面,"限期治理"导致产业类项目流于形式。由于很多产业类项目都是长期性的项目,而项目年度结项目标又要求产业类项目短时间内顺利运营且取得成效,这就使得很多产业类项目主体建成即通过验收,最终导致项目投资回报率低。另一方面,"限期治理"缺乏容错机制,无形中给挂职干部增加了压力。在产业运行过程中,为了达到年度考核所要求的规模和盈利,干部们只能通过强制、说理、打关系牌等方式,引导当地民众参与到项目当中,可能给项目带来潜在的风险。

(二)对口支援"项目制"运作中府际关系调适问题的原因

虽然目前对口支援取得了切实成效并形成了府际合作的"中国经验",但随着新阶段脱贫攻坚成果"回头看"的深入推进与精准帮扶要求的逐步提升,其推进过程中支援地任务型组织与受援地科层制难以耦合、项目精准限期约束与弹性调适策略有所背离等实践困境愈加凸显,其背后折射的是对口支援"项目制"运作中府际价值取向差异导致融合有限、对口支援挂职交流机制有待完善、动员社会力量深度参与项目乏力等深层次问题。

1. 府际价值取向差异导致融合有限

对口支援不只是支援地向受援地的单向资源倾斜与帮扶,在决战决胜脱贫攻坚过程中,对口支援逐渐形成了支受两地"优势互补""互利共赢"的协同发展新格局。而其中对口支援两地能否深度融合是决定供需能否精准对接,协同发展功能能否切实发挥的重要因素。目前对口支援受价值取向差异影响,融合程度有限。其价值取向差异主要体现在对口支援挂职干部与当地干部的工作价值取向差异以及对口支援项目价值取向差异两方面。

一方面，干部的工作价值取向差异导致对口支援挂职干部工作融入难。调研结果显示，对口支援挂职干部融入当地过程中最为困难的是由工作方式、方法、理念差异所造成的工作融入。当挂职期间面临扶贫协作挑战时，与挂职单位及当地干部相比，挂职干部更倾向于向对口支援联络小组、原派出单位、同批次其他挂职干部寻求帮助。工作价值取向的差异既受长期政治生态环境影响，也受制于地区发展阶段的现实条件，反映在两地干部愿为、敢为、想为、能为等不同方面。

另一方面，对口支援项目价值取向差异导致融合发展难。对口支援协作项目应立足长效发展，依托"造血"功能提升受援地自我发展能力，但如案例中WJW副县长申请对口支援资金兴修水坝所描述，实践中对口支援资金的专款专用、协作项目聚焦于可实现长效发展的"造血"项目抑或基础建设项目尚存在价值取向差异，导致对口支援双方难以拓展合作领域宽度，促进更深层次发展。

2. 对口支援挂职交流机制有待完善

对口支援的主要帮扶方式有人才支援、资金支持、产业合作、劳务协作等，其中人才支援项目即人才挂职交流机制，该机制是有效连接支援地与受援地进行项目沟通和协作的桥梁，也是贯彻落实相关支援政策，推动协作项目落地的重要抓手，但是从案例中可知，对口支援人才挂职交流机制还存在一些薄弱环节。

首先，挂职干部配置不够完备，决策权力有限难以有效推动项目。在对口支援挂职交流机制中，支援地通常选派副处级干部担任受援地挂职副县长，如案例中A省南浦区选派商委副主任、副处级干部ZH赴F市D县挂职副县长。作为县委常委，ZH虽然具有一定程度的决策权，但由于除主管东西部扶贫协作事宜外，还需协管其他工作，对县委书记及县长负责，权力掣肘较多，项目推进难。另外，对口支援挂职期通常以3年为一期，还存在半年、1年的短期人才交流项目，挂职干部难以在受援地扎根。

其次，挂职干部定位模糊失焦，工作重心不够明确。由于对口支援挂职交流机制中并未细化挂职干部的工作职责，导致挂职干部除负责东西部扶贫协作事宜外，还需分管受援地交派的其他任务，分管领域的多样性对干部工作开展产生挑战。如ZH在挂职初期被安排分管民宗委工作，外来干部移本地佛，工作困难重重。挂职干部既要考虑融入当地政治环境，理性参与重要决策，又要承担对口支援资金风险和复杂的关系网络。

最后，项目管理机制不够健全，项目建设质量考核不足，存在"严进宽出"。根据当前的对口支援项目协作机制，支援地的挂职干部有项目考察评审权，能够决定项目立项，确保项目进入审核严格。但具体的项目建设规划均由受援地当地政府进行把关，支援地只能就项目是否结项进行判断，缺失对项目质量的考核把关权力。在这样的机制下，项目质量和项目成效难以把控，最终导致对口支援协作项目"严进宽出"。调查显示，35%的挂职干部认为对口支援协作项目存在"项目管理不足，扶贫资金回报率低"的问题。

3. 项目资源整合成效亟须更好提升

"中央要求，当地所需，帮扶所能"是对口支援的重要经验，但是在以南浦—D县为代表的府际合作中可以发现，还广泛存在供需交流不足、供需对接失准的现象，最终导致协作项目难以双赢。

一方面存在对口支援府际双方供需沟通不足，支援资金不能精准满足当地所需的现状。D县为喀斯特地貌，难以储水，同时山区地势高，水压低，贫困户面临用水难的困境。但是由于双方供需存在沟通不足的问题，《A省对口支援F市扶贫协作项目及资金管理办法》规定扶贫专项资金无法用于水利基础设施建设。这也导致D县的水坝建设项目需求无法得到满足，延缓了村民用水难困境的解决。

另一方面存在援受双方未能深入村居调研，错误理解村民需求的问题。"当地所需"的现实内涵应为"当地百姓所需"而非仅"当地政府所需"。D县政府希望通过集中帮扶资金实现深度贫困人口在县城集中安置点落户的需求，资金用于安置补贴。但是干部联络小组经调研发现，贫困户虽有安置点，却丧失了以地为生的工作技能，难以在县城谋生。最终，在多方协调下，该项资金投入易地扶贫安置小区扶贫车间的开发项目当中，既满足当地政府需求，也满足了村民需要。

4. 动员社会力量深度参与项目乏力

经过多年的实施与完善，多元共治逐步成为对口支援的主要模式，参与主体由地方政府扩展到国有企业、民营企业、事业单位、社会组织等，政府角色也由"划桨"向"掌舵"转变。但当前社会力量深度参与对口支援协作依然乏力，一部分挂职干部认为当前对口支援面临的最大问题为"社会参与不足，以输血式扶贫为主"，具体表现为社会参与不足、社会参与渠道不畅通、社会化协作程度低。

其一，在政治化目标要求导向下，对口支援中，政府、事业单位等纯公共组织与准公共组织带来的体制内资源发挥着主导作用，而国有企业因肩负"政治任务"，也在很大程度上发挥着重要作用。相比于政府、国有企业、事业单位的参与程度与功能发挥，民营企业、社会组织等组织因缺少参与压力，同时又因对优惠政策以及参与对口支援对自身稳定性影响等因素的考量而处于迟疑状态，导致参与意愿与协作动机均较低，资源尚未得到有效挖掘。

其二，当前国企、民企、事业单位多元主体的参与功能发挥多依托于对口支援挂职干部自身的资源对接或对口支援两地政府间的直接指派，众多有参与意愿及参与能力的社会力量受制于对接点的缺失，未能有效参与对口支援"项目制"。社会力量参与渠道不畅通，导致社会帮扶资源闲置现象较为明显。

其三，在多元主体参与"项目制"过程中，扶贫协作的社会动员通常由多个地方的党政部门分头负责。由于缺乏统筹规划，被动员的社会力量项目分散、资源重合，难以形成社会协作合力。在具体实践中，社会力量参与的扶贫项目多集中于产业帮扶，而教育帮扶、医疗帮扶则缺乏有效支撑，且资源存在"一次性帮扶"倾向，未形成长效机制。在社会参与不足、社会参与渠道不畅通、社会化协作程度低三大掣肘因素影响下，社会力量深度参与项目协作乏力。调研数据显示，仅有15%的挂职干部认为当前对口支援项目协作中形成了"强化社会帮扶，形成帮扶合力"的经验。

5. 项目评价重过程约束轻长效反馈

对口支援推进过程中，援受府际双方接受上级考核评价的内容包括组织领导、人才支援、资金支持（使用）、产业合作、劳务协作、携手奔小康六部分，而资金支持（使用）部分具体指标以财政资金投入增长比例以及整合扶贫协作和对口支援资金用于脱贫攻坚比例为主要内容。在这一考核指标的导向下，为避免资金管理方面存在资金使用不规范、投向不符合政策要求等问题，对口支援双方严控帮扶资金的规范使用，严管对口支援项目立项审批、评审、运行等流程，这确实在一定程度上保证了协作资金的精准投放与扶贫项目的有效实施，却导致出现"重过程管理，轻监督反馈"的过程主义倾向。同时，在对口支援年度考核的压力下，部分地区明确要求对口支援协作项目流程周期，如案例中A省确立了"当年立项、当年开工、当年完工"的项目要求，导致产业类项目质量评价标准较低，主体建成即通过验收，缺乏长期追踪管理评价机制，最终使得产业投资回报率低。

六、对口支援"项目制"运作中府际关系调适的前瞻性思考

在乡村振兴时代，对口支援"项目制"运作将继续深入开展。一方面，"项目制"运作是巩固脱贫成果最为有效的路径之一；另一方面，为实现精准扶贫与乡村振兴战略的有效衔接，"项目制"运作将是我国府际合作治理的重要手段。

（一）以项目甄选为载体，畅通府际交流渠道

由于当前项目甄选环节尚不具备政府间进行有效高效协作的条件，对口支援的顺利推进需依托政策支持与制度保障。从宏观角度出发，中央政府可出台清晰合理的主导政策作为推进原动力，综合考量各地发展情况和各项综合实力对项目甄选做出明确指示，并在支援过程中全程给予一系列政策支持，为支援提供有力的宏观制度保障。从微观角度出发，各地方政府在响应上级号召之时，应当结合各自支援对象及自身实际情况，形成切实可行的支援方案，杜绝出现制度障碍、行政程序阻碍、权力分配不当等情况造成的低效、无效支援。在制度层面，自上而下协力扫清制度障碍，从而畅通对口支援府际交流渠道。

（二）以项目智识为保障，提升行动者的活力

立足项目智识，党政机关干部要提升队伍活力，强化工作能力。一是要加强人才交流的常态化，援受双方府际干部加强交流学习，定期或不定期地进行干部交流；二是要对干部进行针对性培训，提高干部的工作能力，为对口支援打造优质的人力资源；三是提高干部参与项目运作的积极性，促进人才的主动流动，提升干部队伍活力；四是强化干部的激励与考核机制，推动支援地、受援地人员交换向常态化、积极化方向发展，强化干部的责任意识，从而更好促进对口支援"项目制"运作。

（三）以项目资源为关键，促进府际互通赋能

从对口支援的推进经验来看，"项目制"运作的基础即为资源。在乡村振兴时代，对口支援的重点应逐渐从帮扶转向共赢，充分调动市场、人才、商品、资金等资源要素，实现"优势互补、互学互助、共同发展"，促进府际互通赋能。在市场资源方面，支援地通常作为开放的前沿区域，经济较为发达，市场机制更加活跃，资金更为充裕，拥有更多高质量的人才；受援地通常地域辽阔，自然资源丰富，市场发掘的潜力大，发展空间广阔。在产业资源方面，支援地往往经济实力强，产业基础好，产业结构更加合理，在技术、人才、资金、管理等方面具有优势；受援地辖区消费增长潜力大，劳动力资源充足。因而，可依托"项目制"载体，强化援受双方资源合理配置，实现优势互补。

（四）以项目激励为导向，形塑府际互动环境

挂职干部作为政策执行者和目标落实者，是"项目制"运作中的关键行

动方。只有以项目激励为导向,落实各项保障制度,才能创造好攻坚克难、迎难而上的环境,进一步促进对口支援深化发展。一是建立健全挂职干部正向激励体系,树立讲担当、重担当的鲜明导向。通过不断优化挂职干部考核指标体系,激励科学实干作风,选拔"愿作为、能作为、善作为"的挂职干部。二是建设合理的容错纠错机制,激励干部在"项目制"中创新作为。允许试错、宽容失败,建立鼓励干部探索创新的容错纠错机制,纠正滥用问责、不当问责及以问责代替整改等问题,激励支援地挂职干部奋发有为。三是重视挂职干部的心理契约,积极进行引导与支持。行政生态以及地理风俗的差异会对干部融入造成一定影响,援受双方应关注挂职干部的心理适应性问题,帮助挂职干部融入环境,力促项目进展。

(五)以项目治理为内核,助推府际共同发展

实现援受双方府际共同发展,推进对口支援"项目制"运作向常态化转变,需要以项目治理为内核,形成多方合力。其一,援受双方政府形成合力,不断巩固对口支援成果,推动项目持续发展。强调项目执行过程与目标设计一致,使受援地在共同富裕的道路上能厚植基础。其二,国家、市场和社会之间形成合力。顶层设计完善制度保障,促进市场优势作用发挥,调动社会参与协作积极性;企业及社会组织积极响应国家政策,利用自身优势实现共同发展,履行社会责任;公众提升参与意愿,在消费项目、民生项目、服务项目中贡献力量。其三,城市和乡域形成合力。"以城带农"仍是我国目前对口支援的主要形式,城市相较于乡村有先发的经济和产业项目等优势,可为乡村振兴赋能添力。其四,援受双方府际干部之间形成合力。通过加强交流学习,融入新发展格局,在"项目制"运作中更有作为。

案例五

嵌入社区的养老服务:"乐龄照护之家"的创新与困局

案例正文

引言

A街道地处S市中心城区H区西部,辖区面积1.92平方千米,共有16个居委。H区民政部门的数据显示,街道共有户籍人口约7.2万,60周岁及以上人口约2.7万人,占户籍总人口38.20%,其中独居老人1219人。据预测,A街道老龄人口正以年均2%~3%的速度持续增长,主要呈现三大发展特征:一是老龄化、高龄化程度居全区之首,二是独居老人和纯老家庭占比较高,三是养老服务需求呈现多样化。"如何养老"不仅关系个体晚年生存状况,更与A街道的经济、民生等发展密切相关。越来越高的老龄化程度无疑给A街道社区为老服务工作提出了严峻的挑战。本文在S市全市73家长者照护之家范围中确定以A街道"乐龄照护之家"为研究个案,主要出于以下两个原因:

第一,创新形成可复制经验。以"A街道乐龄照护之家"为关键词进行网络查询,结果显示有2160条,其中包括各类媒体专访200余条,不仅有来自S市本土新闻媒体,更有来自全国主流媒体的专题报道,内容主要包括介绍A街道"乐龄照护之家"建设模式、"乐龄照护之家"运营现状等。可见,S市将"长者照护之家"嵌入社区的"新发明",不仅在S市,在全国范围内也具有一定的社会影响力。

"乐龄照护之家"由A街道提供场地,S市乐龄养老投资有限公司(以下简称"S市乐龄")负责运营,嵌入社区的地理优势大大提高了老人社区养老的便捷度。A街道发挥资源整合辐射作用,依托"乐龄照护之家"这一平台,打造养老服务综合体。从功能属性来看,"乐龄照护之家"成为 A 街道社区养老的资源配送平台、医养结合平台、服务展示平台、受理评估平台以及社会参与平台,先后为 A 街道 48 名 60 岁及以上老人提供喘息服务,切实满足了老年人及其家庭的临时托管需求,在很大程度上缓解了家庭照料的压力和短期养老的困境。在"乐龄照护之家",老人既得到了专业化的服务,又得到了精神上的慰藉。"乐龄照护之家"既整合了传统居家养老、机构养老的优势,又弥补了现有社区养老的不足,逐步形成以医养结合、高效运作、专业管理、智能检测为亮点的 4 大服务特色,在 A 街道老人圈可谓"叫好又叫座"。可承受的短期入住费用使得"乐龄照护之家"入住率一直保持在 80%以上。A 街道所在的 H 区,长者照护之家项目建设始终在全市领先地位;作为 H 区嵌入式长者照护之家模式最早的试点工程,"乐龄照护之家"在服务模式和运作模式上显然具有可复制性。

第二,发展中面临的挑战具有普遍性。作为市中心的老牌社区,A 街道内老年人群结构呈倒三角特点,即"无保"老人所占比例较大,其中包括 890 名困难独居老人,且家庭结构多为"4—2—1"。因而,A 街道每年投入相当大的资金用于完善现有社区养老体系,重点偏向老年人的生活服务照料。A 街道已搭建起养老服务合作社 1 个、机构养老院 1 个、老年日托所 4 个及其他社区养老服务站点,为老人社区养老提供了多种选择。然而,机构养老院内 77 张床位基本处于饱和状态,一床难求已成为不争的事实;4 个老年日托所在数量上虽已超过其他同类型市中心社区,却依然供不应求。尽管 A 街道连续 10 年被评为 S 市文明社区,在养老各项服务上也始终走在前沿,却也遭遇了养老服务发展瓶颈。A 街道内的公办公营养老院,老人为了求得一席床位,往往需要等上一年半载。民营养老院服务虽优于公营养老院,但高昂的收费加上机构养老的陌生环境不免出现老人难适应、生活质量下降的情况,因而令很大一部分老人却步。许多养老机构常常处于"愿去的不收,愿收的不去"的发展不平衡态势。此外,传统社区养老服务仍停留在提供基本公共服务的阶段,服务内容也较为有限,服务方式也相对单一;尤其面对瘫痪、半自理的老人更是束手无策。

对此,A 街道自 2014 年起着手积极探索建立一套与中心城区特点相适应、与实际养老需求相匹配、与经济社会发展水平相协调的一体化养老服务模式。作为 A 街道创新养老服务供应模式的有力举措,"乐龄照护之家"自 2016 年 3 月运营至次年 1 月遭遇了诸如邻避效应、无人入住等情况的发生,既有发生在 A 街道与居民之间的,也有发生在"乐龄照护之家"与入住老人之间的。因此，对上述各种具有代表性的冲突矛盾进行分析，有利于深入了解 S 市中心城区嵌入式长者之家模式发展困局背后的原因，从而提出优化执行的路径。

一、蹒跚起步，试点营运

"老有所养、老有所依"是中国人定义幸福的一大标准。然而，伴随我国老龄化社会进程日趋加深，"养老难"已然成为老百姓最为关注的话题之一。《"十三五"国家老龄事业发展和养老体系建设规划》（以下简称"《规划》"）中，更是用"形势严峻"来描述中国老龄化现状。国家统计局数据显示，截至 2015 年年底，我国 60 岁及以上老年人口达 2.22 亿，占全国总人口比例为 16.10%。据预测，到 2050 年该数值将进一步达到 4.8 亿的峰值，届时，中国可能成为世界上老年人口最多的国家，"未富先老"让社会不堪重负。①

作为全国最早进入人口老龄化且老龄化程度最高的城市，S 市面临的老龄化形势最为严峻。《2016 年 S 市老年人口和老龄事业监测统计》显示，截至 2016 年 12 月 31 日，S 市全市户籍人口 1449.98 万人，其中 60 岁及以上老年人口 457.79 万人，占总人口的 31.60%，比上年增加了 21.84 万人，增长 5.01%，占总人口比重增加了 1.4 个百分点。深度老龄化对这座国际大都市的城市公共管理服务水平提出了重大挑战。②

2015 年，通过前期 3 个多月对管辖范围内 3 处闲置物业资源的考察，综合考虑地理位置、空间面积、消防设施等因素，S 市 H 区 A 街道最终选定辖区范围内养老服务合作社二楼闲置楼层作为"乐龄照护之家"的建设场所。"乐龄照护之家"总占地 832 平方米，由街道出资 182 万元委托 S 市康大建筑有限公司修缮，整体工程耗时 70 天建设完成。根据场所设施和安全要求，整体装修风格以暖色调为主，内设大厅、房间、休息、沐浴、娱乐 5 个功能区；考虑到服务群体的特殊性，"乐龄照护之家"在建设阶段尤其注重安全、健康、舒适和智能 4 个方面。墙面全部采用新型环保材料，具有不燃、隔音、防水、隔热等特点，地面也均采用防潮、防菌、防滑等材料；同时，设有 24

---

① 吴玉韶：2050 年前后中国老龄人口将达峰值 4.8 亿 [EB/OL]. 中国新闻网，2011-10-31.
② 上海市民政局. 上海市老年人口、老龄事业和养老服务工作综合统计信息发布 [EB/OL]. 上海市养老服务平台网，2017-10-31.

小时循环新风系统以确保空气循环，为入住老人提供安全健康养老的生活条件。走廊上配备的 LED 灯方便老人夜间行走，安全扶手更是无处不在，拐角处的防撞材料和紧急呼叫按钮等标准化建设为老人颐养天年更添一份安心。

为了确保"乐龄照护之家"建设事宜的公平、公正、公开，2015 年 3 月 18 日，在有业主代表参加的代表会议上，A 街道居委会就建设"乐龄照护之家"一事向与会代表进行了通报，会上无人提出异议。此后，A 街道居委会还将"乐龄照护之家"建设计划在小区告示栏内进行了公示。就此，A 街道"乐龄照护之家"即将进入建设阶段。2015 年 3 月 20 日，"A 街道欺诈群众，坚决反对养死院"横幅高挂养老服务合作社墙体，业主反对 A 街道"乐龄照护之家"的情绪达到高潮。最后在 H 区老龄办、民政局等政府部门的介入下，业主反对"乐龄照护之家"的强硬态度才得以缓解。

根据 S 市民政局试点方案的要求，长者照护之家场所选址应符合环保、消防安全、卫生防疫等有关部门对社区养老机构的规定，运营场所须设有独立出入口，满足非居住类房屋等行业专属要求，周边还要有一定的绿化面积。由于"乐龄照护之家"是由原养老服务合作社二楼闲置层面改造而成，其建筑条件显然并不符合长者照护之家的实际建成标准。为了使"乐龄照护之家"尽快取得运营资质，2015 年 7 月 15 日，A 街道在已竣工的基础上根据消防核准要求对消防工程进行改建，其中光消防水泵的改造就花费 60 余万元。至此，"乐龄照护之家"原本制定的 3 个月筹备期足足延长了 4 个月之久。

"专业的事情让专业的人去做。"为给老人提供专业化的社区养老服务，2015 年 8 月，A 街道就"长者照护之家"托管项目进行招标，文件中要求投标企业至少有 5 年以上养老行业运作经验，护理人员必须持证上岗，要有评估资质，可参与入住老人照护需求的评估工作，要有优秀的风险控制及纠纷处理能力，有能力满足入住长者深度养老需求等一系列硬性要求。最后，A 街道与具有 15 年丰富养老机构运营经验的 S 市乐龄签订为期 3 年的运营合同，以期通过第三方机构提供的专业化管理，提升整体服务水平。双方签订的协议中明确 S 市乐龄主要承担三部分责任：一是将长者之家的服务辐射至社区；二是不定期开展失能老人家庭照料培训课程；三是利用空余床位为其他 H 区下属街道提供临时性服务。

尽管"乐龄照护之家"嵌入寸土寸金的 A 街道内，但层层内容的叠加赋予了其"麻雀虽小，五脏俱全"的功能属性。从建设的资源组成来看，"乐龄照护之家"主要由土地、设施、人力、资金等资源构成，各类资源的共享推进了"乐龄照护之家"的正外部性效应，成为 S 市社区养老服务中不可或缺的亮点。根据现有 30 张床位规模，"乐龄照护之家"以"日间 1∶8~10、夜间 1∶15~20"的人员配比要求配备了 3 名持健康证上岗的养老护理员，并与一楼日间照护中心共享 4 名保洁员。除了各类硬件设施的保障，"乐龄照护之家"在软件方面更凸显了其服务特色。为保障入住老人的身心健康，"乐龄照护之家"与一楼社区卫生服务站签约，借助社区医疗资源，每日安排医生巡查治疗病患；对有心理问题的老人，"乐龄照护之家"引入一楼心理咨询室的资源上门为老人排忧解难。为丰富入住老人生活，在 A 街道的政策、理念引领下，各种社会力量参与"乐龄照护之家"志愿活动。现共有 21 家社区单位参与志愿活动，提供包括昆曲鉴赏、穴位按摩、文艺汇演等 26 项志愿服务。

为保障正常运作，"乐龄照护之家"除了得到 A 街道引入的各类社会资源，还享有市级层面各项政策红利。在市级层面扶持政策的基础上，A 街道更对"乐龄照护之家"运营成本超出的部分进行补贴。就此，A 街道"乐龄照护之家"前期准备工作全部就绪。

二、初获认可，优势显现

2016 年 3 月 28 日，A 街道举行"乐龄照护之家"开业仪式，主要为户籍和居住地均在 A 街道、60 周岁及以上、有基本自理能力的老年人提供短期服务，家中临时无人照护、因病需短期康复并能恢复自理等 5 类老人可优先考虑。参照 H 区"长者照护之家管理意见"中建议服务收费标准一般在 3000~3500 元每月，原则上不超过 4000 元每月的条例，经前期测算，A 街道内老人平均养老金为 3500 元每月，高于 S 市平均水平。在这一条件下，"乐龄照护之家"为扩大受益范围，根据老人的不同需求，权衡再三设立如下价格：

表 5-1　服务价格

分类	价格（元）
体验班（1 日）	150
体验班（3 日）	330
日间照料加长班	2800
体验班（20 日，不含周末）	2200
常规班（14 日）	1500
常规班（30 日）	3300

刚开业几天，附近参观的居民络绎不绝，有子女为家中父母来"打前站"的，也有老人慕名前来的，在了解了"乐龄照护之家"情况后反馈不一。有的表现出浓厚的兴趣，有的则表示还要观望。在对A街道内52位60岁及以上老年人的随机问卷调查中，有11.54%的老年人青睐社区养老模式（居家养老模式占比76.92%）；相较于其他养老模式，A街道内的大部分老人仍更愿意选择居家养老模式。由于"长者照护之家"嵌入式养老模式2014年才在S市推出，因而仅有28.80%的老年人听说过，实属正常。

表5-2 老人养老方式倾向度

		频率（次）	百分比（%）	有效百分比（%）
有效	居家养老	40	76.92	76.92
	社区居住养老	6	11.54	11.54
	机构养老（养老院）	1	1.92	1.92
	自主养老	5	9.62	9.62
	总计	52	100.00	100.00

2016年4月3日，开业第七天，尚无老人入住。在对长者之家服务有一定了解后，老人愿意尝试度仍较低，其中71.16%的老人仍持观望态度。为了"破冰"缓解这一尴尬现状，"乐龄照护之家"推出免费体验活动，即每位成功预约的老人均享有一次免费体验生活护理、心理慰藉、康复训练等服务，可根据实际需求选择连续入住1~3天。活动一经H区电视频道宣传（A街道内60~69岁、70~79岁、80岁及以上老人通过新闻、广播了解社区服务占比均在70%以上），效果良好，A街道下属居委会原本就有意向入住但碍于传统观念束缚的老年人纷纷报名。经过一系列评估后，共有10名老人于2016年4月10日成功入住。三天体验活动结束后，老人的积极反馈为"乐龄照护之家"奠定了较好的群众基础，也树立了较好的口碑。

表 5-3 老人体验长者之家模式愿意度

		频率（次）	百分比（%）	有效百分比（%）
有效	会	4	7.69	7.69
	持观望态度，可能会	37	71.16	71.16
	不会	11	21.15	21.15
	总计	52	100.00	100.00

截至2016年8月，已有三批（共计48名）老人入住"乐龄照护之家"。作为"乐龄照护之家"入住的第一人，金阿婆对这里服务很是满意。这里除了为老人们按时提供一日三餐和下午茶外，老人还会在周一至周五享受陪同就医的服务、参加读书会等娱乐活动、定时做下午操锻炼身体，还经常结伴到公园散步。在这里，老人除了享受到专业化的护理，更找到了家的温馨感。A街道老年人的基本养老需求分为5大类：生活照顾（日常家务、生活起居、陪同就医、法律援助、日托服务）、社会交往（社区联谊、一帮一结对、老年大学、文娱活动）、心理慰藉（子女陪伴、心理咨询、陪同聊天）、喘息服务（康复期间护理、住院陪床、代配药）、身体检查（定期常规体检、健康讲座与咨询）。"乐龄照护之家"正是因为适时满足了A街道老人最基本、最基础的养老诉求，入住老人满意度高达98.0%，社会满意认可度也较高。《新民晚报》、新闻综合频道等媒体都对"乐龄照护之家"做过相关报道，社会反响也较好。

在这里，除了常规照料，"乐龄照护之家"还提供智能检测，利用"物联网"技术，对老人安全、健康等提供大数据服务，为老人配备的智能检测设备包括夜间守卫（智能床垫）和健康助手（智能健康检测仪）等。特别是每张床都配备的智能床垫，能监控分析老人的睡眠健康状况，防范老人离床跌倒。

三、冲突发生，矛盾交织

如果用人生不同阶段来比拟，A街道"乐龄照护之家"尚且处于学步阶段，不免会磕磕碰碰。作为A街道突破现有社区养老困局的有力抓手，"乐龄照护之家"肩负补传统养老模式之"短板"，延社区居家养老资源整合之"长处"的重担；但在建设初期，却遭遇了社区居民高唱反调的问题，使修缮工程一拖再拖。"人老多病苦"，"乐龄照护之家"在为老人提供专业人员照护的同时,也难以保证意外状况不会发生,面对家属的质疑和无端指责,"乐龄照护之家"也常常心有余而力不足。机构理念与传统观念的冲突、居民利益与社区利益的摩擦、老人家属与机构管理方的冲突,层层矛盾的交织使"乐龄照护之家"砥砺前行的大道上荆棘丛生。

根据《国务院办公厅关于全面放开养老服务市场提升养老服务质量的若干意见》(国办发〔2016〕91号)的政策要求,加快推进养老服务业"放管服"改革,鼓励整合改造企业厂房、商业设施、存量商品房用于养老服务。但在实践中,中心城区社区闲置资源的建筑性质多为居民住房和废弃厂房,前者存在可用空间小、建筑防火等级达不到人员密集场所标准的问题。根据消防部门规定,为老服务设施的建筑必须达到相应安全标准:有两个以上安全通道、楼梯宽度不得少于2米,建筑面积超过1000平方米的养老设施必须配备两路进水的装置。养老服务合作社所用建筑建造于1998年,设施老旧,为了使"乐龄照护之家"项目达到经营准入要求,A街道投入了180余万元进行修缮,消防水泵的改造也花费60余万元。在"乐龄照护之家"前期准备过程中,A街道更是投入了大量精力用于与各部门的沟通、协调,大大降低了"乐龄照护之家"的建设效率。

《长者照护之家建设通知》中"服务对象"的第一条中明确规定长者照护之家主要面向社区失能老人、高龄独居老人以及其他有需要的老年人,提供涵盖机构照料、社区照护、居家护理的一站式综合型服务。而对比A街道"乐龄照护之家"的服务对象,范围并未将失能老人纳入其中。简而言之,即"乐龄照护之家"因自身服务能力不足而缩减了服务范围。服务好"失能""失智"老人是政府履行托底职能的必然要求。显然,目前"乐龄照护之家"出现了名不副实的情况。

不同于传统养老机构有偿用地的模式,"乐龄照护之家"因其"公建民营"的特定属性,在规划之初便设定"嵌入"社区内。随着经济社会的快速发展和维权意识的迅速提升,居民"只要建在别人家就不反对,建在自己家门口就不行"的群体心态也越发严重。这种典型的"邻避效应"同样在"乐龄照护之家"凸显。幸运的是,案例中的照护之家最终成功拔地而起。但反观其他街道长者照护之家,因遭遇业主强烈反对,无疾而终的比比皆是。

S市形成了市、区(县)、街道、社会组织四级长者之家养老服务的管理组织形式。"乐龄照护之家"嵌入式长者照护之家养老服务模式同样如此,由S市政府负责政策、法规的制定和对工作进行指导监督,由区级政府进行指导、服务审批、监控、评估工作,由街道执行政策、负责前期的项目建设,最后由社会组织运营，提供专业化的服务。在"乐龄照护之家"个案中，政府、A街道、"乐龄照护之家"三者之间主要存在如下问题。

第一，作为S市积极探索社区养老的新型模式，长者之家模式逐步从试点走向全面实施，然而，全市层面仅在2014年推出《"长者照护之家"试点工作方案》的指导性文件，其中对长者之家的补贴参照养老机构床位补贴政策——每张床位第一年5000元、第二年3000元、第三年2000元的标准进行扶持。然而，相较于养老机构，"乐龄照护之家"在经营上更需要政策的扶持，需要政府鼓励更多社会资本的加入。此外，与A街道内公建公营的社区养老机构相比，"乐龄照护之家"在许多申请准入条件上仍偏高。政策与实际需求尚存差距，这都阻碍了"乐龄照护之家"扩大现有模式。

第二，受社区用地、建设资金的限制，"乐龄照护之家"仅设有30张床位，与机构养老院相比，不具备规模优势。一方面，A街道以S市乐龄支出成本为导向对"乐龄照护之家"进行养老服务购买，S市乐龄仅能达到运营上的收支平衡，难以扩大其在A街道内的"溢出效应"；另一方面，政府对于现有每张床位1万元的补贴力度较低，仅能覆盖日常运营成本。收支不平衡的现状阻碍了"乐龄照护之家"加快发展的前进步伐。

作为中国传统的养老观念，养儿防老依然是众多老年人首选的养老方式，这一点可以在A街道近80%的老人选择居家养老模式上得到印证。然而，A街道内的家庭结构使居家养老功能逐步弱化已是不争的事实，安土重迁的思想又使老人不愿折腾。"乐龄照护之家"虽然嵌入社区，但因老人对这一新型模式并不了解，"乐龄照护之家"试营业期间出现了无人入住的尴尬情况。

2016年7月3日，"乐龄照护之家"一入住老人因突发脑出血转送入医院后陷入昏迷状态。老人家属理所当然地认为老人只要入住"乐龄照护之家"，其间发生的所有事情都应由机构承担，要求赔偿。为了扩大事件社会效应，老人家属更是利用微信、微博等新媒体平台将事件影响范围无限扩大。一时之间，"乐龄照护之家"深处舆论旋涡。面对此类情况的发生，"乐龄照护之家"也无计可施。最终，在A街道协调下，"乐龄照护之家"以承担60%医药费的方式暂时缓解了冲突，其中仅有7%可由养老机构意外责任险赔付，剩下的53%则由S市乐龄从运营资金中分担。

"乐龄照护之家"突发疾病入住医院的老人家属本能地将"乐龄照护之家"与"保险箱"画上等号，认为老人一旦出事危及生命安全，"乐龄照护之家"就要承担一切责任。案例中，老人家属显然缺乏客观公正的理性思维，尽可能将责任推卸给养老机构，而忽略了自身作为老人孩子，法律所规定的赡养义务。老人家属不分青红皂白，不愿了解事件前因后果，先入为主、强词夺理的处理方式，进一步加重了"乐龄照护之家"不惹事的心态。若不是A街道介入调解，"乐龄照护之家"极有可能在这一事件后便夭折。为了防止此类事件的再度发生，"乐龄照护之家"与入住老人签署了免责条约：老人一旦出了门，"乐龄照护之家"不承担任何责任。"生命诚可贵"的传统伦理道德与"不愿惹事"的怕事心态，两者的博弈在"乐龄照护之家"个案中淋漓尽致地得到了体现。

虽然"乐龄照护之家"下层设立了社区医院卫生服务站，旨在打造"绿色急救通道"，但个案中入住老人突发脑出血的意外依然暴露了其缺乏医疗紧急处理能力的事实。入住老人一旦出现急症重症发作或身陷意外事件导致的生命危险时，"乐龄照护之家"通常情况下第一做法是紧急联系老人家属，再根据老人家属的意见进行处理。作为入住老人的第二个家，不要求"乐龄照护之家"有诊治大病重病的能力和条件，但在生命与时间赛跑的紧要关头，具有基本的应急处置能力应是"乐龄照护之家"必须做到的。

四、何去何从，值得深思

截至 2017 年 6 月 30 日，"乐龄照护之家"入住率达 93.30%，所有服务都井然有序地开展着。然而，"乐龄照护之家"的一方小天地仅能解决 A 街道内一小部分老人的需求，如何为更多老人提供服务仍是个"老大难"。按照一张床位"配"一名工作人员来算，目前的收费标准仅能够提供给每位员工每月 3500 元的基本工资，而除去人力成本的部分支出，尚不包含其他运营成本的支出。养老服务要实现盈利，必须依赖规模效应。目前在政府补贴的情况下，每月的费用仅能维持收支平衡，如果能使"乐龄照护之家"的专业资源发挥更大的效用，切实将整个社区老人的需求都纳入服务范围，才能为机构提供长久发展的可能。

作为特大型城市应对深度老龄化的有益探索，S 市自 2014 年下半年启动了长者照护之家的试点工作。短短两年多的时间内，这一新型嵌入式养老服务模式已在多个街道社区落地施行，全市已建成 73 家。根据《S 市养老服务发展报告（白皮书）》要求，截至 2017 年年底，S 市将实现中心城区和郊区城市化地区各街镇长者照护之家的全覆盖。案例中 A 街道"乐龄照护之家"一年多的运作经验为下一步发展提供了参考蓝本。嵌入式长者照护之家模式，有效打通了相互独立的传统养老模式，也是未来 S 市老年人解决养老问题的发展方向。但是，要实现机构可持续的健康运营，必须加快推进以长者照护之家为核心的社区综合养老服务设施供给体系建设，使得长者照护之家专业化、多功能的养老服务可以产生更好的辐射效应，让每个老人不出家门也能享受优质的养老服务。

"乐龄照护之家"只是全市长者照护之家的一个缩影，它的出现对 A 街道、全市长者照护之家乃至全国社区养老提出了四个思考命题：其一，与传统居家养老、社区养老、机构养老方式相比，"长者照护之家"养老方式的特点是什么？其二，为何 S 市要进一步推广这个项目并将之列入政府实事工程，其创新点体现在哪里？其三，"乐龄照护之家"这一试点存在哪些挑战，表征是什么？其四，如何进一步完善现有运作方式，可行对策有哪些？

分析报告

一、案例回顾

"莫道桑榆晚，为霞尚满天。"作为 A 街道践行 S 市政府"因地制宜兴办家庭化、小型化养老机构"政策的具体体现，"乐龄照护之家"整合社会资源，为提供"亲情不隔断，养老不离家"的社区养老服务提供了可行的发展路径。

"乐龄照护之家"由 A 街道提供场地，S 市乐龄负责运营，嵌入社区的地理优势大大提高了老人养老的便捷度。然而，"乐龄照护之家"在前期建设、后期运行过程中，依然面临重重问题，遭遇"成长的烦恼"。本案例以"乐龄照护之家"为研究对象，基于社会嵌入理论，结合针对"乐龄照护之家"的实地调查，分析和归纳其创新模式和发展困境。

社会嵌入理论由美国社会学家马克·格兰诺维特（Mark Granovetter）于 1985 年提出，该理论认为个人嵌入一定的社会关系之中，依靠社会关系支撑，从而获得必要的社会资源与服务。在这一理论基础上，"嵌入式养老"模式顺势而出。何谓"嵌入式"养老？指依托社区关系网络，充分利用各种社会资源，修复传统家庭养老模式与居家养老模式低社会化的缺点，弥补机构养老模式因过度社会化难以满足老人内在家庭情感需求的养老方式。

二、"乐龄照护之家"创新分析

作为"嵌入式养老"模式的具象体现，"乐龄照护之家"以 A 街道社区为依托，嵌入社区各种养老资源，在不脱离既有的社区关系和生活背景下，为街道内老人社区养老提供一个理想的平台。对A街道老人而言，"乐龄照护之家"就像家门口的微型养老院——在这里，老人成功应对"春节保姆荒"无人照顾的困难条件，在悉心照料和专业康复训练下恢复健康；在这里，老人们积极参与各种活动，大家聚在一起聊家常，欢声与笑语常伴，实现"养耆老以致孝，恤孤独以逮不足"的宜居养老生活。"乐龄照护之家"作为一种全新的社区养老模式，背后体现的是A街道一次积极的尝试和大胆的创新。下文试使用社会嵌入理论对"乐龄照护之家"进行创新分析。

与传统家庭养老、社区居家养老、机构养老方式相比，"嵌入式"养老既可以提供机构入住养老服务，又可以延伸至家庭提供入户养老服务，集中了各养老模式的优势。"乐龄照护之家"在A街道运作以来，迅速获得了老人的青睐，成熟的运作模式更在H区得到迅速推广。"乐龄照护之家"的"服务亮点"在于：

1. 灵活性较强，易于推广。A街道内一家私人养老院自建设规划到最终落地成功开张整整用了两年的时间，其间包括运营资质的审核、土地的建设和装修、护理人员招募等。相比之下，"乐龄照护之家"在A街道各项政策、资源的支持下从建设工程、委托管理机构招标到最终对外营业仅用了8个多月，大大推进了养老机构的建设速度。

从资金投入角度来看，社会养老机构的前期投入通常为2000万~5000万元，"乐龄照护之家"的前期修缮工程由A街道通过招标形式完成，成本控制在200万元以下。社会养老机构的前期费用主要由土地购买、建设费用构成，属于从"0"到"1"的工程。"乐龄照护之家"则是在充分利用A街道闲置资源的基础上建造起来，其前期成本主要是修缮费用，属于从"0.5"到"1"的工程。

从影响程度来说，"乐龄照护之家"布点位置对社区日常生活影响较弱，对位置要求更低，相应地所需承担的风险也较小。从管理与运行方面，"乐龄照护之家"运营团队主要由护理工和管理人员组成，管理层级相对扁平，而社会养老机构管理层级相对复杂，管理人员占比较多，这使得"乐龄照护之家"在管理难度和运营要求上都相应降低。

2. 养老服务有效嵌入社区。受到经济条件的制约以及安土重迁的传统养老观念影响，A街道老人还是愿意选择就近养老或是居家养老的模式。S市A大学"S市社区养老服务现状、问题及对策研究"阶段性研究成果显示，市区老人较郊区老人因居住状况的改变和婚姻状况的改变更容易感到孤独，因而应尽可能保持原有社区关系，可降低老人的孤独感。"乐龄照护之家"地处A街道养老服务合作社二楼，与最近的小区仅有3分钟路程，拥有良好的地缘优势。便捷的地理位置大大满足了老人就近养老的需求，使得他们在不离开熟悉社区环境的情况下能够得到专业化的护理照料。加上"乐龄照护之家"所在的A街道地处S市中心的优越地理位置，较之郊区的养老机构，其更受老人推崇。

3. 充分满足老人情感需求。距离A街道最近的一家社会养老机构约有30千米路程，入住老人家属通常一周或两周才能探望一次老人。"乐龄照护之家"由于距最近的小区仅数百米，为家属探望老人提供了便捷的条件。根据亚伯拉罕·马斯洛（Abraham Maslow）的需求层次理论，人的需求按照重要性的先后次序可依次分为生理需求、安全需求、归属需求、受尊重需求和自我实现需求。"乐龄照护之家"的建立满足了老年人的安全需求和归属需求。

4. 以实际需求为导向，实现资源协同。S市调查总队对2248位60岁以上老年人的社区服务需求进行调查，结果显示，受访者依次对医疗保健类（79.60%）、生活养老类（69.70%）、文化类（64.60%）服务有较高需求。在此基础上，"乐龄照护之家"以老人需求为导向，为A街道内老人打造10分钟养老服务圈：借助现有养老服务合作社，打造"生活照料网"，对入住老人提供系列照顾服务；借助心理咨询平台，打造"精神慰藉网"，对有需求的老人开展精神慰藉和心理疏导服务；借助社区医院资源，打造"医疗卫生网"，为入住老人提供健康保障；借助A街道社区文化资源和教育资源，打造"文化教育网"，为入住老人丰富精神文化提供途径。"乐龄照护之家"积极调动社会资源，使资源良性互动、有效协同，切实满足了入住老人的各类需求。

5. 医养智能化结合。《S市老年人口问卷调查》的数据显示，51.70%的老人自评其健康状态一般，仅有6.90%的老年人认为自己身体状态很好，超半数的老年人患有慢性病，在日常生活中需要吃药治疗。在A街道所抽查的52位老人中，有75%的老人认为社区养老仅偶尔应急用。

喘息服务指为需要短期医疗救助、康复的老人提供服务。"乐龄照护之家"由A街道以托管项目招标的方式由企业竞标承包，在机制上保证了服务的专业化。"乐龄照护之家"现有3名护理人员，均持有要求的上岗证。"乐龄照护之家"位于社区医院服务站上层，可为入住老人提供量血压、开药方、配药等10类适合老年人需求的基础医疗服务。

"乐龄照护之家"除了满足老人及其家属临时托养的需求，提供临时性照料服务,对 A 街道内老人还开设了不同主题的家庭养老支持计划,包括提供生活自理技能方面的培训,为老人参与集体生活和机构养老做好准备。在管理手段方面,"乐龄照护之家"引入"互联网+"手段,通过为每张床位安装智能化床垫,实现 7×24 小时的智能看护服务,为老人营造安心舒畅的养老环境。

6. 政府主导,社会化运作。"乐龄照护之家"采取公建民营的方式运作,由 A 街道提供物业资源并投入资金进行修缮,委托 S 市乐龄负责运营管理。同时,A 街道整合社会力量,积极探索专业化服务和社区服务相互结合的运营管理模式。A 街道、S 市乐龄、社区生活服务中心联合运营,从宏观指导、专业管理、评价监督等多维度、多角度对"乐龄照护之家"形成互相合作、互相监督的工作机制。

在"乐龄照护之家"的运营过程中,A 街道动员社区单位、社会组织、文体团队、志愿者等团体共同开展服务,动员社会广泛参与。总体来说,"乐龄照护之家"模式作为 A 街道尝试的提供公共产品的新型管理模式,较传统公建公营的养老方式有着不可比拟的优势,提高了管理效率和服务质量。

三、"乐龄照护之家"困局分析

下文尝试将制度秩序嵌入、组织间制度嵌入和人际嵌入分别对应于"乐龄照护之家"养老秩序的嵌入、"乐龄照护之家"运营组织的嵌入、"乐龄照护之家"入住老人交往嵌入等进行分析。

(一)养老秩序的嵌入困境

在"乐龄照护之家"个案中,相关规范标准、设施建设、管理运营机制等若干方面皆不成熟,诸多问题亟待解决。

《S 市民政局、S 市财政局关于加快推进本市长者照护之家建设的通知》在"扶持政策"的第二条中明确规定:"长者之家项目的运营单位凭认可证明材料向所在区县公安消防部门提出申请,区县公安消防部门按照《警务公开》中的受理范围对项目的消防设计方案出具审核意见或备案,即可通过消防部门对项目的消防设计方案出具审核意见或备案的形式代替验收。"但实际上,"验收"改为消防部门"出具审核意见或消防备案",只是在程序上做了简化,缩短了消防验收周期,并未实际降低消防建设标准。"乐龄照护之家"因未通过消防验收,而被责令返工,使得 A 街道加大了前期的建设投入,延误了"乐龄照护之家"的对外营业期。

（二）运营组织的嵌入困境

由于"乐龄照护之家"是由 A 街道利用现有空余用地改造而成，面积仅 800 多平方米。"乐龄照护之家"在 800 多平方米内又设置了餐饮区、休息区、床位区、沐浴区、娱乐区，多功能的叠加势必压缩现有床位的数量。"乐龄照护之家"内现有 28 位老人入住，对长者之家而言，超 85%的入住率俨然属于满负荷运作状态。从地理位置来看，A 街道又地处 S 市中心地带，原本就已紧张的用地情况进一步加剧了 A 街道空间资源供给不足的状况。

受社区空间、建设资金的限制，"乐龄照护之家"目前仅设有 30 张床位，与机构养老院相比，完全不具备规模优势。目前，A 街道以 S 市乐龄支出成本为导向对"乐龄照护之家"进行服务购买，使得 S 市乐龄仅能达到运营上的收支平衡，难以扩大其在 A 街道内的"溢出效应"。另外，政府对于现有每张床位 1 万元的补贴力度较低，仅能覆盖日常运营成本。收支不平衡的现状困住了"乐龄照护之家"的发展步伐，这一点在调研中"乐龄照护之家"机构负责人反复提及。

（三）公众理念的嵌入困境

"乐龄照护之家"为 A 街道入住老人打造了嵌入社区的微型养老院，使老人在不脱离原有社会关系的基础上得到专业的照护。然而，传统"养儿防老"的观念造成"乐龄照护之家"开业"冷场"。且老人家属认知偏差、机构缺乏医疗紧急处理能力等，催化了"乐龄照护之家"冲突事件的发生。

个案中，入住老人突发脑出血的意外暴露了"乐龄照护之家"缺乏医疗紧急处理能力的现状。一是缺乏具备专业应急处置能力的医护人员；二是缺乏应急处置的设备器材及药品；三是缺乏应急处置完整的方案及经常性演练。入住老人一旦出现急症重症发作或者意外事件导致的生命危险，"乐龄照护之家"通常的做法是紧急联系老人家属，根据老人家属的意见进行处理。

四、完善"乐龄照护之家"的对策

作为第四代养老服务模式，"乐龄照护之家"打破了 A 街道固有的"藩篱"模式，通过构建立体服务网络将前三代传统养老方式（家庭养老—机构养老—日间照护）打通，将最初思考的"如何养老"问题向"如何高质量养老"问题迭代。调研显示，老年人为了安度晚年，必须有一个再社会化过程，"乐龄照护之家"为 A 街道老人平稳融入社会提供了一个较好的平台。"乐龄照护之家"在嵌入过程中，遇到了来自政府政策层面、A 街道土地资源层面、社区老人观念层面、社区居民层面等的挑战。为了使 A 街道"乐龄照护之家"逐步形成政府引导、全民参与的良性社区养老发展模式，下文提出相关建议。

其一，加大对"乐龄照护之家"的政策扶持力度。现有每个床位 1 万元的补贴政策及水、电的补贴费用只能勉强维持"乐龄照护之家"的日常运行。政府可在现有政策红利基础上加大财政补贴力度，提供其他配套优惠政策，规划嵌入式长者之家实际运行的补贴，建议使"乐龄照护之家"的补贴力度适度高于 A 街道内现有公办公营养老机构的补贴力度。同时，降低养老服务企业发展初期运营负担，避免因过于激烈的市场竞争机制而不履行责任或以完成任务式的方式提供服务。

其二，适度降低"乐龄照护之家"资格准入条件。A 街道"乐龄照护之家"因消防要求不达标而返工，造成预期建设工期的延长。基于这一情况，建议有关部门针对社区长者之家养老服务设施，研究制定专门标准，并对改变建筑使用性质开办的社区为老服务设施，凭房屋权属证书以及行政主管部门或区级以上人民政府出具的同意改变建筑使用性质的证明文件，申请办理消防设计审核、消防验收或备案手续，助推社区养老服务设施的前期建设。

其三，缓解"乐龄照护之家"前期邻避冲突效应。利益主体的多样性，带来公共管理难度的增加，政府部门既不能不顾及少数人的诉求，又要最大程度地保障公共利益，如何平衡两者的关系极大考验了政府的治理能力。在"乐龄照护之家"建设过程中，可以说最大的对抗性来自小区居民的强烈反对，甚至持久不断地上访。周边居民是否接受、爱老敬老的风尚是否得到弘扬等，都会影响项目的正常落地。因此，街道应充分做好前期宣传工作，听取民意，事中做好协调。在"乐龄照护之家"工程建设中确实对居民产生不利影响的，需按照一定标准和程序予以补偿。与此同时，应建立健全信息沟通机制，如及时对街道养老服务政策、措施进行宣传，又或者借助 H 区电视台、广播台等媒体资源事先做好普及工作，通过前期的介入降低发生突发事件的概率。

其四，建立"乐龄照护之家"风险分担机制。公建民营的"乐龄照护之家"终究姓"公"，不姓"私"，一旦发生纠纷事件，势必由政府部门介入。"乐龄照护之家"的运营机构与入住老人在某些信息上存在不对称，加之老年人这一群体本身的特殊性，故更容易被贴上"弱势群体"标签，社会舆论也极易出现"一边倒"的状况。为了维持社会稳定，冲突事件大多采取"息事宁人"的态度，以"乐龄照护之家"赔偿费用了结。为了提高"乐龄照护之家"机构抵御风险的能力，建议尽快完善养老服务风险分担机制，落实涵盖服务人员、服务对象以及涉及第三方责任的社区养老服务综合保险。

其五,推进"乐龄照护之家"医养结合程度向纵深发展。问卷结果显示,A街道老人中有36.54%认为A街道社区养老服务质量不高,应尽快提升现有服务质量,其中医养结合即为有力的突破口。"乐龄照护之家"收治的老人主要患有高血压、慢性消化系统疾病、皮肤病等慢性疾病。"乐龄照护之家"应对各项疾病的治疗需求进行评估,包括发病概率、注意事宜等,至少配备1名具有资质的专业医护人员,确保发生紧急事故时,及时采取正确处置措施。

案例六

城市治理的韧性与柔性：老城厢何以十年换新颜？

案例正文

引言：一座沉甸甸的治理创新奖杯！

"让我们用热烈的掌声，有请获奖代表上台领奖！让我们有请市委组织部副部长、市社会工作党委书记为获奖代表颁奖！感谢大家为精细化城市治理做出卓越贡献！"

伴随着主持人热情洋溢的话语，坐在领奖席第一排的上海市C区B街道办事处党工委LZM书记心潮澎湃。这是2019年7月6日"中国（上海）社会治理创新实践奖"的颁奖典礼现场。

颁奖音乐响起，LZM书记在众人钦佩的目光中走上台领奖。市委组织部孙部长在颁奖时紧紧握住了LZM书记的手，边点头边赞许地说："详细了解过你们的情况，把BD路163弄这个倒数第一的难啃骨头治理成数一数二的典范，很了不起！"

"谢谢您的认可，谢谢专家的肯定。我们有了更大的信心把工作做好！"

"城市治理要像绣花一样，热心、细心、耐心和巧心。期待你们形成更多可复制可推广的经验，助力超大城市治理创新。"

"我们一定再接再厉，绣出品质，绣出品牌！"从S部长手中接过金色奖杯和红色绒面荣誉证书，LZM书记激动得有些微微颤抖，此刻他太想把这份喜悦同10年以来并肩战斗的各方同仁分享，正是区委、区政府、城管、市容、公安、街道和居委会等多个治理主体的协力，面对治理目标群体的韧性与柔性共同铸就了当下的治理成效。

重返座位的 L 书记，仔细端详着奖杯上刻着的"中国（上海）社会治理创新最佳实践奖"字样。他不自觉地触摸着每一个字的镌刻痕迹，感慨万千。

10 年来，很多记忆都随着时间的流逝而模糊，但此时此刻，有关 BD 路 163 弄的治理画面却突然在记忆的深处被唤醒而在脑海中变得鲜活生动起来。那些熙熙攘攘污水横流的场面，那些赤膊上阵几乎每天上演的打斗与劝架，那些就业困难人群的巴望眼神，那些居民围着街道办事处大楼的集体抗议，那些年城管与摊贩全天候上演的"猫鼠游戏"，那些年一见到媒体就头疼的条件反射，那些年挨不完的批评和一直抬不起的头，都仿若电影画面，帧帧闪过……

一、乱象横生：媒体曝光压力陡增

2009 年 7 月的一天，上海市 C 区 B 街道办事处 LZM 主任（后出任街道党工委书记）刚在办公桌前坐定，党政办公室负责人小朱就匆匆敲门而入。

"主任，今天早上的《新闻坊》节目看了吗？"

L 主任疑惑地摇头，他知道《新闻坊》是上海电视台综合频道的一档新闻节目，以"揭短板"闻名并有着非常高的收视率。"没顾得上，今早在改大调研的材料。"

小朱叹了口气："主任，我们出名了，今天《新闻坊》批评的就是我们辖区的 BD 路 163 弄。"

"什么！没想到电视台跟进得这么快。节目有没有回放，赶紧看看内容。"

居民意见一字一句清晰地传递着，显得格外刺耳。就在 L 主任和小朱看完节目陷入沉默的时候，办公桌上的电话忽然响起。"LZM 主任在吗？我是区委宣传部 FM，方便的话请半小时内赶到区政府大楼 412 会议室，有重要事情商议。"

C 区政府大楼 412 是个小型会议室，L 主任很快见到了面色凝重的区委宣传部副部长兼区文明办主任 FM 及其他几位工作人员。F 部长开门见山地说："好几位区领导都看了《新闻坊》，BD 路 163 弄究竟怎么回事？"

"我们工作失误失职，引发舆论问题，接受批评和处理。BD 路 163 弄情况有些复杂，我先给各位领导做个简要汇报。"

L 主任迅速摊开 C 区的详版地图——B 街道位于 C 区西边，东靠中心城区，西临边缘郊区，处在城乡接合部的位置。20 世纪 90 年代末 21 世纪初，B 街道外来人口与本地人口之比为 7∶3，辖区内居民有"四多"：动拆迁户多，困难居民多，外来无正当职业人员多，残疾人多。

在 B 街道一隅即 BD 路 163 弄，有一处菜市场，菜市场内原本有一些规范的摊位。然而，逐渐地，菜市场外开始集聚很多来自西侧上海 Q 区的外来农户，他们在路边摆摊以谋求生计，同时规避菜市场内的摊位费和税收费用。他们卖的东西各式各样，有蔬菜、水产、早点、禽类、皮具、百货，也有做修理、缝补的……

随后，菜市场内的摊贩发现菜市场外路边设摊不仅不需要交摊位费，生意还很好，也争先恐后分出自家的人力精力来加入路边设摊大军。很快地，一条长约 100 米的路从菜市场外延伸到 BD 路 163 弄路口，两边各摆上了 100~200 个摊位，变成了一条有名的"菜场尾巴"。

2004—2005 年，C 区路面管控力度加大，城市执法力量重点投放在体量较大的路段，并不起眼的 BD 路 163 弄便成为城市管理的盲区。在其他街道被整治的游击摊贩也纷纷涌入 BD 路，由此摊贩越来越多，163 弄"菜场尾巴"拖得越来越长。2008 年左右，达到顶峰 500 个左右的摊位规模，BD 路 163 弄的通行空间被压缩至寸步难行。

L 主任颇为无奈地继续介绍："F 部长，各位领导，BD 路 163 弄设摊点的问题街道方面也不是没有采取整治措施。这几年来，我们出动了不少综合执法力量，劝导、没收、清理……其实我们也面临着很大的压力与难处。一方面，这些摊贩很多都是困难群众，摆摊是他们维持生计的主要出路，说白了他们就是靠这个吃饭的。另一方面，面对整治，很多摊贩会聚众抱团，A 省的有 A 省帮，H 省的有 H 省帮，成群结队地抵抗，甚至使用暴力抗法，加剧冲突。还有一个症结在于，一些居民虽然厌恶脏乱差，却喜欢那里的便利和便宜，所以市场非常活跃。把摊贩清理了，居民又投诉生活不方便。真是左右为难啊！"

F 部长若有所思地点点头："办法总比困难多，不要有畏难情绪。眼下最要紧的是解决老百姓投诉最多的 BD 路 163 弄的环境问题和公共交通出行问题，要尽快拿出行动来，拿出成效来，给老百姓一个交代，给媒体一个回应，给区领导一个反馈。"

L 主任立即表态："请领导放心，B 街道一定全力以赴，避免产生更大的舆论压力和扩大社会影响。我们立刻回去和街道城管中队商议具体整治方案！"

二、平安脱险：城管自喊域管打人

B 街道办事处 L 主任到达街道城管中队办公室时，X 队长恰好在街面现场执法。X 队长是一名从事城管工作 15 年多的老同志，对治理乱设摊有着丰富的经验和法律知识。在 L 主任的印象里，如果 X 队长电话一直打不通，那么他一定是到了现场执法，并且碰到情况复杂的难事了。

"你们城管凭什么不让我们吃饭！"

"我们没偷没抢你们就来收东西，还有没有天理了！"

"人家起早贪黑卖菜也蛮辛苦的，放掉嘛算嘞。"

"老子今天话放给你，你要敢收走这些东西老子今天就睡到你们城管楼门口去，几十个兄弟一起去！"

在一群摊贩和围观居民的吵嚷声中，上海 C 区 B 城管中队的 X 队长艰难地挤出人群。X 队长回头看着被摊贩、群众围得水泄不通的执法车辆，冲着人群里几个城管队员吼一声："收队！要吵的跟我回队里吵！"听到 X 队长的指令，摊贩们骂骂咧咧地收拾起自己的东西，准备跟着执法车一起回城管中队要个说法。

B 城管中队的办公室里，两名女队员见到执法的大部队回来了，忙不迭地拿出了热水、毛巾和医药箱，每次早晨外出整治回来，办公室里的固定项目就是缝衣服、擦伤口。早晨出门还是一支像模像样的执法队伍，工作结束队员们常常带回满身的污渍和伤痕。

与以往不同的是，今天随着执法车辆一起回来的，还有 BD 路 163 弄的 20 多个摊贩，他们大多在 163 弄经营蔬菜、水产。163 弄摆摊生意很好，来往的居民又多，摊贩之间时常因为设摊位置、价格等产生矛盾，为了保护自己的利益，摊贩们会按地缘或亲缘形成自己的小团体。今天上午的这一出暴力抗法，就是一个小团体内的两个摊贩被城管队员没收了经营的蔬菜，其他摊贩过来帮忙争抢引发的冲突事件。

X 队长看到等候在此的 B 街道 L 主任，挥了挥手中刚刚摘下的帽子。L 主任指了指院子里的一大群摊贩："BD 路 163 弄的？" X 队长苦笑了一下，点点头："小顾，你过来向 L 主任汇报一下事情的经过。"

"L 主任好！今天执法车到了 BD 路 163 弄口，门口有几个卖菜的摊贩，我们按执法流程告知他们离开，不然东西会被没收，没想到这几个摊贩大声冲我们喊，说有本事就来收。很快，菜市场里的有证摊贩也出来凑热闹，指责我们执法不严。无证摊贩拒不离开，还以言语挑衅，我们没办法就下去罚没了他们的东西，不然以后就更难管了。谁知道两筐菜还没收上车，不知从哪里围上来几十个摊主，不让我们走，个个手上都拿着扁担或棍子。我们看情况不妙就想离开，但是周边被围得死死的，冲出去怕打斗起来，结果就僵在那里了，然后我就给 X 队打电话了。"

X 队长看看队员们制服上的污渍，问："那个时候都还没动手，怎么我到场的时候乱成那副样子？"

小顾喝了口水接着说："有个卖带鱼的男摊贩，四十几岁。我们在那里不动的时候，他就开始起哄，大声嚷嚷'城管抄家，城管抄家'，然后一群人也不知道谁故意把人往内圈推，我们困在中间没办法，连车都上不去。后来我的后背挨了一拳，左肩挨了一棍。老李的右小腿被人趁乱狠狠踹了一下，现在都青紫了。我们当时那个慌啊，就怕乱中出人命……"

L 主任知晓 BD 路 163 弄的乱象，却也没预料到暴力抗法到了如此严重的地步："后来队员们是怎么脱险的？"

"慌乱中，我灵机一动，想起入职时老师傅教我的'保命绝招'，危在旦夕时我们自己大喊一声'城管打人啦'，既可以让摊贩吃不准我们葫芦里究竟卖什么药，打乱他们的分寸，也可以吸引越来越多的围观群众，在大家议论纷纷看热闹时争取自救的时间和机会。"

L 主任松了一口气说："看大家平安回来，说明老师傅的这一招是有效的。X 队，现在外面这么多摊贩围聚，怎么应对？"

其实，在小顾介绍事情经过的时候，X 队长就已经在考虑这个问题。大家都觉得城管很强势，可很多时候，城管队员却是不折不扣的"弱势群体"。整个 B 街道只有 18 名城管队员，而光 BD 路 163 弄最高峰就有 500 余个非法摊位。摊贩被生计所迫，经营用的扁担、秤砣乃至刀具、煤气罐等都会成为暴力抗法的工具。X 队长自己也有过下班以后被跟踪，事后摊贩扬言要到自己家来报仇的经历，大学毕业去年入队的小林今年光派出所验伤就验了 5 次。

大部分摊贩，因为文化程度较低、生活困窘，很难用讲法理的方法进行沟通，而对立情绪一旦被点燃，很容易导致矛盾的激化。X 队长径直走到院子里，摊贩们停止了交头接耳，席地而坐的两名摊贩捂着头，嚷嚷着自己被打伤了。

X 队长一脸严肃地说："早上我们城管队员要收的菜，到底是谁的？谁的东西谁来处理，这么多人全部堵到门口干吗呢。"

摊贩们瞬间炸开了锅,有的说自己人被打了要城管赔偿,有的说自己前几天卖的火腿被没收了肯定是城管队员给私自分了,更多的是质问 X 队长凭什么不收别人的只收自己的,一时间七嘴八舌说什么的都有。X 队长提高了嗓子喊道:"好了不要吵了,你们来,是为了解决问题的。这样东一榔头西一棒子,我到底听谁的?"

"就是啊!"摊贩群中传来一阵附和声,X 队长仔细一看,附和自己的是 BD 路 163 弄的设摊主老张。老张个子不高,说话中气十足。他自打出生,就住在 B 街道,家里兄弟姐妹 9 个,后来因为家里经济实在困难,开始摆摊卖点小百货。他比较愿意配合城管工作,城管来了,就服从管理收摊走人,东西被没收了就接受处罚,久而久之,倒和城管队员形成了一种相安无事的默契。

老张从人群中走出来说道:"人家城管也是工作,也是吃口饭,我们也是吃口饭,本来人家早上收完一圈就回去了你们照样做生意,这样一来,你们不是故意和政府对着干吗?"话音刚落,立马有人反驳:"他们收东西,我们就没饭吃了,我们一家 5 口就要饿死了。"老张笑着说:"收东西就把你逼死啦,态度好点接受处理拿回去不是照样做生意,规矩你们不懂啊!不懂规矩还做什么生意。几十个人围攻城管算什么意思啊,你们是以多欺少,真的全部去派出所验伤,我倒看看你们几个人敢迈进派出所的大门。"

老张的话说完,摊贩们的士气已经下去了一大半。归根结底,摊贩主要是希望自己能够摆摊经营,并不希望和城管对抗到底。L 主任和 X 队长看着招呼围观摊贩一起离开的老张,心里涌起一阵感激之情。他们知道,摊贩们不愿意听城管的话,但是愿意听老张的话,老张摆摊时间长,说话比较公允。

在两名卖菜的摊贩缴纳了罚款后,围观的人员也基本上散去。B 街道城管中队办公区域重新回归平静。L 主任把《新闻坊》的报道和区委宣传部、文明办的要求简明扼要地向 X 队长他们做了传达,眼下最要紧的是解决老百姓投诉最多的 BD 路 163 弄的环境问题和公共交通出行问题。

军转干部出身的 X 队长性情十分爽朗,没有半点推脱地应承:"没问题,只要区绿化市容局和街道提目标和要求,我们行政执法全力配合!"

三、世博临近:整治军令状已下达

C 区绿化和市容管理局环管科 W 科长的桌上,世博会吉祥物"海宝"的摆件憨态可掬。办公室走廊上,"迎世博,300 天行动"的海报已经张贴完毕,海报边的地图上,醒目的红色贴纸标注出了 C 区尚未整治完成的点位。

2009年，C区绿化市容工作的重中之重就是市容环境综合整治。为了能够向全世界展示上海良好的窗口形象，世博会的督查小组明察暗访，各个区县都在暗自竞争，唯恐落后。可面前这份刚刚出炉的市容环境排行榜单，却让W科长怎么也轻松不起来。

单单从评比结果来看，全区9个街道1个街镇，大部分街镇的环境卫生评比分数都能达到世博的基准要求，有的街镇甚至能在全市名列前茅。可是区里的3处集聚性乱设摊点，把整体评分拉低了数位。特别是BD路163弄，常年盘踞在榜单倒数第一的位次，这一次更被世博督查组直接点名批评。

然而，W科长也理解B街道和城管部门的苦衷。上个月B街道的L主任和城管中队的X队长参加了区里的市容整治通气会，并在会上详细阐释了BD路163弄整治的几大难题。

其一，B菜场相对封闭的地理位置和长期以来设摊人员的习惯性聚集，已经让BD路163弄声名远播，摊贩觉得这里人流量大，流通快，居民听闻这里设摊兜售的物品便宜也愿意过来，由此形成了一个有规模的市场辐射周边区域，整治工作不仅要面对几百名摊贩，还要面对有实际需求的老百姓。

其二，周边菜市场、居民区的地理环境复杂，一旦组织力量打击BD路163弄内的摊贩，势必造成摊贩慌不择路四处逃窜，对周边居民区、道路交通安全都会形成安全隐患。

其三，在BD路163弄内设摊的摊贩跟属地城管中队已经有了长期斗争的经历，并积累了一些"经验"。无证摊贩既有外来流动人口，也有很多本地户籍人员。他们中的部分还形成了派系，如果贸然组织力量进行大规模集中整治，极易引发抵抗情绪引发群体性事件，摊贩们的经营范围广泛，包括刀具、液化气钢瓶等物品，一旦事态扩大后果不堪设想。

其四，在BD路163弄内设摊的人员，大多家庭贫困，没有固定收入来源，缺乏基本生活保障。设摊经营是他们维持生计的唯一方式，如果因为整治，造成设摊人员没有了生活来源，相当于在辖区内增加了一批社会闲散人员，孰轻孰重，值得深思。

W科长翻开手边不久前收到的B街道《关于BD路163弄固定占道摊点整治的工作小结》，里面第二段话就是："累计派驻队员4902人次；共进行行政处罚623起，累计金额25000余元；宣传教育7000余人次，发放宣传材料、告知书5000份；队员定人定岗固守时间段为每天6：30至21：30，全队队员每周单休，周末全员出勤；执法车辆每日定点机动巡查6次……"

这些具体的数字，都充分表明为了解决BD路163弄这个老大难，街道和属地城管中队所进行的努力与付出。但事与愿违,这个倒数第一的帽子始终扣得牢牢的,怎么摘也摘不掉。W科长随后把相关情况向局领导做了汇报,局领导认为这么多年的整治成效不大,说明仅依靠基层的资源和力量难以攻克顽疾,在迎世博的重要关口,更应该从区级层面开协调会理清思路,破解难题。局领导建议W科长先草拟一份请示书送区府办,由区政府统筹协调。

W科长回到办公室马上提笔,很快完成了《关于请求协调相关部门出席会议的请示》。请示盖章后,加急送去了区政府办公室。W科长隐隐地松了一口气,有了区政府的支持,BD路163弄的整治工作应该会比之前顺利一些吧。

四、多方商议:协调会初步达共识

C区政府办公室W副主任一大早便抵达区绿化和市容管理局二楼会议室。今天上午,将召开由区府办牵头的BD路163弄专项整治行动协调会。虽然距离通知的开会时间还有一刻钟,但工商、绿化和市容管理、公安、B街道、城管中队和居委会的同志都已早早入座。在世博会倒计时的压力之下,大家都明了此次专项整治行动的紧迫性和挑战性。

主持协调会的W副主任觉得肩上的担子很重。前天中午,分管领导L区长刚从市里开完动员会,便急匆匆把区府办正副主任叫去了办公室:"最近,区里接到不少B街道居民的信访件,BD路一带已经成为'老大难'问题,环境脏乱差不说,路况也是一言难尽,说这里是城市肠梗阻也不为过。这次你们要代表区里下街道,务必把问题妥善解决!"

领命而来的W副主任环视了一圈在座的人说道:"先请城管的同志和街道的代表同志介绍一下BD路的整治情况吧。"

B城管中队的X队长率先发言:"BD路163弄是一块难啃的硬骨头。短短百来米的马路,被200多户摊贩挤得满满当当。车子寸步难行,不仅车主们叫苦不迭,附近居民也怨声载道。一大清早,叫卖声此起彼伏,摊贩离开后,留下满地的烂菜叶、塑料袋,一片狼藉。小区里出行的居民要小心翼翼,防止踩到垃圾打滑,老年人更是危险,很容易摔跤!"B街道办事处L主任补充道:"最近一个月,街道光投诉噪声扰民、环境脏乱差的信访诉求就有10来件。"

B派出所的W所长接过了话茬道:"110接警的数量也在不断提高。BD路的外来流动人口在摊位争夺方面经常有纷争,有几个地方的摊贩结成了互帮互助的派系,派系和派系之间的争利打斗越来越频繁。前天刚刚处理了一个 20 人打群架的事件。"

区工商局的 Z 科长频频颔首道："这些摊贩无照经营，不合规定。BD 路 163 弄这一块'顽疾'，若是不下狠心做手术切除，没准以后就会捅大娄子。"

区绿化和市容管理局的 F 局长说："得化压力为动力，抓住迎世博这一契机，深入完成专项整治。这次迎世博环境卫生评比的结果显示，BD 路又是排名倒数第一。世博会是头等大事，如果出了什么问题，很可能变成很大的问题。"

B 街道办事处 L 主任略一沉吟后加入讨论："不过，我个人觉得'一刀切'的整治也不太妥当，街道专门派人了解过，BD 路的摊贩不少是上海户籍，其中，绝大部分是低保、残疾、困难户家庭，没收了摊子，就等于断了生计。另外，附近不少白领也习惯了在流动摊贩那儿买早点，很多小零小碎、修修补补的摊头倒也很受欢迎。"

区政府办公室 W 副主任点点头道："这个也有道理，城市治理既要讲原则，也要有温度。接下来，大家根据刚刚城管中队提供的基础数据，也就是针对那 200 户稳定的摊贩看看有没有什么好的治理策略。"

BD 路居委会 L 主任建议道："整治能否分类施策？这 200 余户摊贩中，有 126 户是本地户籍的困难就业人群。"

在此建议的启发下，大家开始进入具体操作层面的交流，气氛非常热烈。经过两个多小时的讨论，协调会初步达成共识方案——"整治取缔一批、就业引导一批、规范疏导一批"。所谓整治取缔一批，即对 77 户无证经营且不能提供本辖区内任何居住证明的摊贩，大力整顿治理；就业引导一批，即对 52 户有再就业条件的，街道层面和区就业促进中心等协力给他们提供合适岗位，让其重新融入社会；规范疏导一批，即对剩余的 74 户低保、残疾、困难户家庭重新想办法进行经营安置。

主持会议的区府办 W 副主任边做着笔记，边抬头看向大家问道："这个方案大体可行。不过难度最大的是最后一个，规范疏导一批，对于这些真正就业困难人群，怎么才能合理合法合情地让他们规范经营呢？老百姓的基本生计要紧，世博会前的稳定也要紧，不如辟出一块临时安置点，先解一下燃眉之急？"

B 街道办事处 L 主任挠了挠头说："这是个好办法。就是担心临时安置点也有不少隐患，比如，消防不过关，噪声污染难规避，卫生设施不到位等。"

B 城管中队的 X 队长表态道："方案大体上应该是行得通的，就是现在摊主对我们城管的对立情绪很重，容易产生过激行为，如何做通他们的思想工作,取得理解,我们也要回去再好好商议一番了。"

区府办 W 副主任对于此次协调会形成的方案大体上满意,会议的尾声他感谢了各单位的参与和支持,"我回去后先跟相关分管领导汇报情况,之后具体的执行还请大家全力以赴"。

五、临时设点:写给区委书记的信

很快地,协调会成果得到了区里的认可,区领导要求"规范、稳妥、有序"地落实"整治取缔一批、就业引导一批、规范疏导一批"行动方案。为了更好地实现整治目标,B 街道牵头成立了整治小组,由 LZM 主任担任组长,城管中队、派出所、居委会各出一名负责同志出任副组长。城管中队 X 队长作为副组长的主要任务是落实好与摊贩的具体沟通工作。

"整治取缔一批"工作整体上推进得比较顺利。整治小组前期摸排调查后得知,BD 路 163 号长期乱设摊的非本街道外来摊主共计 77 户,其中以上海郊区 Q 区的卖菜群体居多。

一大早 X 队长带着队员们来到 163 弄:"老伯伯,今天下雨你们也不歇着?每天卖菜来回蛮久的吧?""知道你们又要来赶我们走了。我们习惯了,来回路上 3 个小时,每天和上班一样。再让我卖掉一些青菜马上就走。"X 队长客气中不乏威严:"今天我们这么多人一起来通知老阿姨老伯伯你们以后都不能在这里设摊了,上面下了文件要全面整改。""我不信,上面文件我们接触不到的,你们又出新花样骗我们的。"X 队长指着远处拐角的地方说:"你看那边卖水果的小货车好几天没来了,他们听到这里倒计时整改的消息,知道以后这里没法摆摊就去找新的市场了。"

老伯沉默着不说话,旁边的城管队员小顾见状拿出了区里下发的整改通知:"我们 163 弄之前上了《新闻坊》你们都知道吧,这里环境差、阻塞交通的事媒体都曝光了。还有世博会大家都知道吧,世博是大事情,不能马虎的。"老伯从小顾手中复印好的一沓整改通知书中抽出一张,递给旁边一位相对年轻的菜贩,请他读一读。刚才那番对话也引得不少人一起围过来讨论,"看来这生意真的做不了了"。

非 B 街道的外来摊主见整治是大势所趋且本来"底气"就没那么足,再加上 X 队长和队员们的耐心劝说和持续的收缴治理,陆陆续续离开了固守的"阵地"。经过了 1 个月的努力,"整治一批"工作基本完成。而与"整治取缔一批"同步推进的"就业引导一批"① 工作，进展则曲折许多。

在163弄相对稳定的200多个摊点中，有52户拥有本街道户籍、生活困难、就业不易的摊主。他们既是城管队员的执法对象，更是抬头不见低头见的街坊四邻。比如，这一批对象中情况特殊的老严夫妇，以在弄堂口摆牛奶摊为生。他们早年下岗，由于生活困难一直欠缴养老金，一个星期内X队长已经来往他们家4回，这次他又带着新争取的补偿标准来协商。

"老严，这次整治补偿的最高标准是8000元。B街道L主任和整治小组考虑到你们确实情况特殊，所以特批了10000元的补偿费。"

"我打听过了最高确实是8000，但是你看我们两个人都没有工作，能不能按两个人补偿16000元。"

"这次整治就是按户计算，和人数没有关系。10000元是超过最高标准的特殊补偿了，如果现在不接受，过段时间补偿费发放结束就没有补偿了。"X队长很坚决地回应。

让老严夫妇最后再考虑两天后，X队长在回单位的路上接到保洁公司的电话。保洁公司说刚刚把X队长他们和街道就业促进中心一起推荐的LLF辞退了，因为其经常迟到且工作态度消极。

45岁的LLF是外来媳妇，家里经济条件不好，她每天在BD路163弄摆摊做葱油饼，有时候生意好做到晚上11点。她对葱油饼有情感，小吃摊整治过好多次，甚至发生过冲突，但依然阻挡不了她每天风雨无阻地出摊。作为"就业引导一批"的对象，X队长找到其丈夫协商，按标准给予了6000多元的补偿，并由街道就业中心帮助安排了一份保洁工作。

X队长在就业促进中心大厅见到被辞退且不断抱怨的这位"老摊主"："以前家门口卖葱油饼时间很自由，我想几点出摊就几点，卖完了我就收摊，没几步就到家了。我现在就是去做低三下四的工作，还得看人脸色。"

"职业不分贵贱，你以前出摊刮风下雨的也不容易，现在至少有个安稳的工作。之前帮你介绍的工作的确离你家有点远，考虑到你要照顾上学的孩子，我们建议中心再给你找就近的，你看怎么样？"

不久后，社区服务中心的保洁岗位正好空出一个名额，就业促进中心安排LLF顺利入职，让她在辖区街道适应新的工作，后来她常和人打趣说"我现在也算在机关单位落脚了"。与此同时，老严夫妇也主动联系X队长接受了

---

① 就业引导一批：以补偿帮困的形式，解决安置一批本地区由于历史遗留问题长期占道设摊的本地居民，彻底解决生活困难导致的设摊问题。

10000元的补偿，街道也协助这对夫妻办理了养老金补缴手续等，在一定程度上免去了他们的后顾之忧。

经过街道和城管部门两个多月的严格审核、积极争取和友好协商，整治小组运用托底保障和帮助再就业的方法，解决52户本街道历史遗留的长期占道设摊问题，其中47户一次性补偿200~8000元不等的资金，5户安排再就业，变占道设摊经营为合规就业。

与"整治取缔一批"和"就业引导一批"相比，"规范疏导一批"简直就是步履维艰。规范疏导一批，即对剩余的74户低保、残疾、困难户家庭重新想办法进行经营安置。这些对象的家庭经济条件非常差，且因为身体状况或家庭状况不适合另谋正规就业途径，只能想办法找地方临时协调。然而设想是好的，可是哪里有地方能够安置这么多人？即使BD路口有一个闲置的公共空间，可是毕竟还具有公共通道的功能，上级政府和当地居民很有可能持反对意见。到底该如何推进？整治小组的工作陷入僵局。

一天，一筹莫展的X队长正在街面巡查，突然肩膀上被人拍了一下。X队长扭头一看，正是BD路163弄的"老土地"① 老张师傅。老张把X队长拉到路边，神神秘秘地向他出示了一张邮政挂号信的存单，上面赫然写着"C区区委书记（收）"。

看到X队长满脸惊讶，老张解释道："我看你这几天急得老抽烟，也有你老城管解决不了问题的时候，那就让我这个'老土地'来给你出出力吧。街道考虑的利益方多，很多难事不好协调。这次的疏导整治工作归根结底关系到我们这帮人的生计，我们自己也要做点事。想了很久后，我决定给区里最大的领导写封信。"

在X队长的要求下，老张慢慢回忆起信的内容：

> 区委书记您好。我们知道您很忙，我们也没办法见到您，现在世博会要开了，国家大事我们会支持的，世博会要开，不允许在路边摆摊。但是我们这边有许多困难家庭、残疾人和外来媳妇，大家没有学历没有什么好的工作，都要摆摊维持生计。另外我们做的生意是修修补补、小零小碎，这些都是大商场买不到的，我们也是服务于地方百姓的。街道想给我们安排一个地方不影响市容和环境卫生，希望书记方便时来看一

---

① 老土地是当地俚语，表明老张很早就在此地摆摊，这里大多数人都认识他，他就像是这一片区域的"老娘舅"。

下,这边有一块闲置的公共空间,希望允许我们在这里设摊,也希望区领导支持完善设施。

过了几天,有一些生面孔来到 BD 路 163 弄和摊主们交谈并询问相关情况。"老张,有几个穿着打扮正式的人来问情况,怕是又有记者来暗访了?"几个摊主围过来找老张商量。"不要担心,说不定柳暗花明又一村。现在扶贫济困,我们的不容易政府是知道的,事情总归会解决的。"

1个多月后,B街道接到区里通知,可以利用公共通道作为疏导点临时设摊,但不能扰民,并要求街道把整治具体情况向区里汇报,同时申请疏导点建设专项资金。此外老张还被邀请参加区委工作座谈会,为基层工作建言献策。

六、内部冲突:摊主争利矛盾重重

"这怎么还打起来了。大家都让让,我们来看看是怎么回事。"老张一边说着一边和同样"爱管闲事"的小金一起快速从围观的人群中挤过,来到一家卖百货的摊位。

看到老李倒在地上,脸上一片鲜红,血正不断从头上流下来,老张当机立断,大声说道:"小金,立刻打电话给医院和警察,救人要紧!大家都散开,别把路给堵了,都散了吧。"被人拉开的老刘冲着老李吼:"现在装可怜了。早上一来就给我脸色看。开门还故意开得那么大声,不就是做给我看想赶我走吗。要不是你排挤我,说我抢生意、占便宜,我哪会用锁打你?"

这已经不是老刘第一次和大家发生冲突了。老刘算是最早进来的那一批,但脾气非常暴躁,经常与人吵吵闹闹推推搡搡,这次还把别人头给打破了。老张在摊位上思忖着,旁边另一个卖百货的摊主悄悄靠了过来小声说道:"老张,我们觉得还是让老刘走吧,她在这里总是和大家吵架,我们都和她说不来。今天还打起人了,幸好老李没有大问题。"随后几天,老张和许多摊主聊天交流,大家的共同诉求让老张下定了决心。

这天阴雨绵绵,老刘下午正准备提早收摊回家。老张特意走过来:"老刘啊,这段时间我看你过得不太开心,你自己也知道自己脾气有点急,在这边摆摊总跟人家吵架。做买卖我们不都讲和气生财嘛,如果每天总是吵架打架,哪能赚到钱?如果你相信我老张,为你自己考虑的话,要不再换个地方摆摊。一来,如果以后在这边继续待着,你脾气上来造成的后果很难讲对吧?动手这个事情可大可小,到时候万一被处理了,吃亏的还是你自己。再来,冲动之后大家关系都不好了,你在这边做得也没意思,每天心情郁闷也没必要。"

一周后,老刘收拾货品离开了。离开前她和老张道别:"我也知道我脾气不好,但我也不是不讲道理。其实我们起冲突更主要是因为我和老李都卖百货,东西也都差不多。客人买了我的就不会买他的,买了他的就不会买我的。我那天只是开个玩笑,没想到老李当真了。老张我知道你让我走是希望我们都好,我也感谢你的照顾。所以我也想和你说真心话,这次我和老李起冲突,我走可以,但如果之后其他人再起冲突呢?涉及各自的钱袋子,这种事很难避免……"

老刘的话让老张陷入沉思。当初整治小组联合行动时,专门在弄堂里算好尺寸画了线,分出了74个摊位。想着分区摆摊显得正规一点,也方便顾客挑选,所以在分摊位的时候,整治小组模仿商场按商品、服务类型分出了几个区,把卖同类东西的摊位放在一起,摊主自主抽签来定具体是几号摊位。会不会是这种摊位分配方式激化了摊主之间的竞争,导致大家进了疏导点后总是纷争不断?

一段时间后,又发生了一起冲突事件,似乎印证了老张的猜想。

"老张啊,修鞋的两个今天吵起来了!你要不帮着调解一下?""什么?老周和小周?小周是残疾人,平时同行的老周还很照顾小周,怎么会吵起来呢?"傍晚大家收摊后,老张和平时热心肠的老赵一起找了老周和小周。

老周叹一口气道:"其实现在在弄堂里摆摊大家都挺高兴的,但是生意上的事总是……今天是有个客人先去小周那儿修高跟鞋,然后看到我这边也在修款式类似的鞋,觉得我可能更有经验,就把鞋子从小周那儿拿回来,到我这边来修了。"

小周也忍不住了,用手比划了起来,一旁小周的妻子帮他解释:"明明就是他抢我们生意,我们的客人都被他抢走了。搬到这里一起摆摊后,我们赚的比之前在外面更少。而老周每天客人多得停不下来!这是欺负我们残疾人。"

老张听完慢慢说道:"小周别急,确实是你受委屈了,但这也不是老周故意的,对不对?今天这种情况是客人做得不地道,但买卖是你情我愿的事,我们也不能勉强。我们现在能在这里摆摊,还没有什么摆摊费,也不再天天被赶,日子已经是过得更好了,每做一天都是赚的你说是不是?"

"你们有点不愉快也是人之常情。我前段时间看到卖眼镜的、裁衣服的都有几家在吵架。虽然每次也不会闹大,但是相互间都有些尴尬,每天眼睛不光看客人,还要盯着身边其他摊主,生怕不小心吃了亏。"陪老张一起过来的老赵一边说一边模仿了起来。

大家都被逗乐了,在老张和老赵的劝说下,两人总算是握手言和。然而,同行之间的纷争时有发生,每天摆摊和收摊的时候,摊主们之间偶有推搡,拌嘴声和争吵声此起彼伏。老张每天看着各种矛盾发生,尽自己所能帮着大家调解问题,但是同样的问题每天都在重复。如何缓解同行之间的竞争冲突,如何减少每天往返拉货带来的各类摩擦?老张和摊主们都在寻找着答案。

七、外部投诉:噪声卫生居民抗议

世博会顺利闭幕。临近年关的上海天气一天比一天冷,区政府大楼信访办公室却依然热火朝天地处理着各种居民投诉。信访接待员小朱在办公桌前整理着新的投诉件,熟悉的电话铃声又响了起来。

"您好!这里是C区信访热线,请问有什么可以帮助您?"

"我是B街道的居民,我们楼下BD路百货疏导点噪声太大。这个小百货控制点是为了世博会临时设置的,成天乱哄哄吵得很,现在世博会都结束了,这个点也该撤销了。我们上晚班、上中班的根本没法好好休息,还有几家有小孩老人的也怨声载道。"

小朱做好了接访单,这是这个月关于BD路疏导点的第七个投诉了。上周一个关于消防问题的信访投诉已经转给消防大队和街道办处理了。消防大队在接到信访单之后随即前往调查,BD路疏导点原来是B西大街旧里小区通道,是天山西路和新开北渔路之间残留的近百米通道,通道两侧均有围墙且与居民区和北渔路沿街商铺背面相隔。消防人员发现疏导点的每个摊都是用木板、床板或者箱子搭建而成,很多摊位都超出了原来划定的摊位线,整个过道显得狭窄拥挤。地上满是商品拆下来的外包装和塑料袋,进货的大尼龙网袋随意堆在一边。

消防大队随后把检查发现的两个核心问题反馈给街道办事处:其一,疏导点的摊主们并不知道公众聚集场所投入使用或者营业前应当向当地公安机关消防机构申报,经消防安全检查合格后,方可投入使用或者营业①;其二,摊主们自发搭建的顶棚等构筑物也不符合消防安全要求。②

---

① 《上海市消防条例》第三十条:公众聚集场所在投入使用或者营业前,建设单位或者使用单位应当向当地公安机关消防机构申报,经消防安全检查合格后,方可投入使用或者营业。

② 《上海市消防条例》第二十九条:搭建临时建筑物、构筑物或者改变建筑物用途,应当符合消防安全要求。

消防检查报告和整改通知刚签收好，B街道办事处的L主任又接到了区信访办转来的噪声扰民投诉，真是屋漏偏逢连夜雨。与摊主们沟通解决噪声问题的任务当仁不让地落到了城管中队的X队长身上。X队长刚到疏导点门口就听到里面半导体喇叭的各种叫卖声，还有嘈杂的讨价还价声。

X队长向摊主们说明了来意，希望噪声问题得到解决，避免给周边的居民造成困扰。几个摊主听了这番话激动起来："又是楼上那几个，前几天还往楼下泼水。就是不让我们好好摆摊，我们要找他们评评理。"说着裁缝摊的和另外两个摊主怒气冲冲向小区楼道走去，X队长见状赶忙追了上去。

只听见楼上你一言我一语地争吵起来："你们倒还有理上来找我们麻烦。你看看我们家小孩前段时间在疏导点的路边把手臂摔伤了，这里现在连条像样的人行道都没有。""自从设了这个疏导点，来来往往的陌生人多了许多，我们这几家都有小孩，平时都不敢放他们下去玩。"

裁缝铺摊主气急了道："你们楼上的就欺负我们，背地里投诉，信不信我们把你们玻璃窗全砸碎。"

"我要报警了，和你们讲不通。"楼上的居民说着拨起电话。

X队长和几个队员赶紧把两拨人拉开，队员们把摊主带下楼去，X队长负责和楼上的几个居民沟通。周边的居民对疏导点不满的主要症结在于：（1）疏导点噪声影响休息；（2）临时搭建的构筑物等有消防隐患；（3）疏导点环境卫生差影响通行；（4）设立疏导点后人员流动大，存在安全问题。

X队长理解周边居民的怨气，也了解疏导点摊主们的苦衷。疏导点是否只有"设"和"撤"两个方案，有没有一个可以兼顾困难就业人群和周边居民的相对折中的解决思路呢？X队长赶紧到街道办找L主任商量。

八、街道出资：疏导点启动大改造

为了解决周边居民对疏导点噪声、卫生等问题的投诉，在L主任和X队长等整治小组成员的共同努力下，C区政府同意B街道出资为疏导点搭建简易顶棚。

伴着此起彼伏的蝉鸣声，街道城管中队的X队长大步流星地走进设摊疏导点。自打疏导点大改造工作启动以来，X队长可没少往这儿跑，城管中队的队员们也是夜以继日工作着，改造工程一直在紧锣密鼓地进行中。

一眼望去，疏导点加盖顶棚的工程已完成了一大半，钢结构支架，绿色塑料布做顶，虽然简易了一些，但比起之前摊主们风餐露宿，一下起雨来，用花花绿绿、参差不齐的帆布随意遮挡要好太多了。省钱省工，还整齐划一、美观大方，B街道立足小事服务民生，摊主们交口称赞。

"噢哟，X大队长早啊！"大嗓门的老葛师傅热情地与X队长打着招呼，"这次街道同志可想得周到，看看，我们现在是鸟枪换炮了呢，刮风下雨也不用愁了，睡觉也踏实了。"X队长正打算与老葛师傅寒暄几句，一眼瞥到老张正从对面慢慢踱过来。于是，他快步迎上前去道："老张，这次多亏了你啊，还是你这个'老土地'说话管用，周边居民的情绪安抚工作做得很到位啊！"

"可不是嘛，这次我可是跑断腿、磨破嘴哦！"老张呵呵一笑，打开了话匣子，"这次改造工程一启动，我就和居委会书记马不停蹄地上门给附近居民做工作，好在这次工期短、噪声低、无扬尘、污染轻，对交通干扰也少，居民们基本也能理解，大家都不容易，将心比心嘛，摊贩们风餐露宿也不是个事儿。个别几个有意见的老邻居也看在我老张的面子上，不多计较了！""您办事，我放心！"X队长拍了拍老张师傅的肩膀，露出了赞许的目光。

除了安抚社区居民的不满情绪，老张师傅还协助整治小组，制定了几条日常经营管理准则：

一、疏导点禁止使用喇叭。既有效降低声源噪声，也减少对周边居民生活和休息的干扰。

二、实行内部卫生摊主负责制。要求摊主自备塑料袋、扫帚、簸箕，保持摊位地面干爽清洁，倡导人人参与，养成卫生习惯。

三、摸排消防隐患。要求摊位坚决落实对安全问题的排查整改，防患于未然。

四、倡导文明自律，互帮互助，共建文明疏导点。

告别了老张师傅，X队长继续沿着摊位点巡查铺面。

"X队长好！"卖皮具的赵大娘一见熟悉的城管中队长，便赶忙迎了上来，"现在有了雨棚，我们可放心多了。"略一迟疑，赵大娘又开口道："只是，真要下了大暴雨，这个塑料棚还是不顶用，滴滴答答漏水呢。"

"可不，前天一场倾盆大雨，不仅棚子漏水，地面也积水，X队长，什么时候您再跟上面提提我们的困难吧。""是呀，现在这棚子也不防火，万一谁不小心丢了一个烟头，起了火，大伙儿都要跟着遭殃。"修鞋匠老周和小周也你一言我一语地插话和比划。

X队长点点头，在心里暗暗思忖："整治工作的'面子'是有了，可是'里子'的问题却也不少。城市治理绣花针的功夫要下到位，才能让摊主和居民都真正满意!"

九、福惠四方：升级换代为服务点

2015年夏天，随着B街道地区内多个菜场、市场的升级改造，周边许多杂货、小修小补的摊位因失去了经营空间而关了门，一时间，BD路疏导点内的摊位生意越来越好。可是人流密集起来，安全隐患也越来越大，好几次下暴雨，简易顶棚漏雨漏得像水帘洞，地上积水和泥水又湿又滑，摊主们抢着收货收东西往外搬，还有不少买东西的老人行动缓慢也夹在里面，场面着实吓人。老张这些摊贩们每天一边忙着做生意一边心里直犯嘀咕，生怕疏导点出点什么岔子被关闭，大家就无处营生了，真是几多欢喜几多愁啊!

同样为了这个疏导点发愁的还有区绿化和市容管理局、街道、城管中队等单位，虽然上次街道出资搭建了简易棚，但还是问题多多，经常被居民投诉安全、噪声、消防安全问题，还有人对这些摊贩在这里营业的合法性有怀疑：买到假货次货或者"三无产品"出了质量问题谁来管？居民们不仅经常找居委会和街道投诉，还动辄拨打"12345"热线，区绿化和市容管理局与消防、工商等相关部门不停接到投诉单，几个单位必须共同面对和思考如何解决疏导点的这些问题。

8月的一天，B街道办事处L主任接到了上海市绿化和市容管理局综合办公室的电话："真的吗，太好了！非常感谢上级支持，需要街道配合的，我们一定全力支持！"

放下电话，L主任赶紧把喜讯和整治小组的其他成员分享。原来上海市绿化和市容管理局把包括BD路在内的上海3大不合规设摊点的整治列入了年度重点工作，为了解决疏导点的环境和安全问题，专项拨付了一笔资金，并将在两个星期之内到位，用于请第三方专业公司对疏导点进行升级改造，改造的核心是长效解决漏雨、噪声、消防等问题。这无论对街道和附近居民，还是对疏导点里的摊贩来说，都实在是件好消息！

闻讯赶到街道办大楼的老张师傅确认消息后激动万分。L主任打趣地问："老张，你觉得现在这个疏导点怎么样？"

"这个嘛，怎么说呢？"老张习惯性地用手扶了扶帽子，停顿了一两秒，"L主任，那我今天就讲讲心里话。经过两次改造，相比以前，这里肯定是好多了。还记得第一次改造是2010年世博之前，我们从外面摆摊的'游击队'变成定点摆摊的'正规军'；第二次改造是2012年年底，街道出资加盖了顶棚让我们不再日晒雨淋。感谢政府办了大好事大实事啊！但是，最近我们这里面人越来越多,说实话,我心里很害怕,尤其是遇到雨天、雪天天气不好的时候,我总是怕出点什么事情。这么狭长的弄堂,生意好的时候人满为患,有时还挤进自行车、推车,一旦发生火情后果不堪设想。"

L主任颔首:"政府部门一直在关注这个问题。区绿化和市容管理局的专项资金应该很快会到位,可以助力疏导点做一次大的升级改造。以前经常被投诉的几个点位这次一定要一次性改善到位。现在用的简易棚子肯定是不合要求了,这次改造要按照消防安全规范,在整个巷子上方、两侧重新用钢架和防火材料搭建出符合要求的顶棚。我刚刚电话请教过消防部门,这次升级换代改造后的应该不是'建筑',用专业的用语来说,叫'构筑',而且是达到标准的构筑物。各个摊位的台子、间距、通道宽度等,都要符合消防标准。"

老张连连点头,提议说:"现在的摊位大家都没有门,走的时候怕丢东西,这次改造能不能给摊位之间划出隔间,安个门或者下拉式卷帘。""这个建议好。"L主任找出本子把老张说的写下来,"你说得对,做好防火防盗,还有之前说的发生滑倒、摔跤这种讲不清责任的事情,我看到时候你也一并提一提,在疏导点里面安装一些监控摄像头,万一真遇到什么特殊情况,也好调出画面来核实清楚。另外关于疏导点这个名字,我们一直在琢磨想改一改,过渡期是疏导,现在更应强调便民,这个整治小组的同志们再一起商议一下。"

10天之后,上海市绿化和市容管理局的改造专项资金到位了,"疏导点"更名为"便民服务设摊疏导点"的决定也通过了,升级改造工作正一步一步按照计划落实。按照之前的多方协商和配合,通过第三方设计公司的规范化设计布局,疏导点内的摊位重新进行合理规划,原有的74个摊位增加至77个(新增了3个机动调配的摊位),同时将原来的简易摊位改造为利用防火材料制作的单独小隔间,统一制作柜台,统一亮证经营,并增设了消防喷淋设施和通风扇,在服务点的中段设置了醒目的消防通道,确保经营安全。服务点也增加了饮水器和微波炉等设备,增建了公共厕所、洗手池等便民项目。

改造完成后,BD路巷口贴上了"便民服务设摊疏导点"的名字,这意味着临时性的"疏导点"终于完成了向"便民服务点"转型的升级换代。

十、居民公约:建章立制回归自治

BD路"便民服务设摊疏导点"改造完成投入常态化运作后,整治小组的成员们都颇有成就感。在整治小组这个任务型组织即将结束使命宣告解散之前，B 街道城管中队的 X 队长踱步到了 BD 路"老土地"老张师傅的摊位前。

"老张，你在这块地头上卖东西也十几年了吧？现在服务点变得越来越规范，运行也很正常。我们还是想把管理权给摊主自己，让你们来发挥作用实现自治。如果你愿意，还没有选举之前，临时由你来领头当自治组组长，怎么样？"

热心肠的老张没有推辞："X 队长，谢谢你们信任我，只要能让咱们便民服务疏导点越办越好，我多做点没问题。""不过组长都是义务工，没有工资的。""这还要什么工资？都是为了我们自己好，我愿意。""好。那你说说，准备怎么干？"老张略微想了一下，说："那我就把自己贡献出来呗，大家有什么事情可以找我。"

"那还不够。既然是自治管理，就要摊主们大家都积极参与。管理上你们要民主要正规，让大家投票或者举手表决，选出几位有影响力也愿意投入的自治管理小组成员。成员人数不能是双数，要是单数的 3 个或 5 个人，这样平时遇到什么事情需要商量，也容易出决定。另外，自治小组还需要制定具体的自治管理章程，这样方便日常管理。服务点里面大都是日用小百货，没有饮食油烟明火什么的，所以平时应该也没有什么大事情，大家共同商量基本都可以解决。如果遇到自治小组为难或搞不定的情况，随时可以和我们反映或联系。"

1 个月后，在街道和城管中队的协助下，通过 74 户摊主全体参与投票的方式，选出了 5 个代表成立了自治管理小组，其中群众基础好的老张以最高票当选并出任管理小组组长。随后，BD 路服务点的入口处设立了一间狭小的"自治管理办公室"，办公室墙上醒目的位置张贴着管理小组的具体信息和职责：

> 自治组要做好治安、防火防范工作，做到定时区域宣传和检查，按时关门上锁。要组织全体摊主做好卫生保洁，保持区域秩序正常。如果摊主之间有矛盾和纠纷，自治小组出面调解、规劝。检查和防止违禁物品销售，发现情况及时向有关部门报告或报警。

老张带领自治管理小组的组员，共同制定了疏导点内的"五定"管理法，即"定人、定时、定点、定品种、定要求"——对进入疏导点的经营人员和经营项目进行登记，在经营项目上以居民需求较大的小百货、修理为主要内容。同时建立了一系列管理公约，包含 4 个部分 18 条。写明每个摊位每月仅收取150元的卫生管理费（5元每天），此外再无其他费用。公约要求所有摊主自觉遵守，互相监督，"要用实际行动守护好这来之不易的小门面"。

然而，写在纸上的章程看似美好，实际做起来却并非易事。老张这个自治小组组长没得闲，每天人来人往、琐事喧嚣。"老张，我们家里原来在外面有两辆车，两个摊位的！为什么进来疏导点以后只给我划了一个位置？现在疏导点增加了3个摊位，要多给我一个！"卖花草的老吴一见到老张就抱怨，他们夫妻俩在这里摆摊很多年，以前疏导点尚未设立的时候，一人一辆三轮车，相当于两个流动摊点，进来疏导点后他对只给一个摊位的做法一直有意见，以前是街道和城管中队的X队长在管，他见一次就要说一次，现在换了老张自治，他就隔三岔五找老张。

"这个是没有办法给你加的，规定好了每户就一个摊位。如果你要两个，他要两个，大家都乱了套了，这个不好改的，规矩就是规矩。新增的3个是机动摊位，是街道给新增困难人群提供的，现在登记排队的有十几号人呢。大家都不容易，不要光盯着自己的一点利益。"老张对花草摊的"死缠烂打"从来都是不松口，不能坏了规矩。最后老吴找了很多次也没效果，慢慢就算了，但是总归每次都要抱怨几句，觉得自己家里吃了亏。

2017年年底的时候，老张发现老吴的花草摊连续两天都大门紧闭，打电话给老吴时，才得知他的妻子因为脑梗在外面摔倒而送去急救。这个噩耗对老吴一家简直就是晴天霹雳，急救医药费以及高昂的住院费对没有社保且靠摆摊维持生计的家庭来说，真是雪上加霜。老张和自治小组成员商量过后，马上动手用鞋盒子做了一个简易的捐款箱，一户一户说明情况，请大家自愿捐款。这个疏导点里面的小摊贩几乎都是困难户，自己平时能维持生计就已不错，但也正是源于这种"感同身受"，大家更能理解相互之间讨生计的不易以及遇到意外之祸时的无助。所以，"你捐五块，我捐十块"，多的有捐五十、一百的，几十户下来，总共募集了七千多元的捐款，委托老张连夜送去了。花草摊老吴感受到了大家自治管理、互帮互助的这份情谊，特意定制了一面"一人遇难、众人相助"的锦旗送给摊邻，表示感谢。妻子不幸去世后，老吴也无心继续摆摊，于是自愿把摊位空出来给他人救急。自治管理小组根据本地居民困难户在居委会和街道登记的情况，再把摊位分给最需要的摊主。

BD路服务点自治小组刚成立时，成员们疲于奔命到处灭火，4年后自治小组成员却日常清闲"无所事事"，变化的背后归根结底还是摊主们在自治和共治中找到了安全感和参与感。除了少数特殊情况外（2016年一名摊主将洋垃圾的服装翻新出售被自治小组发现并投诉给执法部门，尔后该摊主被处理并清退出 BD 路服务点]，该区域摊主们的稳定性很强。大家都觉得在 BD 路服务点找到了归属的家园。

尾声：老城厢十年换新颜

在新闻媒体的报道和"中国（上海）社会治理创新最佳实践奖"的助推下，上海市 C 区 BD 路 163 弄的治理成效被更多人知晓。深圳、杭州、福州和扬州等地也派出了调研小组来交流 B 老城厢治理的创新做法，近距离感受 BD 路 163 弄这条小弄堂的魅力。

"L 书记，BD 路 163 弄的具体治理方式请您介绍一下！"一入座会议室，J 省街镇交流团的 S 主任迫不及待地询问起来。

"非常欢迎大家来调研，我们也是循序渐进的过程，从控制乱设摊的临时措施一步步转变过来的。过程中，考虑到整治和便民之间的均衡性，我们没有'一刀切'。10 年走下来，便民服务点的核心是多方力量协同，让服务点补足部分商业的缺失功能。概括起来就是由市级层面兜底、街道部分出资、盘活土地空间、摊贩自治管理。具体来说，政府部门负责资质审核、摊位规划、标准制定，所有进场小贩资质均需街道办批准；执法部门负责监管，假货由工商处罚，无序设摊由城管执法部门负责，小贩成立自治组织，参与疏导区的管理。"B 街道党工委 LZM 书记（之前为 B 街道办事处主任）一边介绍一边向大家展示便民服务点的发展图示。

Z 省城市管理参访团到上海的第一站即到 BD 路 163 弄实地走访。一位调研人员和路过的居民攀谈起来："老伯，这小铺子买起东西还真方便啊。我老家也在做疏导点，但是周边居民都反对，很担心安全问题，最后总是建了又拆，拆了又建。你们住在这边，会担心吗？平常吵不吵、乱不乱呢？"

老伯扑哧一声笑了出来："啊呀，你有什么可担心的。你是新搬来的吧，我们这服务点做了 10 年了，这么多年相处下来，我们相互体谅都过得挺好的。刚开始的时候噪声挺大的，大家也都很担心会不会失火、会不会招来坏人。但是现在没什么问题，政府帮着搭了棚子隔音效果还不错，摊贩也很自觉，好像还有经营公约。这边安全设施也齐全。有这些小店确实挺方便的，修修补补都能解决。城市不要都是高大上花里胡哨的东西，要实实在在给老百姓带来方便。前段时间，这些摊主还和居委合作，专程上门为我们这些老年人免费理发、修东西，现在剪头发要 15 元呢，省了我们一笔钱。"

另一位调研人员轻声问陪同而来刚刚退休的前 B 街道城管中队 X 队长："X 老师，BD 路转型这么成功，在其他地方有类似的实践吗，效果怎么样？"

X 队长看着热闹的小巷，缓缓地说："作为基层执法人员，我们能感受到上海一直都在做精细化城市治理。我们这个老城厢治理的奥妙就在于没有简单地'一刀切'，没有光追求整治速度而破坏城市治理的'温度'。10 年时间，一针一针慢慢绣，让政府提供的服务精准对接群众的需求，绣出社会治理的匀针细线。目前 BD 路 163 弄治理的方式在上海一些街道推广，据我所知，M 区设立了固定疏导点 21 处，使马路菜市场能够摆脱'游击队'生活，成了'正规军'。今年多位人大代表在上海两会上建议各区政府根据社区居民的实际消费需要、根据市场规律，依法科学合理划定临时区域（点）和固定时段，供摊贩经营，这些建议和提案都在报纸和电视上引起热议。"

送别城市管理参访团，X 队长没有马上离开。在夕阳的余晖中，他站在服务点门口，静静欣赏着老城厢里的熙攘喧嚣。十年磨一剑，BD 路 163 弄的治理可以说是 X 队长退休前投入最多也最磨人的一个工作成果。X 队长想起昨天新闻里习近平总书记在上海视察时强调"一流城市要有一流治理"①。城市治理中，硬件建设无疑是重要的，但更重要的是软性治理的水平。如何处理城市治理中韧性和柔性的关系；如何协同政府多部门、街道办事处和居民委员会等"多驾马车"的关系形成治理合力；政府如何在适当的时候"华丽转身"，实现摊贩自我经营、自我管理、自我服务和自我监督，构建共建共治共享的城市治理格局？这些都是值得思考的深层次问题。

分析报告

一、案例回顾

贩夫走卒，古已有之，早在《周礼·地官·司市》中就留下了"夕市夕时而市，贩夫贩妇为主"的记录。近年来，随着我国城市治理要求与居民实际需求的提升，摊贩管理这一城市治理"老大难"的问题越发凸显。本案例以 BD 路 163 弄乱设摊集聚点自 2009 年始长达 10 年的真实治理过程为主要内容，反映了在摊贩与城管"猫捉老鼠"、迎战世博、多方协商逐个击破、矛盾丛生、改造换代回归自治等不同阶段，区委、区政府、城管、市容、公安、街道和居委会等多个治理主体与治理目标群体的利益冲突和角力。

---

① 一流城市要有一流治理［EB/OL］. 新华网，2018-11-07.

BD路治理始于媒体曝光老城厢乱象，舆论压力陡增。城管部门全力整顿却遭摊贩抱团暴力抗法；临近世博，整治军令状下达推动整治小组的组建并开启整治工作的新阶段；区政府牵头召开协调会，促成多方商议达成整治方案。然而整治方案落实中却遇本地困难摊贩安置难题，摊贩代表致信区委书记推动临时设立疏导点，而疏导点内摊主争利矛盾重重，环境卫生、消防隐患等又致外部居民投诉不断，"内忧外患"之下，街道、市容管理部门接连出资开启两次疏导点改造，最终疏导点成功升级换代为服务点，并建章立制开启自治管理新局面。

面对整治过程中的一系列难题，整治小组通过深化政府、市场与社会等不同力量间的协商合作，上下联动有效盘活治理资源，同时充分发掘治理能人的引领凝聚作用，强化公众参与，有效地结合治理对象差异，采取针对性的强制、补偿、劝说和引导等手段，最终实现BD路老城厢治理转型，推动传统的粗放式城市管理向"共建共治共享"的精细化城市治理格局转变。

二、上海市BD路老城厢治理的基本特点

（一）老城厢治理目标的多重耦合

不同于新城区，BD路老城厢呈现历史遗留问题多、人员复杂、第三产业"小、散、多"等特点，这些问题导致日常治理难度增加，加之治理过程中在资金、上级政策支持、各方协调等方面有所牵制，相关主体的诉求久久不能得到有效满足，治理目标多样而特殊，而"迎世博"加快整治市容市貌成为各方实现目标的契机。

从城管部门的角度看，整顿无序设摊是其目标；从街道办事处和居委会的角度看，解决居民投诉，满足居民需求是其主要目标；对市容管理部门而言，整治之举旨在改善城市人居环境，维护城市形象；对公安部门而言，面对摊贩流动性大、人员构成复杂等情况，避免暴力性事件，维护城区秩序是其主要目标；而对宣传部门来说，舆情管理是其最主要压力。在整治行动作为治理突破口的背景下，多重治理目标实现耦合，成为推动老城厢治理的动力。

（二）老城厢治理主体的多元协作

老城厢治理包含纵向、横向多元主体。从纵向来看涉及层次多，世博会市容整治从市层面开始下达，涉及市、区、街道、社区。横向上，老城厢治理内容多而复杂导致牵涉的管理部门多，包括工商、公安、城管、市容等部

门。另外，被治理主体及相关利益主体较多，包括摊主、周边居民、同行业店铺等。在此情况下，多方协作、共同推进成为必然。

作为整治工作的一线力量，城管、公安等部门及居委会主要在清退、引导、巡察等具体工作上发挥作用，妥善处理各类矛盾冲突。区政府、区绿化和市容管理局、街道等部门成为本次工作强有力的后盾，在经费申报、场地安排、工作协调等方面为基层力量提供了较多支持。作为整治工作重要主体的摊贩和居民们也群策群力，为老城厢治理的具体执行献计献策，主动参与劝说引导工作，并在治理后期自我管理、自我服务，形成颇为有效的自治管理模式。不同主体依据各自职责和能力参与治理，协力应对整治难题，形成多元协作。

（三）老城厢治理任务的分阶段推进

BD路是上海的典型老城厢，外来人员多、人员流动性强，且老社区自搭自建、占道经营、无证经营现象多，情况复杂，治理难度较大。在迎世博倒计时的大背景下，不分阶段规划与推进工作很难有突出的效果。因此，协调各方、因地制宜、层层下达、规范完善等成为对BD路老城厢这一沉疴望、闻、问、切的过程，清退取缔、引导就业、临时安置成为老城厢治理由简入难、层层推进的良方。

在面临居民投诉、媒体曝光、迎世博环境整治等现实治理需求的背景下，老城厢治理的任务分阶段推进。第一阶段：听取多方意见，制订解决方案。由区府办牵头，召集工商、绿化市容局、公安、B街道、城管中队等召开专项整治行动协调会，达成共识方案——"整治取缔一批、就业引导一批、规范疏导一批"。第二阶段：集结街道力量，成立整治小组。由B街道牵头成立整治小组，由街道办主任担任组长，城管、派出所等各1名代表为副组长，将工作责任和任务具体到人。第三阶段：三个"一批"落实，问题逐个突破。对于非本地区无证摊点进行前期筛选后下发整改通知并清退；对于具备就业能力的本地区摊主进行实际情况摸排，以发放补助金、安排就业等形式进行引导；对于剩余继续经营的摊主，以巷口疏导点作为安置点，分配摊位定点经营。第四阶段：软硬条件升级完善，便民服务转型。硬件方面，对疏导点的消防设施、监控设备等进行改造升级；软件方面，建章立制成立自治小组负责日常管理，疏导点转型换代为便民服务点，成为城市治理的典范。

（四）老城厢治理手段的叠加组合

整治过程中，执行部门和人员针对不同问题采取了综合性治理手段，包括强制性的行政手段、利益补偿等经济手段、劝说及就业引导等辅助手段。在行政手段方面,政府部门依据强制性的整治命令清退取缔外地无证经营摊贩;在经济手段方面,对于本地具有低保、残疾或困难户家庭资格的困难摊贩给予一定的资金补偿,同时在治理后期拨付专项资金完善疏导点建设,推动其升级换代;在辅助手段方面,通过摊贩能人、居委会等力量借助熟人关系进行劝说,与情况特殊的摊主进行合理协商,通过街道和区就业促进中心等协力为就业困难摊主提供再就业机会等,都产生了较好的辅助效果。在多种手段的叠加组合作用下,老城厢治理成效显著。

三、案例的理论基础与适用性分析

(一)利益相关者理论及其适用性

自20世纪60年代以来,国内外关于利益相关者的研究表述众多,"利益相关者"一词由经济学领域向其他学科领域不断拓展,在20世纪60年代至20世纪80年代被应用于企业管理。根据1984年美国经济学家弗里曼(Freeman)的界定,利益相关者是"那些能够影响企业目标实现,或者能够被企业实现目标的过程影响的任何个人和群体"[①]。从这个意义上来讲,利益相关者的外延较为宽泛,网络新闻媒体、慈善组织、社区、政府部门等都可能被纳入利益相关者的研究范畴,这也增大了开展利益相关者理论研究与其他学科交叉研究的可能。利益相关者理论在几代学者的发展与完善之下,逐渐成为管理学科的基础理论。

随着人们对居住环境要求的不断提高,城市经济、环境要实现可持续发展,治理就不能再像过去那样粗暴、强硬地只注重执法方利益的实现。BD路163路的治理困境涉及主体多且差异大、持续时间长且变化大、治理情况复杂且影响大,社会各界对于其治理进程给予很高的关注度。作为城市管理者自身,必须兼顾各相关主体的利益诉求,才能减少不必要的群体性事件,降低行政执法的成本,推动当地经济健康发展。利益相关者理论能够有效识别利益相关者并进行属性归类,助力分析各主体的利益诉求,同时能够与合作治理、公民参与阶梯等理论动态结合,在不同维度上体现治理过程。

在众多利益相关者分析分类方法中,米切尔等学者提出的"米切尔评分

---

① FREEMAN R E, REED D L. Stockholders and Stakeholders: A New Perspective on Corporate Governance [J]. California Management Review, 1983, 25 (3): 88-106.

法"最具影响力。根据该评分法，利益相关者的核心环节包含利益相关者的识别与特征两个主要因素，即谁是利益相关者以及管理者以什么为依据来给予特定群体关注。基于此，根据权力性、合理性和紧急性这3个衡量指标对利益相关者进行评分，后根据分值高低将利益相关者分为8类：非利益相关者及潜伏方、自由方、需求方、支配方、危险方、依靠方和绝对方利益相关者。其中享有最高优先权的，是同时拥有权力性、合理性和急迫性3种属性的绝对方，管理者对其急迫的诉求有着明确且特殊的要求。相比之下，拥有中等优先权的包括支配方、危险方和依靠方，管理者能感受到其中两种属性。最后一类低优先权的利益相关者包含潜伏方、自由方和需求方，这些利益相关者只表现出了1种特征，管理者甚至会忽略他们的存在。米切尔评分分类及权重优选如表6-1所示：

表6-1 米切尔评分分类与权重优选

利益相关者优先性	种类	权力性	合理性	紧急性
高	绝对方	*①	*	*
	支配方	*	*	
中	危险方	*		*
	依靠方		*	*
	潜伏方	*		
低	自由方		*	
	需求方			*
无	非利益相关者			

基于3种特征，许多学者认为米切尔评分法能够清晰区分利益相关者，并对其进行权重优选，还能够预测其行为。同时，因为权力性、合理性和紧急性在一个事件中会随时间而变化，所以米切尔评分法是一个高度动态的概念，其在本案例长达10年的治理过程中得到生动体现。

本文采用米切尔评分法对利益相关者进行分类，根据本案例的治理主体、方式和手段特点，以下分析以世博会为临界点，将整个治理过程划分为两个

---

① *表示符合该项属性。

阶段。

第一阶段。这一阶段的治理过程中出现的问题以街道经营乱象、暴力抗法、摊市扰民、弱势群体生活困难为主,所涉及的利益相关者包括地方党委、地方政府(街道办事处、城管中队、绿化和市容管理局等部门)、大众媒体、摊贩(本地困难摊贩、外地无证摊贩、普通摊贩)、整治小组、居委会、居民(受到直接影响的居民、普通居民)。

根据米切尔评分法的划分,对权力性进行判断,其中权力性被定义为利益相关者在决策过程中达到各自目标的地位、能力和手段。纵观前期治理过程,具有较强权力性的主体包括地方党委、地方政府部门、大众媒体、整治小组、居委会、不规范经营摊贩和部分居民等。对合理性进行判断,合理性一般被认为是一种感知度,基于对一个整体在包含标准、价值、信任和定义的社会系统中的行为是否合适、正当、正规的感知。本阶段中包括整治小组、弱势摊贩和普通摊贩、地方党委、地方政府部门、居委会、居民和大众媒体等。对紧急性进行判断,紧急性又被称为关注获取能力,一般被分为对利益相关者提出诉求的频率和其所提出的诉求对组织本身的重要性两个维度。在老城厢整治过程中,整治难点在于弱势和不规范经营的摊贩(尤其是暴力抗法的摊贩)、整治小组以及受到直接影响的居民。

第二阶段。为迎接世博会,街道整治小组设立疏导点,随着摊贩的不断增加,疏导点的问题日益严峻,居民投诉剧增,各方协力后,疏导点升级换代为服务点,后一阶段的治理重点转移,各利益主体的利益诉求部分发生改变,地方党委、地方政府(街道办事处、消防大队、城管大队、区绿化与市容管理局等部门)、周边居民(普通居民、受到直接影响的居民)、摊贩(生活困难的弱势摊贩、普通摊贩)、居委会、整治小组、自治管理小组等。

基于利益主体与合理性、影响性和紧急性3个特征的契合度,可以将利益相关者分为:与其中1个属性契合的潜在型利益相关者,与其中2个属性契合的预期型利益相关者,与3个属性都契合的确定型利益相关者(如表6-2)。

在本案例中,区党委属于预期型利益相关者,在整治过程中发挥领导、协调、指挥各方的作用。在长达10年的治理中,如何保证治理路线正确、符合时代发展、促进当地各方面的进步是整个治理过程的核心问题,区党委在制定路线、规划全局上扮演着重要角色。

表 6-2 基于米切尔评分法的利益相关者分析

类型	利益相关者		利益相关者的优先性	权力性	合理性	紧急性
确定型	自治管理小组		高	无→递增	无→递增	无→递增
	摊贩	生活困难弱势摊贩		高	高	高
		不规范经营的摊贩		高	低	高
预期型	地方政府	整治小组、街道办事处等	中	高→递减	高	高→递减
		区绿化与市容管理局、城管中队、消防大队等		高	高	较低
		区党委		高	高	低→递增
	居民	受到直接影响的群体		低→递增	高	高
		普通居民		高	高	低
	大众媒体			高→递减	高→递减	较低
潜在型	居委会		低	高	低	低

整治不规范经营摊贩与生活困难的弱势摊贩的主要力量，在第一阶段是地方政府（包括整治小组、城管中队、区绿化和市容管理局、街道办事处等），在第二阶段是自治管理小组。在第一阶段整治中，地方政府与被整治对象具有直接利益冲突，地方政府承担着相关政策、行政法规的颁布执行的主要责任，其中整治小组是相关政策的直接推动者，体现了摊贩与政府的主要利益矛盾，属于确定型利益相关者，而区绿化和市容管理局、街道办事处和城管中队主体、消防大队等都属于预期型利益相关者，具备足够的权力性和合理性，但对前期整治来说不具有紧急性，他们的治理多是基于相关政策的被动执行，而不是基于利益诉求的达成对于组织本身的重要性。第二阶段的治理中，老城厢升级换代，自治管理小组基于自治理念与前期的整治小组的管理，制定相关章程，整治效力高，属于确定型利益相关者。

不规范经营的摊贩、生活困难的弱势摊贩是整个治理过程中与相关治理政策、主体产生直接冲突的主要整治对象。在这两类人群有交集时，治理主体先考虑其是否为生活困难的弱势摊贩。不规范经营的摊贩属于预期型利益相关者，通过各种方式、手段达到自身的合法的利益诉求，且由于其对其他主体的利益产生重要影响，其他各方为保证自己的利益损失达到最小化，通常会满足其利益诉求,但由于整治主体对于这类整治对象的利益补偿较慢,难免引发这类摊贩的不满,造成不合法的群体性事件发生,因此摊贩具有高权力性、紧急性和低合理性,而生活困难的弱势摊贩由于有直接的利益补偿,具有高权力性、合理性、紧急性,属于确定型利益相关者。

作为基层群众性自治组织,居委会连接着政府与民众,对于整治中各方关系具有协调作用,对其他利益主体的行为具有重要影响,因此具有高权力性、低合理性。但居委会主要任务在于协调政府与居民、居民与摊贩的关系,倾听各方需求,助力整治工作,因此具有低紧急性,属于潜在型利益相关者。

居民在整个整治过程中,属于预期型利益相关者。在整治初期,受到直接影响的居民利益诉求并未得到回应,在大众媒体的协助下,得到整治主体的关注,居民的权力性逐渐增加,其需求属于合法且迫切需要得到解决的问题,因此具有高合理性、紧急性;而其余普通居民属于利益诉求得到各方的高关注、高回应,合理但不具有紧急性的主体。

大众媒体借助其强大的信息搜集与传播能力加快了各方利益诉求的达成。在治理前期,大众媒体的利益诉求即传达居民、摊贩与政府合法合规的诉求,其本身的特殊性使其利益诉求很快得到响应,但大众媒体始终是各方利益诉求的传达者,因此其具有较低的紧急性;后期大众媒体作用不再明显,权力性和合理性减弱,属于预期型利益相关者。

(二)合作治理理论及其适用性

合作治理理论衍生于20世纪90年代后期,在20世纪70年代诞生的治理理论的基础上进行发展与深入细化,近年来在欧美国家解决跨域跨部门公共问题中得到广泛应用,也为我国创新治理模式提供了重要视角。

综合来看,合作治理主要包含4个要素。一是治理主体的多元化与主体关系的平等性。合作治理突破了中心—边缘结构的社会治理体系,关注多元治理主体在公共政策制定、公共服务供给、公共事务处理过程中的参与,平等的伙伴关系下,各治理主体都在合作中充分保持自主性。[①] 二是治理权力的共享化。合作治理意味着政府不能再"独掌"公共权力。政府必须将部分公共权力,尤其是将社会管理权力下放给社会组织或市场组织,实现权力的共享,这是实现合作善治的首要前提。三是协商是合作治理的核心手段。治理是一个协商的过程,具体表现在行动者开放共享解决问题相关的信息,平等

---

① ANSELL C, GASH A. Collaborative Governance in Theory and Practice [J]. Journal of Public Administration Research and Theory, 2008, 18 (4): 543-571.

看待所有参与者的建议,全面考虑所有信息进而做出集体结论。针对合作治理的大多数利益相关者,协商的意义在于让主体在最重要的问题上达成集体决策。① 四是共识是合作治理的导向。合作治理下,在众多的参与者之间达成共识是其决策过程的目标。从可行性来看,如果利益相关者在治理中拥有相对平等的权力,那么可能达成决策的唯一可行办法便是共识;从执行效率来看,与等级命令或多数投票制相比,虽然合作治理的协商决策可能花费更多时间,但达成共识后,决策将得到快速无障碍的执行。②

合作治理理论对本案例具有一定的解释力,其适用性主要体现在三个方面。

其一,BD 路老城厢治理涉及区委、区政府、城管、区绿化和市容管理局、公安、街道、居委、居民、摊贩等多个治理主体,追求平等对话、自主合作。一方面,在整治过程中,受居民需求、摊贩抵抗、媒体舆论、世博会特殊背景等因素综合影响,BD 路老城厢情况复杂,上到区委、区政府,下到居委会、居民,都参与到老城厢整治这一公共事务处理过程中。有别于传统的以政府为中心的治理模式,BD 路老城厢整治并没有仅仅依靠政府部门的资源或街道和属地城管中队等的力量,而是在不同时期引入了外部企业、居民、摊贩等主体,联合行动,通力合作。另一方面,这些不同力量有着不同的利益诉求和行动优势,如:城市政府部门具有更多的可调配资源,却也承担着更大的考核压力与整改责任;街道和居委会有着丰富的基层工作经验,在负面舆论之下也有着整治的需求。在整个治理过程中,不同的主体都是基于自身的价值偏好、意愿和动机自主地选择是否参与以及如何参与 BD 路老城厢治理。

其二,BD 路老城厢治理体现了治理权力的下沉。在本案例中,为达到最佳的整治效果,BD 路老城厢的管理权力被下放给由摊贩自发组建的自治管理小组,并鼓励其他摊贩积极参与选举、监督及管理,同时将老城厢改造升级过程中的卫生管理、设施建设相关工作外包给第三方企业,发挥市场与社会的力量,这正是治理权力下沉的重要体现。

其三,BD 路老城厢治理通过多方商议的方式达成共识,以各利益相关方都相对满意的决策方案为目标。在本案例中,面对媒体曝光乱象、摊贩暴力

---

① ROBERTS N C. Keeping Public Officials Accountable through Dialogue: Resolving the Accountability Paradox [J]. Public Administration Review, 2002, 62 (6): 658-669.
② BOOHER D E. Collaborative Governance Practices and Democracy [J]. National Civic Review, 2004, 93 (4): 32-46.

抗法、世博整治军令、摊贩内部冲突、外部居民投诉等不同情境，政府内部、政府与公众、公众内部等不同主体间展开了多轮博弈与协商，互通信息与诉求，以达成共识，形成集体满意方案。例如，工商、绿化和市容管理、公安、B街道、城管中队和居委会等政府内部不同的部门都有着各自的部门利益与不同的整治诉求，在共同合作开展整治工作时易产生推诿或冲突，面对下达的世博整治"军令"，政府通过多次召开部门协调会，听取各方信息与意见，形成了符合大多数参与者利益的一致性整治方案与策略。

（三）公民参与阶梯理论及其适用性

公民参与是指公民参与到社会、社区等共同体生活中，以改善他人境遇或改变共同体未来为目标的行为和过程，① 公民参与理论强调现代社会的公民性②。公民参与是合作治理模式的重要内核，合作治理模式是公民参与行政的实践外化。③

1969年美国学者雪莉·阿恩斯坦（Sherry Arnstein）公民参与的阶梯理论，指出公民参与是公民权利的一种分类。根据公民参与过程中主导或发动公民参与的力量来源、公民对政务信息知晓与把握程度、主要的参与手段、自治管理程度等评价因素，公民参与公共政策的程度存在非参与、象征参与、实质参与3大层次和8个阶段，从低到高依次为：操纵、引导、告知、咨询、展示、合作、授权、公民控制阶段。④

党的十八届三中、四中全会提出了"创新社会治理"的指导方针，鼓励公民积极参与社会事务的管理，这成为不可逆转的趋势。结合我国实践情况，本文在对公民参与阶梯理论进行本土化的基础上形成如下框架。（1）非参与层次，政府控制公民的行为，不向公民传达有用信息，公民参与度为零。操纵性参与阶段中，政府通过强制强硬的手段让公民进行形式上的参与，没有交流和沟通。引导性参与阶段中，政府以提供公民所需利益为方式让公民参与各类活动，但公民依旧只是被动执行政府要求。（2）象征性参与层次，处于弱势的公民可以接收政府所公布的信息，并且在一定程度上可以表达自己

---

① ADLE R P, GOGGIN J. What Do We Mean By "Civic Engagement"？[J]. Journal of Transformative Education, 2005, 3 (3): 236-253.
② WEIL F D, PUTNAM R D. Making Democracy Work: Civic Traditions in Modern Italy [J]. Contemporary Sociology, 1994, 25 (3): 306-308.
③ 曾哲，周泽中. 善治的理性：公民参与行政的后果考量 [J]. 求实, 2017 (6): 65-75.
④ ARNSTEIN S R. A Ladder of Citizen Participation [J]. Journal of the American Institute of Planners, 1969, 35 (4): 216-224.

的意愿，但并不能决定公共政策。告知性参与阶段中，政府会将政策信息、公民的权利义务告知公民，且常是在决策最后阶段才告知。咨询性参与阶段中，政府尝试发现公民需要并表达自身关切，进而提供一些指导，帮助公民理解政策，但实践中可能是形式性的。展示性参与阶段中，政府在做出决策时会对公众呼声给予回应，部分公众被吸纳进决策程序从而发挥展示作用，但公民没有实际决策权。(3) 实质性参与层次，公民拥有实际的决策权，因而深度参与政府决策。合作性参与阶段中，政府的决策过程包括和公民的协商，并通过责任联合承担的方式让公民参与公共活动。授权性参与阶段中，政府赋予部分公民决策和问责的权力，部分公民作为代表行使权力。公民控制性参与阶段中，政府赋予公民决定、控制和执行资金的权力，公众可以完全参与政策制定，并且有能力排除外部干扰进行内部独立协商。

公民参与阶梯理论对本案例具有一定的解释力，其适用性体现在 B 街道老城厢的治理过程体现了公民参与社会治理创新的阶梯式发展。(1) 在世博整治前，公民参与主要停留在非参与层次，操纵性参与和引导性参与并存。摊主的参与未纳入政府决策流程，在沟通缺失的影响下，摊主不理解执法人员没收摊位等行为的政策缘由，由于执法行动密集且出于对利益受损的担心，摊主和执法人员之间冲突频发。(2) 在世博会整治落实"三个一批"行动方案的过程中，公民参与发展到象征性参与层次。政府在协调会后制定了明确的整改路径，城管人员将整改告知书等通知发给摊主，这属于咨询性参与。在"就业引导一批"的过程中，执法人员和相关摊主进行深入沟通，帮助摊主理解政策的意义与政府对民众的关怀，这属于教育性参与。老张师傅作为摊主代表被邀请参加区委工作座谈会，为基层工作建言献策，这属于展示性参与。(3) 在疏导点两次大改造的过程中，公民参与主要维持在象征性参与层次，同时合作性参与开始有所显现。政府启动改造活动的重要原因之一是回应周边居民和摊主们的诉求，缓解民众对消防安全、环境卫生等方面的担心，这体现了展示性参与。此外，老张师傅协助整治小组制定日常经营管理准则，并为第二次改造提供"规划隔间"等建议，政府的决策过程融合了与民众的协商交流，这属于合作性参与。(4) 便民服务点建章立制的过程中，公民参与发展至实质性参与层次，进入公民控制性参与阶段。BD 路"便民服务设摊疏导点"改造完成投入常态化运作后，政府将疏导点的管理权还给摊主。摊主们通过民主投票组建自治管理小组，并制定了"五定"管理法，在疏导点的内部管理中，摊主实现了实质性参与。

四、上海市 BD 路老城厢治理的现状分析

（一）老城厢治理利益相关者的诉求分析

协调好各个利益相关者之间的利益是解决老城厢问题的前提。如案例正文所呈现，BD 路 163 弄的治理涉及多个利益相关者，具体来说可以分为地方党委、地方政府（区绿化和市容管理局、城管中队、街道办事处、整治小组等）、居委会、不规范经营的摊贩、居民、自治管理小组以及大众媒体等。

地方党委的利益诉求。地方党委作为地区各项事业发展的领导核心，对于城市治理的各项工作发挥着思想领导、政治领导、组织领导的作用。根据区党委在本案例中的各项文件并结合党的性质、宗旨等，可以提炼出以下几点利益诉求：一是强化党的组织领导，对城市治理中各利益主体积极协调、统筹规划；二是加强自身的人才队伍建设，加强自身的执政能力；三是思想理念应该与时俱进、不断更新，在先进理念指导下不断完善老城厢治理经验。

地方政府的利益诉求。在本案例中涉及的地方政府部门主要包括区绿化和市容管理局、城管中队、街道办事处、整治小组等，相较于地方党委的领导角色的发挥，地方政府各部门的工作侧重于政策的具体执行，其利益诉求更加具体。主要有以下几点：一是解决老城厢摊贩经营乱象、环境污染、扰民等问题，为老百姓的生产生活提供更好的环境；二是高效执行上级部门下达的"整治取缔一批、就业引导一批、规范疏导一批"的政策；三是落实被整顿治理的各类摊贩的后续安置工作，尽快恢复老城厢的正常运转。

不规范经营摊贩、生活困难摊贩的利益诉求。作为与整治工作有直接利益冲突的利益相关者，获得稳定的、可持续的收入是摊贩们的核心利益诉求。不规范经营的摊贩主要关注其能否继续设摊，政策对其日常经营是否有负面影响等问题，生活困难的弱势摊贩主要关注整治后自身的出路、生活保障问题。

居委会的利益诉求。居民委员会是居民自我管理、自我服务、自我教育的基层群众性自治组织，是政府与居民沟通的桥梁。居委会的主要诉求：一是协助整治小组完成老城厢地摊的改造、摊贩们的引导工作；二是了解居民的各项需求，协调区政府与居民之间的关系。

居民的利益诉求。居民对于城市治理的态度与自身利益是否直接受到影响有关。受到老城厢乱象直接影响的居民希望居住环境的改善、生活服务的便利、意见反馈的快捷，未受到直接影响的普通居民则多采取观望态度，主

要诉求在于人居环境的改善、意见反馈的便捷。问卷结果显示，89.29%的被调查居民认为周边摊位脏乱差、噪声等影响了自己的居住环境，66.96%的被调查居民认为疏导点有一定的安全隐患会对自己的居住安全造成影响。①

自治管理小组的利益诉求。自治管理小组是由摊贩自身在地方政府部门的协助下形成的自治组织，对于老城厢的正常运转发挥重要的管理、服务作用。其主要的利益诉求：一是协调摊贩与摊贩、摊贩与政府、摊贩与群众之间的关系；二是组织摊主们遵守相应的经营章程，保持区域秩序正常。

大众媒体的利益诉求。信息的不对称程度促使我们重视大众媒体的重要性，尤其是政府等监管部门对市场交易的监管能力。因此大众媒体的利益诉求在于将分类、整理过的信息通过报道的形式传递给外部信息需求者，降低他们信息搜集的成本，减少市场机制运行过程中信息不对称带来的消极影响，间接影响各主体的角色发挥。

（二）老城厢治理的推进周期与相关流程

纵观治理的全过程，我们发现 BD 路 163 弄能够由"老大难"问题蜕变成为高质量的治理优秀案例，不仅由于治理主体在治理方法上的不断探索与创新使得治理方式逐渐由无序、失范走向规范、科学，还在于各主体循序渐进、有条不紊的治理过程。

第一，被动应对，碎片整治。BD 路 163 弄的沉疴痼疾并非一日而成，即使在漫长的整治过程中，整治小组等治理主体和资源都能够在一定程度上得到激发，但囿于摊贩数量的增加、摊位的分散，城市社会成员和社会资源受行政控制的力度、深度、广度都在弱化。这阻碍了治理体系的整体性运作和治理共识的达成，各主体以分散的治理样态参与城市治理，突出的碎片化问题在此阶段主要表现在权力体系、利益结构、信息资源等方面的碎片化。

第二，统筹分析，迎战世博。老城厢的治理难点不在于眼前的市容、清洁等表象，而在于背后的人际关系的修复、居民生活的善后、时代环境的衔接。因此对待老城厢问题不是"一刀切"地罚没取缔，而是凸显城市治理的刚柔相济，以此做到有针对性地精细治理。BD 路 163 弄的乱象问题在媒体曝光后，整治部门压力陡增，为快速解决问题，执法部门采取刚性执法，不料摊贩们"以暴制暴"，老城厢的治理陷入反复的怪圈之中。迎战世博会的倒计时压力为改进治理方式提供良好契机，协调会上各整治主体详谈各自的治理经验，深层次地挖掘老城厢治理的"顽疾"，协调会上多方商议、群策群力，

---

① 数据源自案例团队所进行的自主调研结果，2020-01-05．

最终达成"整治取缔一批、就业引导一批、规范疏导一批"的共识，为后续的治理实践推进提供基本导向。

第三，结构整合，逐个击破。在长期的治理过程中，执法方与摊贩形成的是对立、矛盾的关系，因此新方案的实施必须破除硬性执法的方式，采用"积极沟通，自愿服从"的策略。三种行动方案所针对的对象不同，治理进度也有所差异。整治取缔主要针对违法、违规经营者，整治小组对于部分被整治摊贩给予一定的资金补偿，有劳动能力的积极引导其再就业，这就解决了生活困难的弱势摊贩被整治后的生计问题。此外，规范整治小组与摊贩们积极沟通，摊贩通过与区级领导沟通的方式积极建言献策，获得公共空间和专项资金，为疏导点的建立提供契机。

第四，临时设点，矛盾丛生。利用公共通道进行临时设摊后，摊主们为争利而矛盾不断，狭小的公共空间内仍然存在着摊位和时间的不合理规划问题。此外，疏导点毕竟是为世博会临时设立的，世博会后，扰民问题凸显，投诉不断，整治小组与居民积极沟通以了解疏导点的现存问题、当前的矛盾，为站点的改造提供了方向。

第五，站点改造，兴规建制。在整治小组的共同努力下，区政府为街道出资搭建顶棚，改造工程不仅解决了摊主们的天气顾虑，还为街道提供了整洁的环境，此次改造得到居民、摊主的交口称赞。为延续疏导点的正常运营，部分摊贩还为整治小组建言献策，制定了街道的经营管理准则，规则的建立为摊位的运行提供了制度保障。然而，在整体向好的街道治理中还存在许多细节问题亟待解决。

第六，升级换代，回归自治。简易顶棚、路面积水、设备安全等问题仍然为摊贩的经营带来了诸多不便，区政府进行专项拨款请第三方公司对疏导点进行专业改造，简易摊位升级换代为标准的构筑物，与此同时，疏导点更名为"便民服务设摊疏导点"，服务点内的摊位与设备得到增设与更新。便民服务设摊疏导点进行常态化运营后，整治小组解散而自治管理小组随后成立了，相关的职责分工与街道运营章程确立。不久后，BD 路 163 弄逐渐规范、有序地运作，摊贩与居民们都在自治与共治中找到安全感和参与感。

（三）老城厢治理的主要成效与基本经验

基层是国家治理的最末端，也是服务群众的最前沿。老城厢的治理成就是自治与共治的结果，而摊贩自我经营、自我管理、自我服务和自我监督的正确自治道路是多个利益主体通力合作，协同构建"共建、共治、共享"的社会治理制度的成果，正是因为成功构建了这样的社会治理体系，自治与其他一系列具体的有针对性措施才能得到实施的保障。

综合多位学者的相关理论，本文总结出"共建、共治、共享"的具体内涵：共建，是共同参与体系构建，社会治理不只是党委及政府的责任，也是市场主体及其他社会各方的责任，党委和政府与市场主体及其他社会各方不再是简单的管理与被管理、控制与被控制的关系，而是平等协商、良性互动的关系；共治，即共同参与社会治理，它要求充分发挥各级党委的领导核心作用，强化各级政府的主体责任，增强社会各方参与社会治理的能力和活力；共享，即共同享有社会治理成果，保障人民的合法权益，不断满足人民日益增长的美好生活需要。

1. 老城厢治理的主要成效

有了"共建、共治、共享"的社会治理框架，BD 路老城厢 10 年整治过程形成了多方共同参与、坚持党建引领、经验辐射各地的主要成效。

（1）共建：各主体达成有效沟通，形成长期协作局面

在本案例中，BD 路 163 弄治理初期是由整治小组单方面强硬执法，各利益主体间未形成有效沟通，导致治理困境始终悬而未决。在治理中后期，由区政府办公室牵头，工商、区绿化和市容管理局、公安、B 街道、城管中队和居委会协同各类社会人士，以社会舆论、社会行为、社会情绪为导向，多方经过通气会、协调会等会议，多方在治理策略上达成共识：在区委的领导下，区政府联合各基层组织、社会个体，针对治理对象的差异形成"整治取缔一批、就业引导一批、规范疏导一批"的治理策略。在政策执行上做到上下联动、左右协同，在解决摊贩出路问题后，区政府与街道组织再对疏导点进行改造，其间摊贩自身协助整治小组制定相关的经营准则。居民针对疏导点现存问题提出反馈建议，为相关治理主体对疏导点的升级换代提供改进方向，在 B 街道办、区绿化和市容管理局、城管中队等单位共同协作下，老城厢换新颜，BD 路多年的"梗阻"变"通途"。

（2）共治：区党委领导各方，探索共治下的自治

纵观 BD 路 163 弄治理的全过程，C 区党委坚持党建引领、规划先行，在观念和实践方面发挥思想领导、政治领导、组织领导的作用。通过积极营造迎世博氛围、召开座谈会、召集基层人员、利用传统媒体广开言路等措施强化城市治理过程中的思想领导；在 BD 路治理矛盾日益艰巨的情况下，坚持 C 区党委总揽全局、协调各方，发挥领导核心作用，积极协调区政府与基层政府组织形成整治小组，展开对 BD 路的攻坚克难，同时确定政治目标、政治任务、政治方向，制定路线方针政策，针对治理对象、治理主体的差异制定出

正确的策略,综合各方意见,实现治理手段的优化,加快问题的解决;C 区党委根据现实问题,积极组织整治小组,多元整合社会资源,发动执法队员、摊贩人员、便民服务点自治管理小组、居委会工作人员、当地居民建立多方联动队伍,参与街道矛盾纠纷调解,一步步实现前期摊贩出路问题的解决、中后期疏导点与服务点经营环境的优化,最终形成"美美与共"的和谐局面。

(3)共享:人居环境的改善,提升居民幸福感、获得感

在社会环境快速变迁的大环境下,经过各方主体长达 10 年的攻坚克难,BD 路 163 弄的治理逐渐适应新形势的变化,社会治理水平的提升福惠四方:BD 路 163 弄实现从乱设摊到"疏导点"再到"服务点"的升级换代,形成相关基础设施完备、自治手段完全、规章制度完善的局面;执法管理小组由原先的"强硬执法、治理无方"到"接受引导、积极协调"再到"组织自治、功成解散",正是社会管理模式创新的生动体现,组织的优化牵动摊贩治理程序的优化,该创新性的治理模式不仅解决自身的治理困境,还为类似的城市治理提供可借鉴的经验;BD 路 163 弄的附近居民是这 10 年治理的见证者和亲历者,真实感受到了整治工作带来的变化与成效。调查显示,被调查居民对 BD 路老城厢治理的满意度均分为 4.15(总分为 5),75.89%的居民对治理的评价在"比较好"及以上。① 居民从"不堪其扰、投诉无果"到"怨声载道、抗议升级"再到"积极反馈、参与治理",BD 路老城厢治理实现了在改善居住环境的同时让公众有更多的安全感、获得感和幸福感。

2. 老城厢治理的基本经验

在"共建、共治、共享"的社会治理框架下,精细化的城市治理方式得到生动展现,刚柔相济的治理方式与手段、能人的发掘、资源的利用、需求的回应等为相似案例的治理提供了可复制的基本经验。

(1)治理原则的韧性:依法依规合理推进

随着外部环境的不断变化,城市治理能否把握原则、坚持合法合规推进治理过程是城市治理能否取得成效的重要因素。在老城厢治理的前期,整治部门受到来自大众媒体、社会舆论等多重压力,为加速推进治理过程,整治部门采取暴力执法、硬性执法的手段使得治理结果不尽如人意,监管部门与摊贩展开常年"拉锯",老城厢治理陷入"整治—回潮—再整治"的怪圈之中。在治理后期,整治小组与自治管理组织以治理经验为基础,坚守依法执

---

① 数据源自案例团队所进行的自主调研结果,2020-01-05.

政、合规执法，摊贩、居民与整治部门间形成有保障的合法性互动，保证各项方案、政策得到实施。

（2）治理手段的柔性：关注治理对象差异

在老城厢治理工作开展过程中，当政策执行者面临难以化解的矛盾和冲突时，采取调试政策对刚性规则进行合理"柔化"处理以消解冲突，将会使政策执行过程、目标事半功倍。治理方案的制订需要以治理对象的利益诉求为导向，以自身特点为基础进行差异化对待，面对覆盖不同地区、不同情况的 200 余户摊贩，整治小组对其中违法经营者采取整顿取缔的措施，对 52 户有就业条件的摊贩进行就业引导，对剩余 74 户生活困难的弱势家庭进行规范疏导、重新安置，既做到了人文关怀的考量，又实现了城市的精准治理。

（3）治理能人的发掘：发挥引领凝聚作用

老城厢弄堂中摊贩们长期相互依存、相互竞争的关系，使得其对政策的响应容易产生联动效应，因此挑选权威人物发挥引领凝聚、上传下达作用将会使政策更加顺利地在目标群体中推行，尤其对维护具有悠久历史的老城厢的社会网络发挥着重要作用。本案例中，BD 路 163 弄的"老土地"老张师傅发挥着重要的带头作用，老张致信区委书记助推临时疏导点的设立，同时扎根基层为政策制定者建言献策。当摊贩主体间发生冲突时，老张借助权威发挥调和剂作用，在便民服务疏导点设立后，能够承担自治管理小组领导人的重任，在城市治理的共治与自治的社会治理格局中发挥枢纽的连接作用。

（4）治理资源的利用：上下联动有效盘活

治理资源是指一切可以用来实现社会治理的资源，是解释中国治理体系和治理能力水平的关键变量。而在城市治理中，各治理主体的有效资源并不对等，如何整合和盘活有效的社会资源是提高城市治理水平的重要因素。在本案例中，不同层级的地方政府拥有不同的实施权威的能力，区级各政府部门有更高的权威对更大范围的资源进行调动，如更强的政策制定能力；而下一层级的街道办事处有基层工作经验，掌握着一线数据，有着较强的人员调动能力。BD 路老城厢打通上下级不同层次的资源流通渠道，充分利用上级不同政府部门的资金和权限优势以及基层力量的一手信息优势等，上下协作，统筹协调，实现资源利用最大化。

（5）治理需求的回应：多方诉求达成均衡

各利益主体都有影响目标结果形成的能力，但他们的利益诉求却各有差异，各方利益诉求的满足是实现目标结果的前提。在本案例中，几个主要的利益相关者,即地方党委、地方政府部门、摊贩、居民、居委会等具有不同的利益诉求,但想要实现老城厢的治理,任何一方的利益诉求都不可忽视,因此纵观整个治理过程,通气会和协调会为治理实践提供了方案指南,多方诉求的均衡成为治理实践得以成功的重要保障。

五、上海市 BD 路老城厢治理的深层次问题与原因分析

(一) BD 路老城厢治理的深层次问题分析

1. 治理目标上,应然的精确性与实然的模糊性相冲突

治理目标是治理行动的指南,精确的目标规划是治理方案的重要组成部分,更是有序有效落实治理工作的前提。目标的精确性不仅体现在执行明确的总体目标,还表现在将总目标层层分解使目标的指导性进一步强化。在本案例中,为更好地迎接世博会,区政府办牵头开展了 BD 路 163 弄专项整治行动协调会,会上就整治行动的总体目标达成了共识,即解决 BD 路 163 弄摊贩乱象带来的环境问题和公共交通出行问题。虽然整治小组确定了总体目标,但并未进一步对总体目标进行合理分解与细化,尚未形成更为具体明确的目标规划。

鉴于整治行动具有长周期和跨部门合作的特性,其目标分解在理论上应包括两个维度:一是纵向的阶段性目标划分,明确不同时期老城厢整治工作的重点,从而实现资源的优化配置;二是横向的各阶段部门目标,老城厢的治理工作不是单一部门的责任,把每阶段的政治目标分解到对应的部门,并达成目标上的协同有助于提升部门合作的效果。但在实践中,老城厢的治理目标只停留在"做好市容环境综合整治",看似明确的整治目标在实际操作中非常模糊,整治小组难以对不同节点的工作重点和各部门的目标分工做出准确判断。

2. 治理理念上,"政府管理优位"与"居民便利优位"孰轻孰重

治理理念影响着政府工作人员平衡多方利益与需求时的选择与偏向,在老城厢的整治行动中,整治小组面临"以政府管理为先"还是"以居民便利为先"的难题。在世博会整治行动期间,政府管理的目标是消除摊贩野蛮生长给环境和公共交通带来的不良影响,由此采取措施让"菜场尾巴"消失是整治小组的必然选择。但与此同时,摊主和周边居民的需求也不能忽视。一方面,摊主多为困难群众,摆摊获得的微薄收入成为他们生活开销的主要来源;另一方面,居民虽然对摊位的卫生环境条件有所不满,但更看重小摊位

产品能满足其日常生活所需。如何在管理需要和居民便利中平衡成为难题。

另外，这一矛盾在其他阶段的治理活动中也有体现。在疏导点建设行动中，163弄摊位的集中化管理、简易雨棚的搭建为政府管理摊贩提供了支持，但居民的投诉也由此产生。噪声、消防隐患、人员流动等的居民意见给整治小组敲响了警钟，整治工作看似有所进展和突破，但暗藏诸多隐患和风险。这一现象表明仅以"政府管理优先"为指导理念难以实现有效治理，政府决策与执行效用的提升需要从治理理念上重视平衡政府管理和居民需求。

3. 治理规范上，"一事一议一决"导致治理标准失范

治理规范或标准在城市社会管理实践层面发挥着重要的指导作用，是城市治理走向精细化的重要动力。"一事一议一决"是指利益相关方在治理过程中就重大事项进行讨论并表决形成决策。BD路老城厢整治的矛盾和任务在不同阶段层出不穷，但其对于诸多事项的议决与处理并没有形成非常规范且明晰的系统化运作方案，也未对治理资源的调配、执行条件和标准的设定做出合理规划与规定，导致一定程度的资源浪费与治理失范。例如，在疏导点的改造过程中，因在改造前期没有进行充分的调研，未形成科学明确的规划，使得疏导点在经历一次简易改造后未能解决实际的噪声、安全等问题，而后结合消防安全标准启动再次升级改造才得以解决。

另外，整治过程中存在着部分偶然性因素与个体化特征。比如，在整治初期，因适逢世博会这一特殊背景，BD路163弄迎来第一次转型，这一关键时间节点很大程度上影响了BD路老城厢的整治转折。而在疏导工作开展过程中，摊贩老张写给区委书记的一封信强有力地推动了疏导点的设立进程。这些都体现了一定的偶然性。在开展"就业引导一批"工作时，对不同摊贩的补偿标准在200~8000元范围内不等，虽然利益补偿一定程度上被客观地执行，但是较大的浮动范围仍然体现了比较明显的个体化色彩，摊贩间较大的补偿差距也减弱了治理标准的规范性。这种非规范化、非标准化的治理方式以处理特例、应对特殊背景为主，而不是在制定并执行制度化规范的基础上补充必要的特例，造成了BD路老城厢整治这一类城市社会治理的失范。

4. 治理动力上，基层人员履职"避责倾向"有所显现

基层履职人员直接接触与面向社区公众，掌握着一线工作的翔实信息与充足经验，是城市治理中必不可少的工作力量。基层工作的动力与效果较大程度地影响着城市治理精细化的成效。然而，在BD路老城厢整治过程中，街

道、居委会、城管执法部门等基层力量却表现出一定的"避责倾向",对治理的实际效果产生了负向作用。

BD路老城厢的治理涉及多方面的管理职责,包括经营纠纷与疏导点定性问题、市容管理问题、消防安全问题等,牵涉内容复杂且管理难度大,一旦出现管理漏洞开展追责,街道、城管等基层工作人员作为直接面向老城厢整治的一线群体,有着较大的担责风险。出于避责的考虑,这些基层人员往往采取"少作为"或"不作为"的态度,将管理职责推至其他群体或部门。例如,在整治初期,B街道对BD路设摊点即持默认态度,结合居民实际需求与摊贩困难情况对乱设摊进行模糊处理,规避可能的问责风险。基层人员的这种动力缺失与消极避责不利于统一整治目标、发挥合力,对整治进度与效果都形成了一定的抵消效应。

5. 治理创新上,公民参与基层社会治理能力较薄弱

在基层社会治理中整合多方力量、创新治理手段、更新治理载体,这应该成为城市社会治理不断探索的方向。BD路老城厢中由摊贩代表组建而成的自治管理小组参与疏导点治理属创新之举,为老城厢整治提供了新的方向与解决思路。但是,受到自身知识水平、管理能力与经验的限制,以自治管理小组为代表的民众群体参与基层社会治理的能力仍较薄弱,较长时期停留在操纵性、引导性参与阶段和告知性、咨询性、展示性参与阶段,即使在治理后期,民众逐渐实质性地参与到整治的决策过程中,也仍因自身能力不足而仅能与政府部门进行较浅的协商交流。

在整治过程中,较多民众仍不了解、不理解相关政策。例如,在开展就业引导工作时,很多摊贩不理解政策意义甚至持反对态度,政府人员在告知后往往需要进行长时间的教育和引导。在自治管理阶段,以摊贩老张为代表的自治管理小组全员为疏导点摊主,年龄较高,文化水平有限。虽然其在摊贩中具有一定的声望、权威与信任,但是疏导点管理涉及经营纠纷、环境卫生等多个领域的内容,自治管理小组的管理能力与经验仍然有很大提升空间。例如,在疏导点自治管理小组成立初期,规章制度的制定及初期协调工作很大程度上仍然依靠街道及城管部门的指导。

(二) BD路老城厢治理深层次问题出现的原因

1. 治理权力重合与让渡不足并存

老城厢治理问题的复杂之处在于条块体制下政府部门权力的交叉重合。从纵向来看,从市政府、区政府到街道居委均对BD路的整治工作负有管理权力与义务,但各级政府部门的权力边界尚未明确划分。从横向来看,老城厢

的监管和城管、派出所、工商局、绿化和市容管理局等部门均有关联。对城管来说，老城厢的问题需要通过综合行政执法来维护城市管理秩序；对派出所来说，摊贩乱象中暗藏着外来流动人口的打斗风险；对工商局来说，摊贩市场性质的界定十分重要，无照经营成为市场痼疾；对绿化和市容管理局来说，"菜场尾巴"的扩散带来的环境问题亟待解决。由此，多部门共同参与BD 路整治行动是合理合法的，但管理权力、分工职责的界限模糊常使得多部门有责变成多部门避责，灰色地带的推诿问题成为治理过程的重要阻碍，目标分解也无从说起。

此外，老城厢治理属于社会治理，在政府与社会的关系上，合作善治要求政府必须将部分公共权力尤其是社会管理权力下放给社会组织或市场组织，实现权力的下沉。但在实践中，公共权力依然掌握在政府手中，如世博会整治方案是政府部门结合调研情况自行制定的，社会主体没有合适的途径参与到治理活动之中，社会力量的作用未得到足够重视，权力让渡不足。

2. 信息不对称导致社会治理盲区

社会治理中政府的决策与执行有赖于准确、有效、全面的信息，但受制于多元化的信息来源和有限的政府资源，信息不对称成为社会治理存在盲区的重要原因。在老城厢的治理中，盲区一是执法资源紧张下出现的小弄堂治理盲区。在 21 世纪初，由于城管行政执法人员有限，面对普遍存在的摊贩违法聚集和各类城市管理问题，城管中队将多数人员及其他执法资源投入主干路、大型社区等问题更为突出的区域。这一资源配置方式造成城管等政府管理部门对 BD 路 163 弄等小路的摊贩信息掌握不足，为"菜场尾巴"的滋生提供了可乘之机，也使得在乱象治理过程中城管人员难以综合多方信息提供更有针对性、更有效的整治措施，难以形成制度化的治理标准。

盲区二是过于关注摊贩而忽略居民需要产生的政府—居民沟通盲区。在整治活动中基层工作人员与摊主进行了深入沟通与了解，促使摊主配合治理活动，较少将资源和时间分配在与社区居民的交流中，从而使得"政府管理优先"和"居民便利优先"的矛盾频频出现。居民缺少有效的参与平台向政府表达自己的诉求，同时对政府举措的缘由和治理情况也不甚了解。问卷调查显示，56.25%的居民不了解 BD 路 163 路的整治过程和目前治理模式。且调研发现，政府对居民需求的了解程度、治理措施对居民需求的回应程度均有较大的提升空间。政府—居民沟通的盲区容易滋生不满情绪，政府和居民互动的缺失带来了恶性循环。

3. 专业性社会组织指导介入缺位

基层社会治理涵盖复杂多样的内容和领域，BD 路老城厢整治同样面临着多种多样的矛盾与问题，在这种情况下，适度的专业指导显得很有必要。党的十九大报告中提到"打造共建、共治、共享的社会治理格局"，明确要求发挥社会组织的作用，以实现政府治理、社会调节、居民自治的良性互动。BD 路老城厢整治出现治理失范与自治组织参与能力薄弱的问题一定程度上是因为专业性社会组织指导与介入的缺位。

其一，专业力量发挥不足影响系统化整治方案的制订。社会组织具有较强的行动力与专业性，对于老城厢整治与改造有着专业的经验与技能，能够为政府制订系统化的规划方案提供有价值的建议，但是 BD 路在整治过程中几乎没有社会组织介入，在做出决策与设计方案的过程中规范性略显不足。其二，自治管理缺乏专业性社会组织的指导。案例团队所进行的实证调研中，80.36%的被调查摊贩表示专业性社会组织在疏导点管理中的参与程度较低甚至没有参与。支持提供外部专业指导的摊贩占比达 69.64%。① 现阶段，疏导点自治管理小组仍然依靠个人魅力和个人工作经验来维持疏导点日常秩序，在管理技能方面缺乏一定的专业培训，这是基层社会治理参与度低的一方面原因。

4. 基层履职人员激励机制不完备

基层履职人员工作动力缺失的重要症结在于激励机制仍不完善。对街道、居委会、城管等部门的基层工作人员而言，不出错地完成工作任务是其主要目标，对其他相对边缘或者跨部门的公共事务，如若没有考核约束或相应的激励，则很难有强动力去处理应对。

对街道及居委会工作人员而言，党务、社区发展、公共服务等综合管理与协调工作是其主要工作内容，在工作量大、考核指标多、激励匮乏的情况下，基层工作人员工作积极性很难得到调动。在 BD 路老城厢整治中，B 街道及居委会工作人员面临着繁杂的基层事务，负责条线众多，疏导点整改工作对其而言只是纯粹的阶段性任务，而非长期的日常工作，加之基层资源有限且没有相应的激励举措，使得其开展工作的内驱力不足。对基层城管执法人员而言，虽然老城厢整治与其工作密切相关，但同样因为面临着多方面、多样化的考核指标与较重的工作负荷，且激励有限，基层执法人员在实际工作过程中往往以完成任务为导向，甚至为了"不作为"或"少作为"而对一些

---

① 数据源自案例团队所进行的自主调研结果，2020-01-05.

乱象采取漠视的态度。

5. 治理成效的考评体系有待完善

治理效果的及时考评与反馈能够很好地反映治理方案与做法的科学性与有效性，并且可以为实时调整治理举措提供现实依据。BD 路老城厢整治中恰恰因为缺乏完善健全的治理绩效考评体系，使得治理成效缺乏可持续性。

首先，从考评对象来看，BD 路老城厢整治没有形成对街道、居委会、城管等部门的联动考评，仅基于城市管理的某一模块如区绿化和市容管理局工作开展单一的考核排名，并没有形成横纵向的综合网格式考核。其次，从考评阶段来看，BD 路老城厢整治经历了调研协商、整改落实、升级改造等多个不同的阶段，也有着长达 10 年的时间跨度，但是整体的考评没有实现细分阶段和时期，无法有效监测不同阶段成效的动态变化，无法对不同时期的举措做出相应调整。例如，在疏导点的后两次改造之间，因缺乏阶段性考评，直至居民投诉、问题日益严峻才采取对应举措，影响了整治的时效性。最后，从考评内容来看，疏导点的自治管理模式是此次整治的一大创新，但是对该模式的考评仍然缺位。虽然自治成效初显并对全国其他地方产生了一定的辐射效果，但是需要警惕的是，及时考评与调整方能巩固治理成效，这一方面的欠缺将影响疏导点未来的持续发展。

六、优化上海市 BD 路老城厢治理的相关对策

（一）多方合作治理，主体厘清边界实现协作

作为社会治理中的典型问题，老城厢情况复杂，从区委、区政府、街道、居委会到摊主、居民都是社会治理工作中不容忽视的利益相关者。各类利益相关者面对老城厢的发展有着不一样的利益诉求，如果不能平衡多主体的诉求、激发多主体行动的合作性，老城厢整治的真正到位无从谈起。

在老城厢治理的不同阶段，多方主体的利益诉求和发挥的作用是有所差异的。为了让多方主体的行动优势在整治工作中得以突出，政府需在沟通协调中明确政府内部各部门之间、政府与外部组织之间的边界，厘清各类参与者的权力范围和责任界限。政府内部各层次、各部门边界的划分应基于各自法定的职责权限，对于制度中未规定的领域，需结合整治需要，在充分谨慎地讨论后进行明确。在政府对自身职责有准确把握后，应以"不越位、不缺位、不错位"为前提条件，鼓励市场与社会力量都参与到治理中去，消除政府、市场、社会三者的边界模糊性。在此基础上进一步对治理工作的目标进

行层层分解，明晰不同主体在不同治理阶段的工作目标，并对其所承担的责任和工作要点进行周密安排。在权责边界清晰、目标分工明确的前提下强化主体间的有序协作，治理工作具体到事到人，既要避免多方管理下的无人管理，也要给予社会和市场力量参与合作治理的空间。

（二）协调利益诉求，精准对接老旧社区需求

BD路老城厢治理涉及地方党委、地方政府（区绿化和市容管理局、城管中队、街道办事处、整治小组等）、居委会、不规范经营的摊贩、居民、自治管理小组以及大众媒体等多方利益主体，不同主体的利益诉求各异，如何协调这些利益相关者之间的利益诉求成为优化老城厢治理的关键问题。在后续的治理过程中，一方面，积极促进不同主体间的协商，寻找利益契合点达成共识。开展宣传教育、沟通劝导等工作，减少造成不同利益方之间僵持不下的阻力，并坚持问题导向，通过谈判与协商挖掘利益共通之处，形成解决方案。另一方面，重点关注社区居民、摊主的意见和建议。居民和摊主是社区的主要生活群体，他们的看法与需要能够真实反映老城厢的发展改造方向。通过搭建社区与群众之间的沟通平台，持续优化政府与公民的互动和交流，实时把握社区街道的发展动态，摸排群众意见并在必要的时候有效吸纳，能够让便民服务点更加精准地对接并长效满足老城厢的需求。

（三）构建参与平台，激发自治组织议事协商功能

自治组织作为公众不同利益的集合体，在城市公共事务治理中发挥着重要作用。BD路老城厢整治后产生的自治管理小组作为一种自治组织，在不需要外部力量强制性干预的情况下，摊贩群体基于自愿的原则主动联合，实现自我管理、自我教育、自我服务，保持着便民服务点的有序化，是推动城市治理水平提升的有力载体。现阶段，该自治组织的参与程度仍不高，议事协商功能有待进一步激发。

第一，完善自治管理议事制度，加强自治组织内部参与。自治管理小组成员是自治管理的核心力量，应充分调动自治组织内部参与的积极性。具体来说，可以通过进一步梳理议事协商的规范化流程，将议事规则操作化、明晰化、公开化，让每位议事者公平地参与自治事务讨论，打通内部参与讨论的障碍；同时，注意自治管理议事的监督工作，如采取设立议事监督团的形式，全程监督自治管理小组的议事协商活动，避免出现"一言堂"的情况。第二，搭建自治组织与政府的对话平台，发挥其议事协商功能。自治组织作为群众与政府间沟通的桥梁，发挥着重要的信息传输与诉求表达功能。通过

拓宽自治管理小组参与公共事务决策的渠道与途径，鼓励其与政府组织对话，合理表达其所代表群体的需求与意见，在促进自治组织与政府良好互动的同时有助于提升城市治理的质与效。

（四）重视技术治理，摒弃粗放，提升精细化水平

老城厢靠着基层工作人员的多年经验和实地考察取得了10年治理换新颜的成果，而在大数据时代背景下，技术治理是精细化城市治理的必然要求和重要趋势。在传统的粗放式管理中，技术在老城厢治理中的运用主要体现在通过摄像头来监督保障163弄服务点的有序运营，但这种仅仅依靠基层工作者的经验和摄像头的监控录像来开展工作的做法具有一定的局限性，容易导致问题解决的迟滞，管理者往往在问题发生甚至恶化后才开始采取行动，"一事一议一决"难以避免。

为了提升治理的精准度和前瞻性，政府需将老城厢治理的相关数据打通，将区绿化和市容管理局的环境评估数据、城管部门的摊主摆摊信息、街道的社区基本信息、居委会的居民基本信息等进行集聚关联，形成实时更新、网络化的数据库。利用数据库尽可能地统合治理所需数据和信息，进而打造老城厢治理的平台系统，通过大数据的清晰处理、深入挖掘、多维分析形成街道画像、社区画像、摊主画像、居民画像，对摊位人员和摊位进行智能化管理。在此基础上制定出科学合理的治理标准与规范，结合实践需求形成可操作性强、利益平衡效果好的治理方案，也让基层工作者实现从经验主义向以科学知识为工具的专业主义的转变，用科技助力绣花式的城市治理。

（五）定期评估成效，科学测评社会治理满意度

科学有效的治理成效评估机制是提升并巩固城市治理效能的必要保障，通过绩效测量和评价可以有效促使各组织各部门提升组织绩效、强化责任意识、改进资源配置、加强过程控制。群众满意度反映了公众对政府工作的真实看法，是社会治理创新的有力检视。因此，定期评估城市治理的成效，科学测评社会治理的满意度具有一定的必要性。

一是合理设定考评周期，构建完备的考评体系。首先，依据不同的整治阶段划定周期，结合不同时期的任务重点、轻重缓急程度等科学设定考核节点；其次，综合横纵两个向度，对老城厢整治涉及的不同政府部门开展联合考评；最后，针对老城厢的自治管理模式进行单独考评，将自治管理的制度建设、实践操作、资源整合、诉求表达等维度纳入考评范围，衡量自治成效。二是开展社会治理满意度调查，有效展现治理成效。一方面，结合BD路老城厢治理创新的内容科学设计测评问卷，设定务实且具有操作性的测评指标，

精准识别调查对象,开展问卷调查;另一方面,在评价结果上,进一步扩大广大民众的知情权,通过各种途径与形式公布测评结果,确保评价结果的公开、可信和透明。

参考文献

一、专著

[1] 费孝通. 乡土中国 [M]. 北京：北京大学出版社，2012.

[2] 周志忍. 政府管理的行与知 [M]. 北京：北京大学出版社，2008.

[3] 毛寿龙. 政治社会学 [M]. 北京：中国社会科学出版社，2001.

[4] 贺雪峰. 乡村治理的社会基础 [M]. 北京：生活·读书·新知三联书店，2020.

[5] 章浩，李国梁，刘莹. 新时期乡村治理的路径研究 [M]. 北京：首都经济贸易大学出版社，2021.

[6] 胡伟. 政府过程 [M]. 杭州：浙江人民出版社，1998.

[7] 朱亚鹏. 公共政策过程研究：理论与实践 [M]. 北京：中央编译出版社，2013.

[8] 包亚明. 现代性与空间的生产 [M]. 上海：上海教育出版社，2003.

[9] 林南. 社会资本：关于社会结构与行动的理论 [M]. 张磊，译. 上海：上海人民出版社，2005.

[10] 刘刚. 乡村治理现代化：理论与实践 [M]. 北京：经济管理出版社，2020.

[11] 徐勇. 乡村治理的中国根基与变迁 [M]. 北京：中国社会科学出版社，2018.

[12] 范梅南. 生活体验研究：人文科学视野中的教育学 [M]. 宋广文，等译. 北京：教育科学出版社，2003.

[13] 罗尔斯. 作为公平的正义：正义新论 [M]. 姚大志，译. 上海：上海三联书店，2002.

[14] 埃米尔·涂尔干. 社会分工论 [M]. 渠东，译. 北京：生活·读

书·新知三联书店，2000.

[15] 托马斯·戴伊. 理解公共政策 [M]. 彭勃, 译. 北京：华夏出版社, 2004.

二、期刊

[1] 陈丽君, 童雪明. 科层制、整体性治理与地方政府治理模式变革 [J]. 政治学研究, 2021（1）.

[2] 陈秋菊. 合作治理理论视角下警察执法公信力提升研究 [J]. 中国刑警学院学报, 2019（2）.

[3] 陈世海. "三个全覆盖"探索东西部扶贫协作新模式 [J]. 当代贵州, 2019（40）.

[4] 董石桃. 基层协商民主中公民参与模式的理论模型与实践样态 [J]. 探索, 2019（4）.

[5] 付晓东, 蒋雅伟. 基于根植性视角的我国特色小镇发展模式探讨 [J]. 中国软科学, 2017（8）.

[6] 高向东. 干部挂职存在哪些问题 [J]. 人民论坛, 2019（S1）.

[7] 管兵, 罗俊. 政府购买服务与事业单位社会化改革：以广州市供销社兴办社工机构为例 [J]. 江海学刊, 2022（6）.

[8] 管兵. 统合、嵌入、参与：社会组织发展路径探讨 [J]. 浙江学刊, 2017（1）.

[9] 韩兆柱, 于均环. 整体性治理、合作治理与合同制治理理论比较研究 [J]. 天津行政学院学报, 2018, 20（5）.

[10] 郝玉明. 挂职干部管理的问题与对策 [J]. 中国领导科学, 2020（5）.

[11] 胡厚翠, 顾丽梅. 合作治理研究的文献解读 [J]. 中共福建省委党校学报, 2017（2）.

[12] 胡伟斌, 黄祖辉, 梁巧. 合作社生命周期：荷兰案例及其对中国的启示 [J]. 农村经济, 2015（10）.

[13] 黄建洪. 中国城镇化战略：构造逻辑、题域呈现与风险防范：基于共生理论与根植性理论的探讨 [J]. 江海学刊, 2014（3）.

[14] 金泽龙. 基于合作治理理论的共建共治共享社区治理模式实践探索：以广东省佛山市为例 [J]. 法制与社会, 2019（24）.

[15] 孔德树, 张迎春. 供销社领办农民专业合作组织发展情况分析及建

议：以沈阳市为例［J］.农业经济，2013（5）.

［16］赖先进.行政执法中跨部门协同存在的问题及其改进［J］.福建行政学院学报，2018（6）.

［17］李景海，陈雪梅.产业集聚根植性机理：一个综合的分析框架［J］.河南社会科学，2011，19（4）.

［18］李涛，张富春.体制机制改革：供销社综合改革的方向与实践路径选择［J］.经济问题，2016（8）.

［19］李熠煜.文化视野下乡村民间组织转型动因研究［J］.中国行政管理，2009（6）.

［20］林劼.我国东西部扶贫协作机制创新：以粤桂扶贫协作财政视角为例［J］.地方财政研究，2020（10）.

［21］林磊.在地内生性：社会组织自主性的微观生产机制：以福建省Q市A社工组织为例［J］.中国行政管理，2018（7）.

［22］林拓.塑造基层：公共文化服务的地域根植性建构［J］.行政论坛，2021，28（5）.

［23］林星，吴春梅，黄祖辉.新时代"三治结合"乡村治理体系的目标、原则与路径［J］.南京农业大学学报（社会科学版），2021，21（2）.

［24］刘恒江，陈继祥.要素、动力机制与竞争优势：产业集群的发展逻辑［J］.中国软科学，2005（2）.

［25］刘锦.地方政府跨部门协同治理机制建构：以A市发改、国土和规划部门"三规合一"工作为例［J］.中国行政管理，2017（10）.

［26］刘俊生.干部挂职制度的历史变迁及成效［J］.人民论坛，2020（S1）.

［27］陆汉文.东西部扶贫协作与中国道路［J］.人民论坛·学术前沿，2019（21）.

［28］罗家德，孙瑜，谢朝霞，等.自组织运作过程中的能人现象［J］.中国社会科学，2013（10）.

［29］马迎贤.资源依赖理论的发展和贡献评析［J］.甘肃社会科学，2005（1）.

［30］孟庆国，董玄，孔祥智.嵌入性组织为何存在？供销合作社农业生产托管的案例研究［J］.管理世界，2021，37（2）.

［31］丘海雄，于永慧.嵌入性与根植性：产业集群研究中两个概念的辨析［J］.广东社会科学，2007（1）.

[32] 饶静, 张燕琴. 从规模到类型: 生猪养殖污染治理和资源化利用研究: 以河北 LP 县为例 [J]. 农业经济问题, 2018 (4).

[33] 石磊. 跨部门协同视角下城市治理长效机制建设研究: 以济南市"拆违拆临"为例 [J]. 四川行政学院学报, 2018 (1).

[34] 史玉成. 流域水环境治理"河长制"模式的规范建构: 基于法律和政治系统的双重视角 [J]. 现代法学, 2018, 40 (6).

[35] 孙兰英, 陈艺丹. 信任型社会资本对社会组织发展影响机制研究 [J]. 天津大学学报 (社会科学版), 2014, 16 (4).

[36] 田凯. 政府与非营利组织的信任关系研究: 一个社会学理性选择理论视角的分析 [J]. 学术研究, 2005 (1).

[37] 汪浩, 李媛媛. 农民专业合作社: 供销合作社改革的路径选择: 基于温州瑞安市供销合作社和农民专业合作社的考察 [J]. 安徽农业科学, 2011, 39 (1).

[38] 汪锦军. 公共服务中的政府与非营利组织合作: 三种模式分析 [J]. 中国行政管理, 2009 (10).

[39] 汪锦军. 合作治理的构建: 政府与社会良性互动的生成机制 [J]. 政治学研究, 2015 (4).

[40] 汪锦军. 浙江政府与民间组织的互动机制: 资源依赖理论的分析 [J]. 浙江社会科学, 2008 (9).

[41] 王凤. 畜禽养殖对环境污染的成因分析及治理对策 [J]. 现代畜牧科技, 2018 (10).

[42] 王军. 供销社领办农民专业合作社的相关问题分析 [J]. 中国农村观察, 2012 (5).

[43] 王军霞, 周同, 董广霞, 等. 缓解规模化畜禽养殖污染治理压力方略探讨 [J]. 环境保护, 2013, 41 (19).

[44] 王培培. 合作治理理论在我国的发展和运用研究综述: 基于近三年与其有关的核心期刊 [J]. 理论观察, 2018 (11).

[45] 王士心, 刘梦月. 东西部协作扶贫须做好资源跨区域分配 [J]. 人民论坛, 2019 (3).

[46] 王义. 对农村社会组织成长问题之思考 [J]. 中共山西省直机关党校学报, 2010 (2).

[47] 王中平. 扶贫工作口如何发挥好挂职干部作用 [J]. 国家治理, 2019 (30).

[48] 魏崇辉. 当代中国公共治理理论有效适用：逻辑、权威与根基 [J]. 社会主义研究, 2012 (4).

[49] 魏娜, 孟庆国. 大气污染跨域协同治理的机制考察与制度逻辑：基于京津冀的协同实践 [J]. 中国软科学, 2018 (10).

[50] 翁永刚, 张晓锋, 郭海, 等. 金山区规模奶牛场养殖现状、问题分析及对策研究 [J]. 上海农业科技, 2017 (3).

[51] 吴新叶. 社会管理下的农村社会组织：问题与应对 [J]. 社团管理研究, 2011 (10).

[52] 肖祥. 跨域生态治理府际协同的问题与对策：基于珠江—西江流域生态治理的分析 [J]. 水利规划与设计, 2017 (10).

[53] 徐瑾. 国外畜禽养殖污染治理的立法经验及启示 [J]. 世界农业, 2018 (6).

[54] 许旭红. 我国从产业扶贫到精准产业扶贫的变迁与创新实践 [J]. 福建论坛（人文社会科学版）, 2019 (7).

[55] 严宇鸣. 手工业社会主义改造与合作社管理的政治化转型：以慈溪县为例（1953—1956）[J]. 史林, 2014 (1).

[56] 杨镪龙, 许利平, 帅学明. 政府与非营利组织合作的新模式：从制度化协同走向联动嵌入模式 [J]. 国家行政学院学报, 2010 (3).

[57] 于翠平, 曹文杰. 网络治理视角下公共服务供给模式研究 [J]. 理论观察, 2013 (6).

[58] 苑鹏. 供销合作社在推进中国农村合作事业中的作用研究 [J]. 学习与探索, 2020 (5).

[59] 曾哲, 周泽中. 善治的理性：公民参与行政的后果考量 [J]. 求实, 2017 (6).

[60] 张康之. 合作治理是社会治理变革的归宿 [J]. 社会科学研究, 2012 (3).

[61] 张康之. 论参与治理、社会自治与合作治理 [J]. 行政论坛, 2008 (6).

[62] 赵敬丹, 张帅. 城市治理中政府与社会组织合作的价值维度、理想形态和现实进路：基于"合作治理"理论研究视角 [J]. 四川行政学院学报, 2019 (2).

[63] 赵泉民, 井世洁. 合作经济组织嵌入与村庄治理结构重构：村社共治中合作社"有限主导型"治理模式剖析 [J]. 贵州社会科学, 2016 (7).

[64] 赵炎，郑向杰. 网络嵌入性与地域根植性对联盟企业创新绩效的影响：对中国高科技上市公司的实证分析 [J]. 科研管理, 2013, 34 (11).

[65] 郑家昊. 合作治理的反思性阐释：合作意涵、发生机理及政府引导 [J]. 社会科学研究, 2020 (5).

[66] 郑军南. 社会嵌入视角下的合作社发展：基于一个典型案例的分析 [J]. 农业经济问题, 2017, 38 (10).

[67] 郑楷，刘义圣. 产业梯度转移视角下的东西部扶贫协作研究 [J]. 东南学术, 2020 (1).

[68] 中国社会科学院农村发展研究所课题组，张晓山. "三位一体"综合合作与中国特色农业农村现代化：供销合作社综合改革的龙岩探索 [J]. 农村经济, 2021 (7).

[69] 周少来. 基层需要什么样的挂职干部 [J]. 人民论坛, 2020 (S1).

[70] 朱兴涛，吴宗劲，李方乐. 农民专业合作社生命周期与长效机制初探 [J]. 长白学刊, 2016 (4).

[71] 竺乾威. 从新公共管理到整体性治理 [J]. 中国行政管理, 2008 (10).